ÍNDICE

AGRADECIMIENTOS

Hay mucha gente a la que necesito dar las gracias, por su ayuda, apoyo y estímulo:

- A la fallecida Lesley Mowbray de Central YMCA, por darme la oportunidad de trabajar con un equipo de gran talento de profesionales de la puesta en forma, todos verdaderamente comprometidos con la promoción del ejercicio relacionado con la salud.
- A todos mis colegas de YMCA Fitness, y especialmente a Sheena Land, por la contribución de sus ideas coreográficas de «Pescado y Patata».
- A Mary Lawrence por introducirme en el ejercicio y la actividad, y animarme para trabajar en la industria de la puesta en forma.
- A todos los que en alguna ocasión han participado en mis clases en suelo y en agua.
- A Gaynor Curtis por su aportación de información para la sección de agua profunda.

- A Hannah McEwen, Claire Dunn y Charlotte Croft de A & C Black por su positivo estímulo y revisión en la escritura de esta edición.

Comentario personal

Me siento muy afortunada de tener la oportunidad de presentar en esta edición nuevos planes de lecciones, técnicas de enseñanza, coreografía e ideas sobre la utilización del equipamiento y el trabajo en aguas más profundas.

¡Feliz enseñanza acuática!

DEDICATORIA

A Lesley Mowbray, fundadora del departamento de entrenamiento y desarrollo de Central YMCA, lamentablemente fallecida de cáncer a la edad de 46 años, el 17 de abril de 1998. Su inspiración y dedicación cambiaron la cara de la enseñanza del ejercicio y la puesta en forma en el Reino Unido. Nadie ha sido más responsable que Lesley de la normativa relacionada con la enseñanza segura y efectiva del ejercicio. Este libro está dedicado a su memoria.

Guía completa de
EJERCICIOS EN EL AGUA

Debbie Lawrence

TUTOR

Editor: Jesús Domingo
Coordinación editorial: Paloma González
Traducción: Alberto Muñoz Soler y Francisco Javier López Meseguer
Revisión técnica: Francisco Cuevas

Título original: *The Complete Guide to Exercise in Water*
Publicado en U.K. por A&C Black (Publishers) Ltd., London

© 2005 y 1998 *by* Debbie Lawrence
© 2005 de la versión española
   by Ediciones Tutor, S.A.
   Marqués de Urquijo, 34. 28008 Madrid
   Tel.: 91 559 98 32. Fax: 91 541 02 35
   E-mail: info@edicionestutor.com
   www.edicionestutor.com

Socio Fundador
de la World Sport Publishers' Association
(WSPA)

Fotografía de cubierta: AGE/Fotostock.
Ilustraciones por Jean Ashley.
Diseño de cubierta: José M.ª Alcoceba.

ISBN: 84-7902-526-3
Depósito legal: M-36681-2005
Impreso en Top Printer Plus, S.L.L.
Impreso en España – *Printed in Spain*

INTRODUCCIÓN

Durante siglos, el agua ha supuesto un medio para el deporte y la recreación de diferentes civilizaciones. Está bien documentado que los antiguos griegos y romanos utilizaban el agua para múltiples propósitos. Algunos de éstos eran ayudar a aliviar la fatiga y el ánimo bajo, favorecer la higiene e incrementar la sensación general de bienestar.

En la sociedad moderna, los fisioterapeutas llevan muchos años empleando el agua como ayuda para sus tratamientos de rehabilitación de lesiones y otras patologías médicas. Sin embargo, es más reciente –aproximadamente en las dos últimas décadas– cuando los profesionales del ejercicio y la puesta en forma han adoptado el agua como un medio alternativo para desarrollar programas de mejora de la forma física y la salud. Por supuesto, se dispone de un amplio abanico de programas de ejercicios desarrollados en el agua. Éstos son apropiados para mucha gente con capacidades y necesidades diferentes.

Ejercitarse en el agua crea una experiencia física totalmente distinta para el cuerpo comparado con en el medio terrestre. Esto es debido a que el agua tiene unas propiedades físicas únicas que afectan al organismo; las cuales no sólo tienen un efecto determinado sobre los sistemas biológicos, sino también sobre cómo el cuerpo se mueve y los potenciales beneficios de entrenamiento que pueden obtenerse. No es seguro ni efectivo transferir directamente al medio acuático nuestras tradicionales sesiones de entrenamiento en tierra firme. Por supuesto, es necesario imaginación e ideas para el diseño de entrenamientos en el agua y los ejercicios seleccionados para alcanzar los beneficios óptimos.

Todos los entrenadores y entusiastas que utilizan el agua como un medio de entrenamiento deben tener unos conocimientos básicos sólidos de las siguientes áreas para ayudar en el diseño de sesiones de entrenamiento seguras y efectivas en el medio acuático.

1 Anatomía y fisiología básica del cuerpo humano.
2 Propiedades del agua, sus efectos sobre el organismo y cómo afecta al movimiento.
3 Ejercicios seguros y efectivos y estructura de las sesiones.
4 Consideraciones de salud y seguridad para el entorno de la piscina.
5 Capacidad, necesidades y requerimientos de los participantes.
6 Estrategias de entrenamiento.

Sin embargo, lo que resulta más importante es la aplicación de estos conocimientos. La adaptación cuidadosa de los ejercicios para utilizar las propiedades del agua proporcionará el primer paso hacia la estructuración de una sesión de entrenamiento segura y efectiva en el medio acuático. Las necesidades de los participantes y las restricciones ambientales deben ser identificadas y adaptadas en la planificación inicial de la sesión. Es entonces cuando intervienen las habilidades del entrenador para comunicar a los participantes cómo manejar el agua para lograr los beneficios óptimos.

La intención de este libro es ofrecer una guía completa para ejercitarse en el agua. Se asume que el lector tiene un conocimiento básico de la anatomía y fisiología como aplicación al contexto del ejercicio. Sin embargo, cualquier terminología o conceptos técnicos se explican con la mayor sencillez posible. Esto es para asegurar que el libro sirva como una referencia accesible y útil para cualquier persona no profesional. Aquéllos interesados en enseñar entrenamiento en el medio acuático deben contactar con clubes y federaciones deportivas, que ofrecen entrenamiento y asesoramiento en muchas clases de ejercicio y disciplinas de puesta en forma.

El libro está dividido en cinco secciones principales de fácil consulta.

Primera parte. Se centra en el agua, la puesta en forma y la salud. El capítulo 1 explora los efectos de las propiedades del agua sobre el cuerpo. El capítulo 2 explora los beneficios del ejercicio en el agua y su potencial contribución a promover y mejorar la puesta en forma física y la salud para una amplia variedad de participantes.

Segunda parte. Expone las consideraciones previas necesarias para planificar un programa de ejercicio en el agua. El capítulo 3 identifica los grupos de alumnos potenciales y la información previa necesaria para una participación segura. El capítulo 4 trata sobre los diferentes entornos de piscina y explica cómo adaptar el contenido y la estructura de la sesión para cada uno de ellos. También explora las consideraciones de seguridad relacionadas con el entorno de la piscina.

Tercera parte. Se fija específicamente en la estructura y contenido de los programas de ejercicios en el agua. El capítulo 5 identifica un rango de diferentes formatos de sesiones. También proporciona normas de actuación sobre la duración e intensidad apropiadas de los programas en el agua para diferentes grupos de población. Los capítulos 6 a 11 explican e ilustran los ejercicios apropiados para cada componente de la sesión y para sus diferentes formatos. El capítulo 12 aporta ideas para la utilización del equipamiento y el trabajo en aguas más profundas.

Cuarta parte. Se centra en el entrenamiento en el agua para grupos de población especiales. El capítulo 13 trata de los beneficios del ejercicio en el agua para deportistas. El capítulo 14 identifica las consideraciones especiales necesarias para el entrenamiento de las personas mayores en el agua. El capítulo 15 explica cómo adaptar la estructura de las sesiones en los períodos pre y postnatales. Las personas que deseen entrenar a este grupo de población deben buscar entrenamiento especializado para adquirir los conocimientos y técnicas necesarios.

Quinta parte. Explora la enseñanza utilizando música y coreografía. El capítulo 16 explica las estrategias adecuadas para enseñar los ejercicios en el agua. El capítulo 17 trata sobre el empleo de música en la sesión de ejercicio acuático y las técnicas de coreografía. El capítulo 18 proporciona planes de lecciones para todos los componentes de la sesión, con y sin equipamiento.

Finalmente, hay que reconocer que, como su título sugiere, este libro es una guía completa para el ejercicio en el agua que refleja el conocimiento y la experiencia de su autora. Muchos de los asuntos debatidos están cubiertos con mayor detalle en otros libros especializados. Al final del libro se incluye una lista de lecturas recomendadas y material de referencia. Las personas interesadas en estudiar con mayor profundidad algún área especializada deben acudir a estas referencias.

EL AGUA Y LA PUESTA EN FORMA

PRIMERA **PARTE**

LOS EFECTOS DE LAS PROPIEDADES FÍSICAS DEL AGUA

¿Qué es lo que diferencia a los ejercicios en el agua?

Cuando nos ejercitamos en terreno duro, nuestro esqueleto, músculos, aparato cardiovascular y respiratorio, y demás sistemas orgánicos resultan enormemente afectados por la fuerza de gravedad. Cuando nos ejercitamos en el agua, los efectos creados por la tracción gravitacional sobre el cuerpo se reducen. Sin embargo, el agua posee unas propiedades únicas y propias que afectan al organismo de un modo diferente y nos proporcionan una experiencia totalmente nueva. Cuanto más profundamente sumerjamos el cuerpo, mayores serán los efectos del agua y menores los de la tracción gravitacional.

Una comprensión somera de las propiedades del agua y sus efectos sobre los sistemas orgánicos son esenciales para que el entrenador o el interesado diseñen los programas de ejercicios en el agua. La efectividad de cualquier programa dependerá, al final, de lo bien que se hayan comprendido estas propiedades, y de cómo se utilizan para maximizar los beneficios que se obtengan del entrenamiento. Este capítulo introduce al lector en la flotabilidad, la resistencia, la temperatura, la presión hidrostática y sus efectos sobre el organismo. También identifica y debate las consideraciones iniciales cuando se utilizan dichas propiedades para optimizar los beneficios del entrenamiento.

¿Qué es la flotabilidad?

Está generalmente aceptado que la teoría de la flotabilidad fue descubierta por el filósofo y matemático griego Arquímedes (287-212 a. C.). Esta teoría sugiere que cuando un cuerpo se sumerge en el agua desplazará una cantidad de líquido igual a la masa del cuerpo sumergido. Este desplazamiento origina que el nivel del agua se eleve y empuje al cuerpo hacia arriba, hacia la superficie del agua.

¿Cómo afecta la flotabilidad al cuerpo?

La flotabilidad representa esa maravillosa sensación de disminución del peso corporal que la mayoría de nosotros experimentamos cuando nos sumergimos en el agua. Si lo hacemos hasta el nivel de la cintura, la tracción gravitacional se reduce en un 50 %. Esto significa que estamos afectados parcialmente por la gravedad y por la flotabilidad. Cuando nos sumergimos hasta el nivel del pecho, la tracción gravitacional se reduce mucho más, aproximadamente un 80 %. Por tanto, los efectos de la gravedad sobre el cuerpo son menores y estamos más afectados por la flotabilidad.

La reducción de la tracción gravitacional y el incremento de la flotabilidad sostienen la estructura de nuestro cuerpo. Esto reduce el peso que normalmente soportan las articulaciones para sostenernos cuando estamos de pie o nos movemos sobre terreno firme. De igual modo facilita a las articulaciones los levantamientos y separaciones, disminuyendo la presión que experimentan durante los programas de ejercicios en suelo.

La mayoría de estos programas en terreno firme conlleva la realización de algunos trotes vigorosos y actividades de saltos que implican que el cuerpo se separe momentáneamente del suelo. Estas actividades incrementan la carga sobre las articulaciones, debido a que las fuerzas de la gravedad tiran del peso corporal de nuevo hacia abajo a una mayor velocidad, aumentando la fuerza ejercida sobre ellas durante el aterrizaje. Tales actividades son clasificadas como de alto impacto por los profesionales del ejercicio. Una desventaja clave de estos ejercicios es que provocan un enorme estrés en las articulaciones y, potencialmente, pueden incrementar el riesgo de lesión. Para aumentar la seguridad de los programas de ejercicios en suelo, éstos deben modificarse con el fin de variar el impacto y el estrés que se impone a las articulaciones.

Sin embargo, debido a que la tracción gravitacional se reduce cuando nos sumergimos en el agua, las fuerzas de impacto son menores. Además, el impacto que se suele recibir cuando desarrollamos tales actividades disminuye drásticamente; por lo tanto, éstas pueden desarrollarse con mayor duración y frecuencia, sin que aumente el riesgo de lesión. Por supuesto, esto sucede cuando se realizan a una profundidad adecuada por individuos capacitados. El soporte que la flotabilidad proporciona al sistema esquelético reduce el impacto del estrés sobre el cuerpo durante el ejercicio. Además, ejercitarse en el agua puede suponer una excelente manera de entrenamiento alternativo para deportistas y entusiastas del ejercicio físico. También proporciona el medio ideal para aquellos que necesitan un entorno de mayor soporte, tales como lesionados o con sobrepeso.

La flotabilidad ayudará también de forma natural a los brazos y las piernas (las palancas del cuerpo) en la superficie del agua; lo cual puede reducir la cantidad de trabajo muscular necesario para mantener ciertas posiciones durante el ejercicio. Por ejemplo, si estamos de pie en el suelo, con los brazos estirados hacia fuera en forma de cruz, el deltoides y la porción superior del trapecio tienen que contraerse estáticamente (isométricamente) para mantener la posición. Tal contracción muscular es necesaria para contrarrestar la fuerza de la gravedad que tira del cuerpo hacia abajo. Sin embargo, cuando sumergimos los brazos en el agua, su peso es soportado por la flotabilidad, la cual los empuja hacia arriba;

por tanto, dichos músculos no necesitarán la misma intensidad para mantener la posición. Como consecuencia, pueden realizarse otros movimientos de los brazos con mayor facilidad.

La flotabilidad puede ayudar también a realizar ciertos ejercicios. Si se utiliza de forma efectiva, puede favorecer la adquisición de un mayor rango de movimiento de las articulaciones, y mejorar la movilidad y la flexibilidad. Esto es especialmente beneficioso para los participantes con limitaciones de fuerza muscular y flexibilidad periarticular, que necesitan un soporte extra para realizar tales ejercicios. Esta propiedad del agua proporciona el soporte que necesitan para moverse a través de un rango de movimiento completo.

Resumen de los efectos de la flotabilidad

- Empuja el cuerpo hacia arriba y hacia fuera del agua.
- Disminuye el estrés y el peso sobre articulaciones y músculos.
- Trabajar con la flotabilidad ayudará a mejorar la movilidad y la flexibilidad.
- Trabajar contra la flotabilidad ayudará a mejorar la fuerza y resistencia musculares, y el tono corporal.

Sin embargo, la flotabilidad también puede añadir resistencia a los movimientos. Cuando se empuja una parte del cuerpo hacia abajo dentro del agua, hay una mayor resistencia para que los músculos lo lleven a cabo. Esto les obliga a trabajar más duro y, por lo tanto, incrementará la intensidad del movimiento. Si ello se utiliza con eficacia, se promoverá la mejora de la fuerza y resistencia musculares, lo cual dará al cuerpo una apariencia tonificada. La utilización de equipamiento de flotación sujeto a los brazos y piernas incrementa los efectos de la flotabilidad e intensifica las cargas de trabajo. Esta flotación añadida, que se crea con tales elementos, proporciona una resistencia extra, y requiere un mayor esfuerzo de los músculos para contrarrestar la flotabilidad y mantener el equilibrio. El uso de dicho equipamiento es especialmente útil cuando se diseñan programas para participantes más fuertes que necesitan una resistencia extra para estimular sus músculos. Sin embargo, aquéllos con menos nivel de puesta en forma y menos especialización deben emplear su propio cuerpo como resistencia y progresar más equilibradamente antes de llegar a utilizarlo.

¿Qué factores determinan nuestro nivel de flotabilidad?

El grado de flotabilidad de nuestro cuerpo viene determinado por tres factores.

1 La composición corporal; la proporción de grasa y tejido magro (músculos y huesos) de cada individuo.
2 La distribución de la grasa corporal; esto es, dónde está depositada (por ejemplo, en la parte inferior o superior del cuerpo).
3 El aire de los pulmones.

¿Qué factores afectan a la composición corporal?

Nuestra composición corporal se ve principalmente afectada por las actividades de nuestro estilo de vida y hábitos alimenticios. Si somos personas inactivas y comemos demasiado, es muy probable que tengamos un exceso de grasa. Sin embargo, hay diferencias de sexo que afectan también a la composición corporal. Las mujeres tienden, de manera natural, a tener unas proporciones de grasa más altas que los hombres. Además, todos heredamos un somatotipo genético (tipo corporal), el cual también tiene un efecto significativo sobre la composición de nuestra masa corporal.

Existen tres tipos corporales principales, que se ilustran más abajo. Los endomorfos, que tienden a ser más bajos y con una apariencia más redondeada, tienen una mayor proporción de grasa corporal. Los ectomorfos, que suelen ser más altos y con apariencia más delgada, tienen una menor proporción de grasa y de músculo. Los mesomorfos, de una apariencia más atlética, tienen unos hombros más anchos, caderas más estrechas y mayor masa muscular. Si nuestros padres son ectomorfos, es más probable que nosotros heredemos carac-

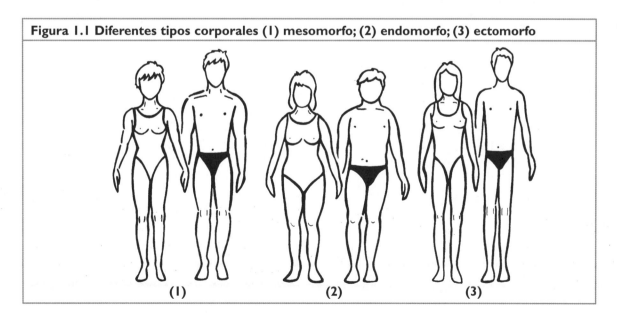

Figura 1.1 Diferentes tipos corporales (1) mesomorfo; (2) endomorfo; (3) ectomorfo

(1) (2) (3)

terísticas ectomórficas. De igual modo, si son endomorfos, es probable que heredemos características endomórficas. Sin embargo, lo más común es que todos poseamos características de cada uno de los diferentes tipos corporales; aunque tenderemos más hacia uno de estos tres biotipos principales.

¿Cómo afecta a la flotabilidad tener un biotipo musculado o delgado?

Los biotipos musculados (mesomorfos) o delgados (ectomorfos) tienen menor flotabilidad. Esto se debe a que están compuestos de una proporción más alta de tejido magro, como músculo y hueso, y de una proporción más baja de grasa. Los músculos y huesos tienen una mayor densidad (son más pesados) que el agua, por lo que no flotan bien y tienden a hundirse. Estos dos tipos corporales se encuentran en ventaja cuando necesitan moverse a una mayor velocidad en el agua. La reducción de su capacidad para flotar y su menor área de superficie (anchura y amplitud) les capacita para moverse con más facilidad y a un ritmo más rápido. Además, tienden a ser más capaces de mantener una posición equilibrada debido a su estructura más sólida. Encontrarán que les resulta más fácil realizar ejercicios que requieran mantener una posición estática.

La mejor forma de ejercitarse en el agua para quienes tienen un biotipo más delgado o musculado es a la profundidad del pecho, dado que maximizarán el soporte que ofrece la flotabilidad a sus huesos y articulaciones; éstas se encontrarán sometidas a menos estrés que si se ejercitan a un nivel más superficial (a la altura del abdomen). Generalmente, los biotipos más delgados tienen un peso corporal más bajo, lo cual reduce la carga que las articulaciones tienen que mover, proporcionando menos impacto sobre el cuerpo. Los biotipos musculados pueden ser más pesados, pero suelen tener unos músculos más fuertes. Este mayor soporte muscular les ayudará a mantener el correcto alineamiento articular,

permaneciendo las articulaciones en una posición estable y reduciendo el estrés sobre ellas.

Cuando se ejercita a mayor profundidad (dos metros), estos tipos corporales probablemente necesitarán la ayuda de elementos externos para mantener la flotabilidad. Sin tales elementos de ayuda, gastarán mucha energía en su sesión de entrenamiento para mantenerse a flote en lugar de emplearla para la realización del ejercicio específico.

¿Cómo afecta a la flotabilidad tener un biotipo menos delgado (con más grasa)?

Los biotipos más redondeados (endomorfos) flotan mejor. Esto se debe a que están compuestos de una proporción más alta de grasa y más baja de tejido magro. Flotan mucho más fácilmente que sus colegas más delgados porque la grasa de su cuerpo tiene menor densidad (es más ligera) que el agua. Este incremento de la flotabilidad dificulta a estos biotipos la movilidad rápida en el agua porque suelen tener mayor área de superficie (anchura y amplitud) para trasladarse en el agua; lo cual les exige trabajar más duramente y ejercer una mayor fuerza para generar movimiento.

Adicionalmente, su aumento de la flotabilidad les dificulta más mantener el equilibrio y una posición estable. Por tanto, cuando realizan ejercicios que originan mucha turbulencia, puede resultarles necesario ejercitarse en una menor profundidad para mantener la posición estática y evitar perder el equilibrio. Sin embargo, si tales adaptaciones son necesarias, debe reconocerse que ejercitar en aguas más superficiales aumentará la tracción gravitacional sobre su cuerpo. Por tanto, si la actividad requiere movimientos de salto o trote, se colocará un mayor estrés sobre las articulaciones. Esto se debe a que la masa corporal añade mayor peso a las articulaciones y, en muchos casos, la pérdida del soporte de la fuerza muscular reduce la capacidad para mantener el alineamiento correcto. Los ejercicios en agua poco profunda pueden requerir una mayor adaptación para producir rendimientos más seguros. Finalmente, ejercitarse con el agua al nivel del pecho es mucho menos estresante y más adecuado para estos biotipos.

Cuando se ejercitan en aguas muy profundas, tienen la ventaja de que, normalmente, no necesitan mucha energía para tratar de mantenerse a flote. Por tanto, pueden ejercitarse con más comodidad y durante más tiempo que sus colegas más delgados sin tener que utilizar elementos de ayuda para la flotación. Esto, por supuesto, dependerá del nivel de puesta en forma individual y de su seguridad en el agua.

¿Cómo afecta la distribución de grasa corporal a la flotabilidad?

La flotabilidad individual viene también determinada por la localización de la mayor parte de la grasa corporal. Algunas personas tienen una mayor proporción de grasa distribuida en la parte inferior del cuerpo, dándoles la apariencia de estructura de pera. Otras la tienen distribuida en la parte superior, dándoles la apariencia de estructura de manzana. Cuando está almacenada en la parte inferior, las piernas y caderas tienen una mayor

Resumen de los efectos de la composición corporal sobre la flotabilidad

- Los biotipos musculados y más delgados tienen menor flotabilidad, son más estables, y pueden moverse más rápidamente dentro del agua.
- Los biotipos con mayor cantidad de grasa tienen mayor flotabilidad, son menos estables, y no pueden moverse tan rápidamente dentro del agua.
- Los biotipos más delgados y musculados están sometidos a menos estrés que los que tienen mayor cantidad de grasa cuando ejercitan en aguas superficiales. No pueden mantener la flotabilidad tan fácilmente en aguas más profundas.
- Los biotipos más gruesos están capacitados para mantener la flotación con mayor efectividad que los más delgados o musculados cuando ejercitan en aguas más profundas. Sin embargo, sus articulaciones están sometidas a un mayor estrés durante las actividades en aguas superficiales.

Nota

El centro de flotación (CF) está ligeramente más bajo cuando la grasa se distribuye en la parte inferior del cuerpo, y más alto cuando se localiza en la parte superior del cuerpo.

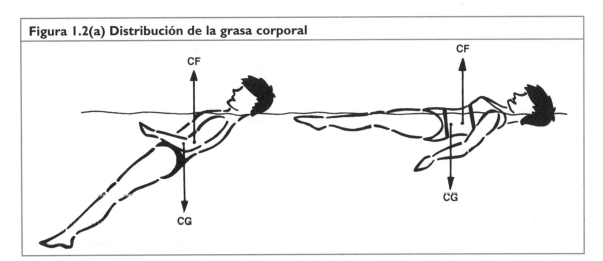

Figura 1.2(a) Distribución de la grasa corporal

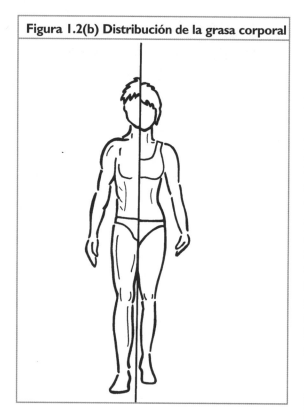

Figura 1.2(b) Distribución de la grasa corporal

mitir a los participantes realizar los ejercicios confortablemente. Los que requieren a la parte inferior del cuerpo para mantener una posición horizontal serán incómodos para aquéllos con piernas musculosas, y tendrán que ejercer un mayor esfuerzo para intentar mantener la flotación de las piernas en lugar de para realizar el ejercicio. Por tanto, es aconsejable prescribirles ejercicios con el cuerpo en posición vertical. Sin embargo, los que flotan horizontalmente de manera natural tienen más dificultad para mantenerse en posición vertical. Necesitan una mayor contracción de los músculos abdominales para realizar los ejercicios de manera segura. Esto puede requerir que realicen un menor número de repeticiones y mayor descanso entre series de la misma actividad en el mismo programa de ejercicios. Las diferentes posiciones en las que se pueden realizar actividades en el borde de la piscina vienen ilustradas en la figura 1.3 de la página siguiente.

Resumen de los efectos de la distribución de la grasa corporal

- Si la grasa está almacenada en la parte superior del cuerpo, las piernas tienden a hundirse, resultando más difícil mantenerlas a flote.
- Si la grasa está almacenada en la parte inferior del cuerpo, las piernas tenderán a flotar, resultando más difícil mantener el alineamiento vertical de la columna vertebral.
- Es necesario ofrecer posiciones alternativas para acomodarse a los diferentes niveles de flotabilidad.

flotabilidad; por tanto, flotarán en una posición más horizontal. Esto se ilustra, en la figura 1.2(a). Sin embargo, cuando la grasa se almacena en la parte superior del cuerpo, el tronco flotará mejor en una posición más vertical. Esto viene ilustrado en la figura 1.2(b).

La distribución de la grasa corporal y la posición de flotación son muy importantes cuando se diseñan ejercicios. Requieren considerar y ofrecer un rango de posiciones alternativas para per-

Figura 1.3 Diferentes posiciones en las que realizar ejercicios en el borde de la piscina

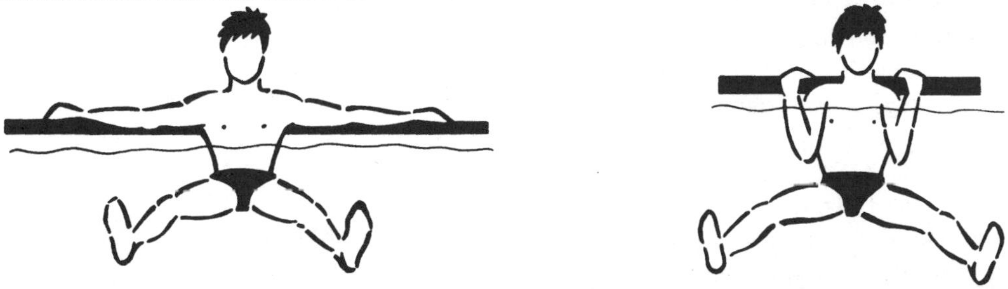

Nota La posición de los brazos puede alterarse para satisfacer las necesidades individuales.

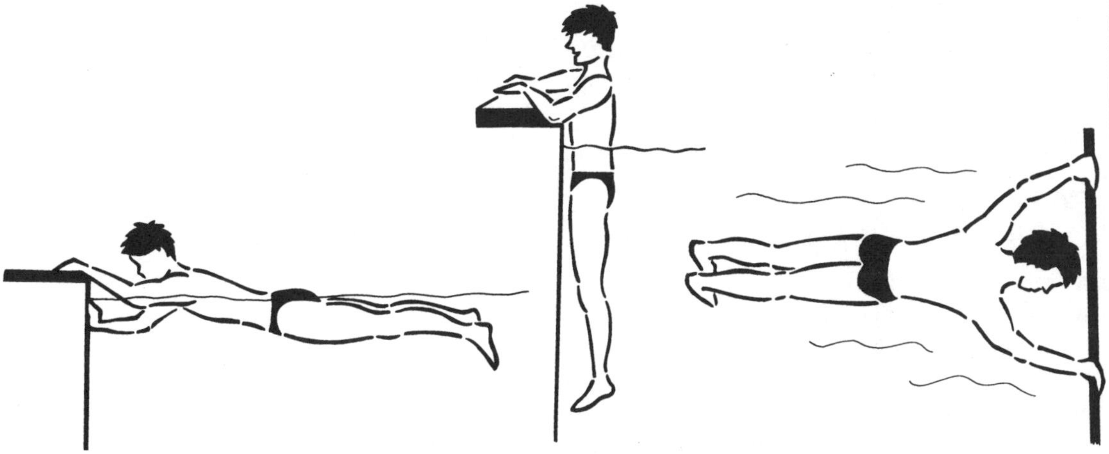

Nota

Deben ofrecerse diferentes agarres de los brazos y posiciones horizontales para acomodarse a todos los biotipos. Esto asegurará la comodidad al realizar el ejercicio, además de mejorar su rendimiento.

¿Cómo afecta el aire en los pulmones a la flotabilidad?

A mayor volumen de aire en los pulmones –por ejemplo, durante la inspiración– más flotará el cuerpo en el agua; cuanto menos aire haya en los pulmones –por ejemplo, durante la espiración– menos flotará. Esto puede experimentarse realizando una flotación en posición carpada en el agua antes y después de espirar, como se ilustra en la figura 1.4. Quizás, éste sea un factor poco significativo durante el ejercicio en el agua; sin embargo, es útil para determinar el nivel de flotabilidad de una persona. Sin embargo, éste no es un método apropiado para determinar la flotación de los no nadadores o para aquéllos con poca confianza dentro del agua.

¿Cómo afecta al cuerpo la resistencia del agua?

Hay tres tipos de resistencia generada por el agua. Éstos son la resistencia frontal, la resistencia de remolinos o turbulencias y la resistencia de viscosidad. Cada una de éstas tiene un efecto diferente sobre el cuerpo; y, por tanto, se tratarán de manera individual. Sin embargo, es preciso reconocer que cuando uno se mueve en el agua, todas actúan simultáneamente.

¿Qué es la resistencia frontal?

Cuando se sumerge el cuerpo en el agua, se encuentra rodeado por un medio que ejerce una resistencia constante y multidimensional a todo movimiento. Esta resistencia es, aproximadamente, 12 veces mayor que la del aire y requiere que el cuerpo trabaje tres veces más intenso que cuando ejercita sobre el suelo. Todos los movimientos demandan, potencialmente, un mayor esfuerzo muscular y un mayor gasto de energía para contrarrestar la resistencia. Por tanto, si esta resistencia es utilizada con efectividad puede crear la sobrecarga necesaria para provocar los efectos deseados del entrenamiento sobre los sistemas muscular y cardiovascular. También puede utilizarse para estimular el gasto de calorías que, potencialmente, ayudarán al control y manejo del peso corporal.

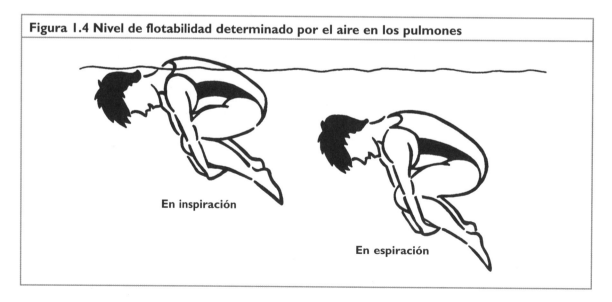

Figura 1.4 Nivel de flotabilidad determinado por el aire en los pulmones

En inspiración

En espiración

¿Cómo afecta al movimiento la resistencia frontal?

La resistencia del agua reducirá la velocidad a la que el cuerpo puede moverse. Todos los movimientos en el agua necesitarán realizarse a, aproximadamente, la mitad de la velocidad a la que se practican en suelo, aunque ésta puede reducirse aún más en los biotipos con mayor flotabilidad o en las personas que están ejercitando en aguas más profundas debido a la resistencia extra ejercida sobre sus movimientos. Adicionalmente, todos los movimientos en el agua necesitarán maximizar la utilización de las palancas del cuerpo a través de un mayor rango de movimiento. Esto incrementará el área de la superficie que se mueve, lo cual añade resistencia y, por tanto, proporciona un mayor efecto.

Sin embargo, hay que tener en cuenta que si los movimientos son demasiado lentos, y a través de un rango demasiado amplio, pueden no ser beneficiosos en absoluto. Esto se debe a que la flotabilidad estará ayudando al movimiento del cuerpo. De igual modo, si los movimientos son demasiado rápidos y con un rango demasiado pequeño, resultarán también ineficaces. Esto es debido a que no maximizarán el efecto de turbulencia de una parte del cuerpo o su área de superficie apropiadamente a través del agua, reduciendo el esfuerzo muscular requerido para trabajar con efectividad. Las figuras 1.5, 1.6 y 1.7 ilustran cómo la intensidad de los movimientos puede aumentarse incrementando el área de superficie a través del agua.

Finalmente, la velocidad del movimiento en el agua necesitará ser más lenta para todos los participantes. Sin embargo, una combinación de un ritmo relativamente moderado en actividades con un rango de movimiento completo, con otras de rango de movimiento ligeramente menor y más rápido, creará un modo efectivo de entrenamiento. Esto, por supuesto, depende del biotipo y de los niveles de puesta en forma de los participantes, así como de la profundidad del agua en la que se ejercitan. Cuando se trabaja con grupos con menos nivel de forma, puede ser suficiente la utilización de un área de superficie más pequeña, brazos de palanca más cortos, y ritmos de movimientos más lentos para obtener los beneficios de entrenamiento deseados. Por el contrario, trabajar con grupos con mejor forma física puede requerir la utilización regular de movimientos ligeramente más rápidos, con brazos de palanca más largos y una mayor área de superficie para trabajar con una intensidad apropiada. Los participantes con mejor nivel de forma pueden necesitar también ejercitar utilizando equipamiento de flotación, que aumenta la flotabilidad, añade resistencia al movimiento y exige un mayor esfuerzo muscular y cardiovascular.

Sin embargo, la efectividad de todos los movimientos en el agua también estará determinada por la fuerza ejercida por las partes del cuerpo que se

Figura 1.5 Área de superficie de las palancas del brazo para incrementar la resistencia (1 = el más fácil; 5 = el más intenso)

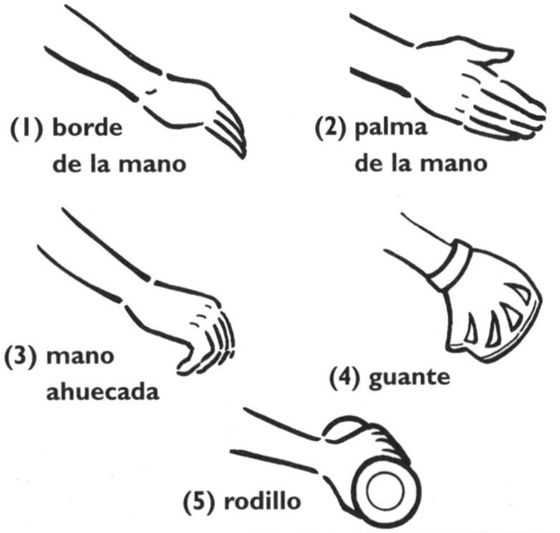

(1) borde de la mano

(2) palma de la mano

(3) mano ahuecada

(4) guante

(5) rodillo

Nota

La intensidad del movimiento puede incrementarse añadiendo una mayor área de superficie a la palanca. También puede reducirse para permitir una mayor velocidad de movimiento.

Figura 1.6 Área de superficie del cuerpo añadiendo resistencia al movimiento

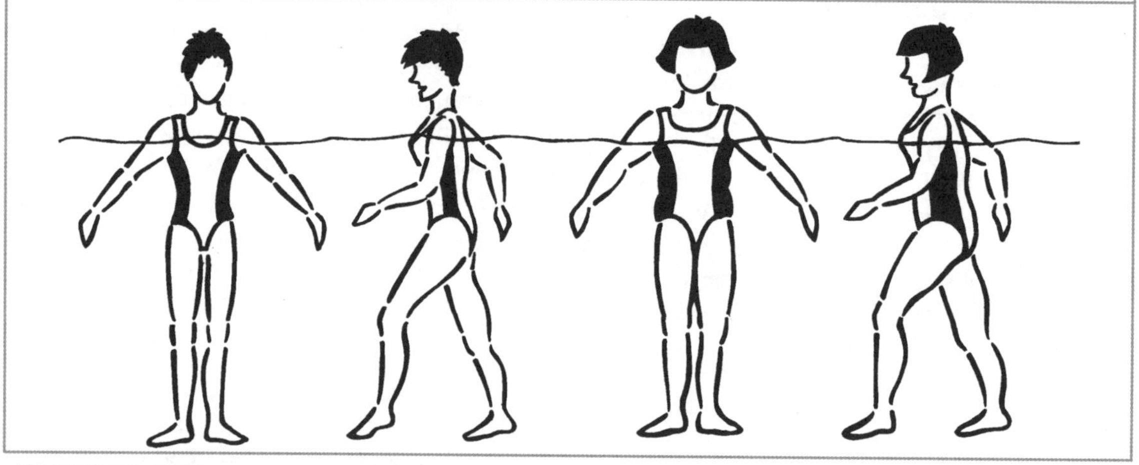

Nota

Una mayor estructura corporal hará que no pueda moverse tan rápidamente en el agua en cualquier dirección. Esto es debido a una mayor área de superficie natural que necesita desplazarse a través del agua.

Figura 1.7 Extender las palancas incrementa la resistencia y el trabajo resulta más intenso

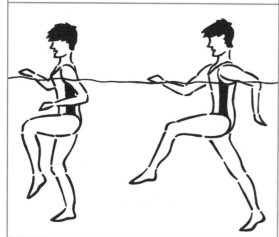

Nota

Los movimientos que utilizan palancas más cortas pueden realizarse a mayor velocidad que los que utilizan palancas más largas.

están moviendo. Cuanto mayor sea la fuerza ejercida, mayor será el esfuerzo. Por lo tanto, es esencial estimular a los deportistas para trabajar en el agua con el fin de maximizar las ganancias. Tirar, dar patadas o empujar en el agua al máximo de su capacidad precisan de instrucciones esenciales para maximizar los beneficios que se obtengan.

¿Cómo afecta la resistencia frontal a la contracción muscular?

La resistencia a los movimientos en todas las direcciones también alterarán el modo en el que los músculos se contraigan. En el suelo, nuestros músculos están trabajando y contrayéndose constantemente para contrarrestar las fuerzas de la gravedad que tiran de nosotros hacia abajo. En el agua, la cantidad de trabajo requerido de los músculos para soportar nuestro peso corporal se reduce. Esto se debe a que el agua hace que flotemos. Sin embargo, nuestros músculos siguen aún trabajando y contrayéndose para mantener el equilibrio y prevenir el movimiento excesivo generado por nuestra flotabilidad.

Cuando estamos moviendo o levantando una resistencia en el suelo, nuestros músculos tienen que contraerse para contrarrestar la fuerza de gravedad. Cuando levantamos el peso de nuestro cuerpo o una resistencia externa –como, por ejemplo, un peso agarrado con una mano–, nuestros músculos se contraerán y se acortarán (trabajo muscular concéntrico). Bajar nuestro peso corporal o la resistencia externa requerirá que nuestros músculos se contraigan y alarguen (trabajo muscular excéntrico). Por ejemplo, levantar la pierna hasta la posición horizontal (flexión de cadera) requerirá que los músculos flexores de la cadera (psoas ilíaco y recto femoral) se contraigan concéntricamente. Bajar la pierna hacia el suelo (extensión de cadera) requerirá que los mismos músculos se contraigan excéntricamente.

Cuando nos movemos en el agua, nuestro cuerpo tiene que contrarrestar una resistencia diferente. La mayoría de las contracciones musculares son concéntricas debido a la resistencia al movimiento en todas direcciones. Por ejemplo, cuando estiramos los brazos hacia fuera y los empujamos a través del agua, los músculos del pecho (pectorales) se contraerán y se acortarán (trabajo muscular concéntrico); y cuando los brazos se mueven hacia atrás, los músculos opuestos (trapecio y romboides) también se contraerán y acortarán (trabajo muscular concéntrico). Todos los movimientos que se trabajan a través de la resistencia del agua demandarán este trabajo muscular «dual-concéntrico». Esto se ilustra en la figura 1.8.

Una ventaja de estas contracciones musculares dual-concéntricas es que requieren el trabajo de una mayor cantidad de músculos esqueléticos. Esto puede ayudar al desarrollo de un trabajo muscular más equilibrado y, potencialmente, proporcionar importantes mejoras en el alineamiento postural. Además, la reducción en la cantidad de trabajo excéntrico puede eliminar las molestias musculares que suelen experimentarse unos días después de ejercitar sobre el suelo, debido a que dicho tipo de trabajo muscular no habitual es el que más produce esas molestias. Saber que estos dolores y molestias serán mínimos puede servir de estímulo al ejercicio en el agua para muchos. Aquellos que todavía piensan que sin dolor no hay mejoras ni ganancias físicas, necesitan ser reeducados. En primer lugar, tienen que reconocer que el dolor no es necesario para desarrollar una sesión de entrenamiento efectiva. En segundo lugar, deben apreciar que las propiedades de soporte del agua disminuyen el estrés sobre el cuerpo de una manera natural. Finalmente,

Figura 1.8 Contracción muscular de los pectorales y trapecios cuando se flexionan y extienden horizontalmente los hombros en el agua

Nota

Los pectorales se contraen concéntricamente para tirar de los brazos hacia delante dentro del agua. Los trapecios y romboides se contraen concéntricamente para tirar de los brazos hacia atrás dentro del agua.

Figura 1.9 Flexión y extensión del codo

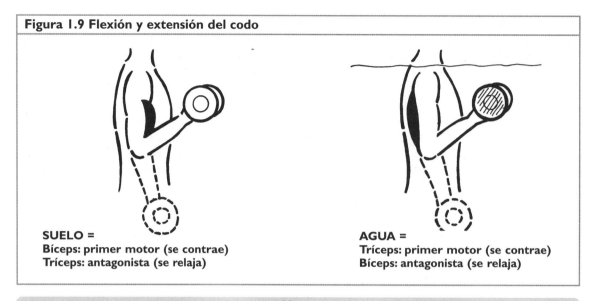

SUELO =
Bíceps: primer motor (se contrae)
Tríceps: antagonista (se relaja)

AGUA =
Tríceps: primer motor (se contrae)
Bíceps: antagonista (se relaja)

Nota

En el suelo, el bíceps se contrae concéntricamente para levantar el peso y excéntricamente para bajarlo. En el agua, el múscu-lo tríceps se contrae concéntricamente para empujar el peso hacia abajo, y excéntricamente para llevarlo hacia la superficie.

también deben reconocer que la resistencia aña-dida al movimiento en todas direcciones supo-ne un gran potencial para estimular suficiente-mente a los músculos.

Si se utiliza equipamiento de flotación, las contrac-ciones musculares pueden modificarse. El trabajo muscular dual-concéntrico se mantendrá perma-nente ejercitando a través del agua, pero cam-biará al trabajar contra la flotabilidad. Por ejemplo, una flexión de codo en terreno firme reque-rirá que el músculo bíceps se contraiga concén-tricamente para levantar el peso y excéntricamente para bajarlo. En el agua, el músculo tríceps se contraerá concéntricamente para empujar el peso hacia abajo y excéntricamente para llevarlo hacia la superficie. Esto se ilustra en la figura 1.9. La contracción del músculo aparece trabajando en sentido inverso a como lo hace en terreno firme: de arriba abajo y kinesiología inversa. No obs-tante, la contracción de los músculos durante los programas de ejercicios en el agua es un área que requiere todavía mucha más investigación.

¿Qué es la resistencia por turbulencias?

La resistencia de los remolinos o por turbulen-cias se crea cuando un cuerpo o una parte de él se mueve dentro del agua. Cuando se requiere el movimiento de un gran número de zonas cor-porales, esta resistencia aumenta. En particular, los movimientos de desplazamiento parece que incrementan la formación de remolinos y crean mayor turbulencia. Además, el agua se volverá más tur-bulenta y se formarán más remolinos cuando los movimientos se realicen a mayor velocidad, y cuan-do la fuerza ejercida por el cuerpo o partes de él sea más fuerte. No es necesario decir que estas fuerzas se incrementan aún más cuando un mayor número de cuerpos se están moviendo o ejerci-tando en el agua al mismo tiempo. Cuando los participantes se colocan en posiciones al azar por la piscina, y se mueven en diferentes direccio-nes, las corrientes de remolinos parecen ser lige-ramente mayores. Cuando se organizan para des-plazarse en la misma línea de corriente, dichos remolinos parecen ser ligeramente menores. Al final, cuanto mayor sea el nivel de turbulencia generado, mayor será la resistencia al movimiento.

¿Cómo afecta al movimiento la resistencia de la turbulencia?

La turbulencia (corrientes de remolinos) añade mayor resistencia a los movimientos del cuerpo, haciendo que a éste le resulte más duro moverse y mantener el equilibrio. Se requiere una fijación fuerte de los músculos abdominales y movimientos potentes de propulsión para mantener el equilibrio y generar mayor movimiento. En particular, se restringirá y reducirá la velocidad a la cual pueden realizarse los cambios de dirección y de movimiento de manera segura y manteniendo la técnica correcta.

Puesto que los cambios rápidos de dirección pueden incrementar la intensidad de la sesión de entrenamiento, deberían practicarse solamente por personas con la fuerza suficiente para fijar los abdominales y realizar los potentes movimientos de propulsión que se necesitan para mantener el equilibrio y conseguir movimientos en la dirección opuesta. Si se trabaja con grupos con menor nivel de forma, la utilización de movimientos estáticos entre series de desplazamientos puede disminuir adecuadamente la intensidad. Esto aportará el tiempo para que las corrientes de remolinos disminuyan, y para que el cuerpo recupere su equilibrio, disminuyendo la potencia de los movimientos de propulsión necesarios para producir desplazamiento. También, y dado que los biotipos con más flotabilidad mantienen peor el equilibrio, deben ser aconsejados para que se ejerciten en aguas más superficiales o en el perímetro externo del grupo si se requieren cambios de dirección rápidos.

¿Qué es la resistencia de viscosidad?

Todos los líquidos tienen una viscosidad o densidad de flujo. Cuanto mayor sea la viscosidad, mayor será la resistencia al movimiento. El aceite es un líquido que tiene mayor viscosidad que el agua y, por lo tanto, ejerce una mayor resistencia y hace que resulte más difícil mover un objeto a su través que a través del agua. Por ejemplo, si agita aceite y agua con una cuchara, observará que ésta se mueve más rápida y fácilmente dentro del agua. Sin embargo, a medida que la temperatura de un líquido aumenta, su viscosidad disminuye; así, cuando un líquido está caliente, fluirá más libremente y ofrecerá menos resistencia al movimiento.

¿Cómo afecta la resistencia de viscosidad al movimiento?

La viscosidad del agua se ve también afectada tanto por su propia temperatura como por la del aire circundante. Cuanto más fríos estén el agua y el aire circundante, mayor será su viscosidad y resistencia al movimiento. A medida que la temperatura del agua y del aire aumentan, la viscosidad del agua

Resumen de los efectos de la resistencia

- La resistencia frontal y de viscosidad del agua requerirán un mayor esfuerzo de nuestros músculos para generar movimiento.
- La resistencia frontal requerirá, predominantemente, contracciones musculares concéntricas para generar movimiento. Esto, en potencia, proporciona una sesión más equilibrada de trabajo muscular.
- La resistencia de la turbulencia hace más duros los cambios rápidos de dirección y requiere un mayor esfuerzo muscular para mantener el equilibrio y contrarrestarla.
- Los biotipos más grandes tienen una mayor área de superficie frente a las turbulencias del agua, lo cual añade más resistencia e intensidad a los movimientos.
- Los biotipos musculados o más delgados pueden requerir la utilización de equipamiento de flotación para aumentar la resistencia al movimiento.

disminuye; proporcionando así menos resistencia al movimiento. Esto tiene un efecto menor sobre los programas de ejercicios, dado que normalmente se realizan con el agua a temperatura suficientemente caliente que permite al cuerpo moverse con mayor velocidad. Sin embargo, un nadador de larga distancia, potencialmente, conseguirá un tiempo mejor si nada cuando el tiempo atmosférico y, consecuentemente, la temperatura del agua son más calientes y el agua tiene menor viscosidad.

¿Qué son los movimientos de propulsión?

Los movimientos de propulsión son los movimientos de las palancas de nuestro cuerpo (los brazos y las piernas) necesarios para compensar y manipular las propiedades de resistencia del agua. Pueden utilizarse para:

- iniciar o generar desplazamiento en una dirección deseada,
- mantener una posición equilibrada y/o estática durante la actividad,
- mantener la flotación durante las actividades en agua profunda,
- recuperar la posición erguida cuando se pierde el equilibrio.

Los nadadores se mueven con relativa facilidad y confianza en el agua, y tienden a realizar los movimientos de propulsión necesarios de una manera natural. Por el contrario, los no nadadores y aquéllos menos confiados en el agua se mueven con menos comodidad dentro de ella. Tienen menos familiaridad y técnica para realizar los movimientos de propulsión necesarios para manipular el agua de la manera adecuada. Por tanto, es esencial que sean entrenados y estimulados para desarrollar estas técnicas. Por supuesto, aprender cómo manipular el agua puede aumentar su confianza y estímulo para aprender a nadar. Esto puede suponerles otra forma de actividad acuática para disfrutar.

Los movimientos de propulsión pueden emplearse para ayudar o resistirse al movimiento, mejorando el rendimiento en los ejercicios específicos para todos los participantes. Alternativamente, pueden representar un modo de crear mayores estímulos para los participantes con mejor nivel de puesta en forma. Entrenados con efectividad, maximizarán la eficacia del programa de ejercicios en el agua.

Sir Isaac Newton definió tres leyes del movimiento. Cada una de ellas contribuye de alguna manera al movimiento del cuerpo durante la actividad acuática. Sin embargo, la tercera ley es la que afecta a casi todos los movimientos en el agua. Esta ley establece que para toda acción hay una reacción igual y opuesta.

¿Cómo pueden utilizarse los movimientos de propulsión para iniciar o crear movimiento?

Cuando se empuja o atrae el agua en una dirección específica (acción) por una o más de las palancas del cuerpo, éste se desplazará en la dirección opuesta (reacción). La acción y reacción creada batiendo pies, empujando o traccionando el agua en una dirección específica se reseña en la tabla 1.1. Cuanto mayor sea la palanca que inicia el movimiento, y mayor la fuerza ejercida por los músculos para mover dicha palanca, mayor será el desplazamiento que se experimenta. Los movimientos de desplazamiento en el agua son los más intensos, debido al movimiento del centro de flotabilidad en el agua. Por lo tanto, estos movimientos pueden ser manipulados para crear la intensidad deseada para la sesión de ejercicio acuático.

¿Cómo pueden utilizarse los movimientos de propulsión para mantener el equilibrio y una posición de ejercicio estática?

El movimiento de una palanca del cuerpo creará un desplazamiento en la dirección opuesta. Por lo tanto, será necesaria una fijación fuerte de los músculos abdominales para ayudar al manteni-

Tabla 1.1	La acción y reacción creada batiendo pies, empujando o tirando del agua en una dirección específica	
Acción	**Reacción**	
Empujar, traccionar o batir el agua hacia delante	El cuerpo se desplazará hacia atrás	
Empujar, traccionar o batir el agua hacia atrás	El cuerpo se desplazará hacia delante	
Empujar, traccionar o batir el agua hacia el lado derecho	El cuerpo se desplazará hacia la izquierda	
Empujar, traccionar o batir el agua hacia el lado izquierdo	El cuerpo se desplazará hacia la derecha	

Nota

Una palanca más larga ejerciendo una fuerza mayor (acción) creará mayor movimiento o desplazamiento en la dirección opuesta (reacción), que una palanca más corta ejerciendo una fuerza menor.

miento del equilibrio y evitar movimientos indeseados en la dirección contraria. Una oposición de igual fuerza o movimiento sinérgico de propulsión de otra parte del cuerpo proporcionarán mayor ayuda al mantenimiento de una posición estática. Esto se ilustra en las figuras 1.10 (a) y (b). El movimiento de propulsión opuesto contrarrestará las fuerzas de la acción primaria y, a condición

Figura 1.10 (a) Movimientos musculares sinérgicos u opuestos mientras se trota en el agua

Nota

Si las piernas se desplazan hacia delante, los brazos deben empujar el agua hacia atrás para mantener una posición estática. Los músculos abdominales necesitan también estar contraídos estáticamente para fijar la columna.

Figura 1.10 (b) Movimientos musculares sinérgicos u opuestos del brazo mientras se realiza una elevación lateral de pierna

Nota

A medida que los abductores de la pierna se separan del cuerpo, el brazo debe empujar el agua hacia delante del cuerpo (aduciendo el hombro) para ayudar al mantenimiento de una postura erguida. Esto también estimulará el trabajo de los músculos que aducen el hombro, los pectorales y el dorsal ancho.

de que sean iguales las fuerzas ejercidas por las dos partes del cuerpo, el cuerpo deberá permanecer en la misma posición durante la realización del ejercicio.

Los participantes con biotipos más delgados y menor flotabilidad pueden ser capaces de equilibrarse de un modo efectivo sin emplear movimientos opuestos. Pueden mantener bien la estabilidad de manera natural mientras realizan la elevación lateral de pierna, como se ilustra en la figura 1.10 (b). Colocándose en aguas más profundas, les resultará más duro. Además, si patean el agua hacia delante, como se ilustra en la figura 1.10 (a), podrán desplazarse hacia delante utilizando un movimiento de propulsión opuesto del brazo. Esto se debe a que su estructura más delgada (área de superficie más pequeña) hace que les resulte más fácil moverse en el agua. Una vez más, si se incrementa la profundidad en la que se ejercitan, aumentará la intensidad. No es necesario decir que esto sólo debe ser practicado por aquellos que se sienten con confianza dentro del agua.

Cuando se realizan ejercicios de la parte superior del cuerpo en el centro de la piscina se debe ofrecer la opción de dos posiciones básicas de las piernas. Éstas se ilustran en la figura 1.11. A los participantes se les ha de dejar que elijan la que les permita mantener una postura equilibrada durante toda la realización del ejercicio. La posición más recomendable puede determinarse por la fuerza de sus músculos abdominales, la profundidad del agua y su biotipo. A los participantes con músculos abdominales más débiles, y/o tipo corporal con mayor flotabilidad, debe ofrecérseles la alternativa de ejercitar en aguas más superficiales para facilitarles el equilibrio. Alternativamente, el ejercicio puede necesitar adaptarse ligeramente de modo que puedan utilizar los bordes de la piscina o un objeto de flotación para facilitarles la estabilidad y la práctica del ejercicio.

La realización de los ejercicios de la parte inferior del cuerpo en el centro de la piscina pueden ser asistidos por el movimiento opuesto de ambos brazos. Esto ayudará al mantenimiento del equilibrio y de una postura erguida. La figura 1.10 (b) de la página 23 ilustra esta acción utilizando un brazo para ayudar a equilibrarse. Alternativamente, puede utilizarse un movimiento de remo con los brazos. Este tipo de movimiento es especialmente útil para facilitar el equilibrio durante la realización de estiramientos estáticos en el centro de la piscina.

¿Qué es la brazada?

La brazada es un movimiento oscilante del brazo y de la mano. Los nadadores de sincronizada utilizan varias técnicas de ella para facilitar la realización de sus rutinas coreográficas en el agua. No es necesario para los participantes corrientes realizar tales técnicas avanzadas; sin embargo, pueden practicar una versión de tales técnicas para facilitar el equilibrio cuando se ejercitan en el centro de la piscina. Esto viene ilustrado en la figura 1.12. Esta forma básica de brazada implica colocar la mano con el dedo meñique basculado hacia arriba y rotando el brazo en un movimiento en forma de ocho con la muñeca dirigiendo el movimiento.

Puntos de entrenamiento para la brazada

– Mantener los brazos bajo el agua, con los codos estirados.
– Si se utilizan ambas manos, mantenerlas a la misma profundidad.

Figura 1.11 Diferentes posiciones de las piernas para realizar ejercicios de la parte superior del cuerpo

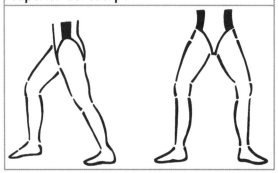

Figura 1.12 Brazadas para facilitar el equilibrio durante la realización de un estiramiento del cuádriceps

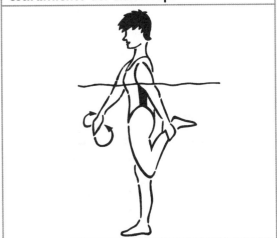

Figura 1.13 Batir el agua con los pies empujando hacia abajo

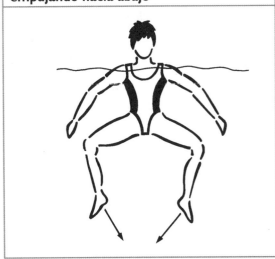

Nota

La acción de empuje de los pies hacia abajo crea una reacción opuesta que impulsa al cuerpo hacia arriba, hacia la superficie del agua.

– Las manos deben permanecer ligeramente cóncavas con los dedos extendidos.
– Rotar desde los hombros en un movimiento en forma de ocho.
– Mantener un ritmo constante.

¿Cómo pueden utilizarse los movimientos de propulsión para ayudar a la flotación en agua más profunda?

Los biotipos más gruesos flotan mejor; por lo tanto, éstos encontrarán más fácil mantener la flotación en agua más profunda. Sin embargo, todos los biotipos necesitan algo de ayuda para mantenerla. El asunto clave es la cantidad de energía que tienen que gastar en hacerlo. Mantener el cuerpo en la superficie del agua requerirá empujar el agua hacia abajo, en la dirección opuesta a la cual se quiere mover el cuerpo. Esto puede lograrse utilizando un movimiento de brazada en el que la posición de la mano sea plana y el brazo oscile para empujar el agua hacia abajo. Alternativamente, puede conseguirse batiendo el agua con las piernas. Esto último se ilustra en la figura 1.13.

¿Cómo pueden utilizarse los movimientos de propulsión para recuperar el equilibrio?

La capacidad de un participante de mantener el equilibrio en el agua está condicionada por la flotabilidad de su biotipo y sus habilidades para manipular el agua. Por lo tanto, los no nadadores y aquéllos con menos confianza dentro del agua y menos habilidad para manipularla son, consecuentemente, los que tienen mayor facilidad para perder el equilibrio durante las actividades acuáticas. Perder la sensación de seguridad que proporciona tener los pies en el suelo de la piscina puede resultar una experiencia terrorífica para quienes no se sienten seguros dentro del agua. Probablemente, esto les causará tal pánico que les hará moverse de tal modo que les impida volver a la posición vertical. Por tanto, es esencial que se entrenen para desarrollar las técnicas necesarias para recuperar una posición erguida

Figura 1.14 Recuperación del equilibrio tras una caída hacia delante (arriba) o hacia atrás (abajo) en el agua

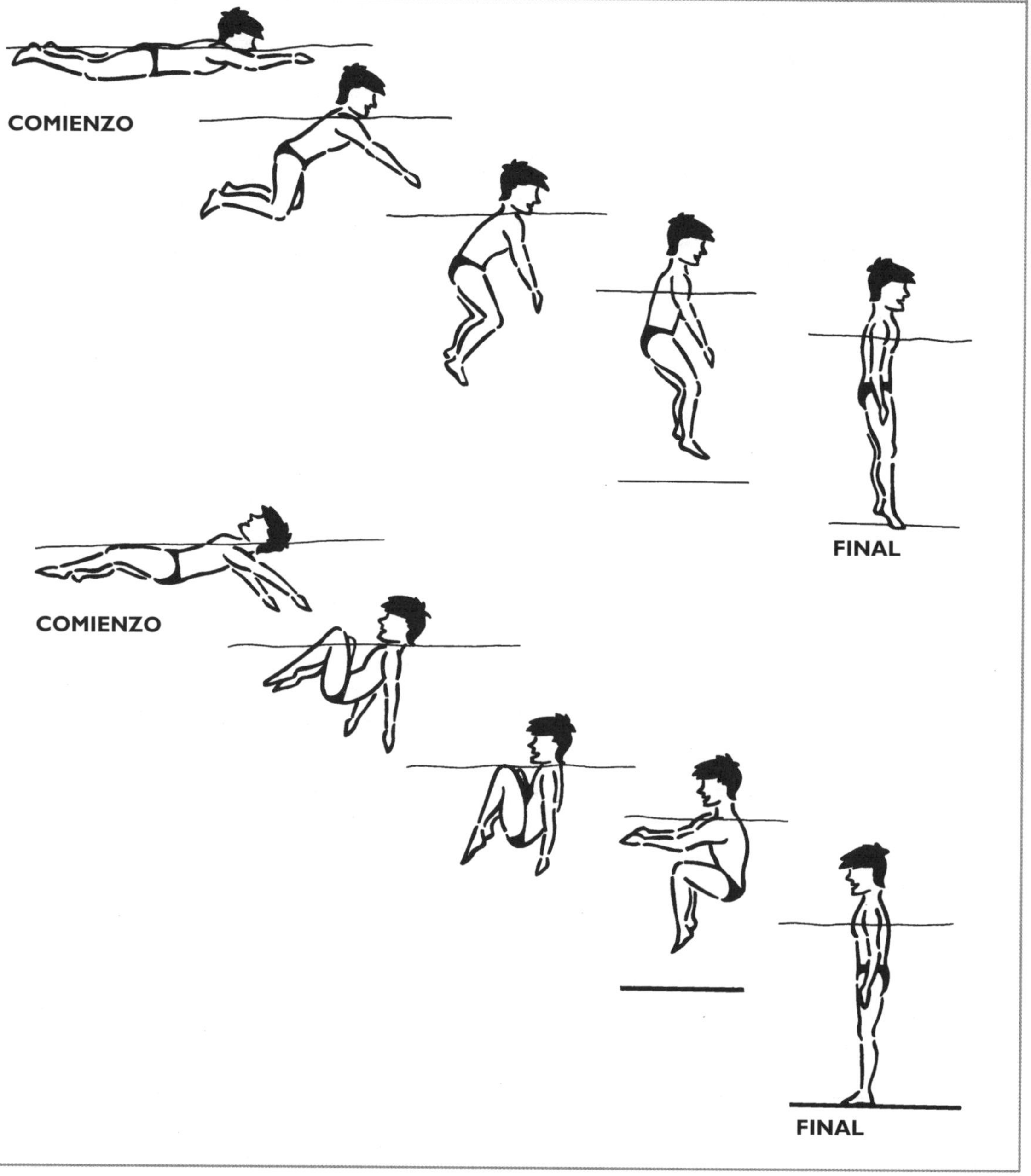

COMIENZO

FINAL

COMIENZO

FINAL

Nota

Empujar el agua hacia abajo y agrupar las rodillas hacia arriba y por debajo del cuerpo para mantener una posición erguida.

y equilibrada. Quizás, ésta sea la ayuda más útil que puede proporcionarles un entrenador: hacer que los participantes se sientan más seguros.

Las técnicas requeridas para recuperar una posición vertical cuando el cuerpo pierde el equilibrio en el agua siguen los principios de acción y reacción. Si el cuerpo se desliza y cae hacia delante o hacia atrás en el agua, ésta necesita ser empujada hacia abajo (acción) y las rodillas dirigidas hacia arriba y por debajo del cuerpo para recuperar el equilibrio y una posición erguida (la reacción deseada). Esto se ilustra en la figura 1.14. Si los participantes no son capaces de realizar estas técnicas se les debe aconsejar ejercitar en agua más superficial o cerca de los bordes de la piscina. El socorrista debe estar también atento a sus posiciones. La maestría en estas técnicas resulta esencial antes de realizar ejercicios en aguas más profundas o utilizando aparatos de flotación sujetos a los tobillos.

¿Qué es la presión hidrostática?

El agua ejerce una presión sobre todo el cuerpo cuando está sumergido en ella. Esta presión es proporcional a la profundidad a la que se sumerge. Por lo tanto, a mayor profundidad, mayor será la presión aplicada por el agua.

Crea una sensación de presión alrededor del cuerpo similar a la de un vendaje. Es ésta la que hace que nuestros músculos se sientan relajados y nuestro cuerpo más ligero y fresco después de haber estado inmerso en el agua.

Sin embargo, la presión ejercida sobre el tórax puede crear una sensación de opresión en esta zona, haciéndonos más conscientes de nuestra respiración, lo cual puede crear desasosiego en algunos participantes; especialmente en los asmáticos. Por ello, es aconsejable que éstos se ejerciten en aguas más superficiales para evitar cualquier clase de molestias en caso de experimentar dificultades al respirar.

¿Cómo afecta la presión hidrostática a nuestro cuerpo?

La presión hidrostática mejora la circulación de la sangre por el organismo. Por lo tanto, durante el ejercicio en el agua, la sangre se distribuye más uniformemente. Por el contrario, los programas de ejercicios en suelo requieren la redistribución de la sangre a los músculos que trabajan. Específicamente, el aporte de sangre a los riñones se reduce y se redirige a los músculos, en los que es más necesaria. Sin embargo, dado que la circulación mejora, esta redistribución de sangre es innecesaria en las actividades acuáticas y, además, los riñones están más activos. Esto es por lo que los participantes, con frecuencia, necesitan abandonar la piscina e ir al cuarto de baño durante los ejercicios en el agua, lo que resulta una ventaja para quienes retienen exceso de fluidos: orinarán con más frecuencia, lo cual puede ayudarles a eliminar algo del exceso de líquidos que soportan.

La presión ejercida sobre nuestro cuerpo por el agua también mejorará la circulación de un mayor volumen de sangre a través del corazón y el sistema vascular. Esto, potencialmente, incrementa la cantidad de sangre bombeada a través del organismo en cada contracción del corazón (volumen de latido), y la cantidad de sangre que sale del corazón cada minuto (eyección cardíaca). Esta mejora de la circulación de la sangre puede contribuir a la disminución de la frecuencia cardíaca que reportan los participantes durante el ejercicio en el agua. Esto infiere que el corazón está, potencialmente, sometido a menor estrés durante las actividades acuáticas, dado que no tiene que trabajar tan duro para bombear la sangre al organismo. Sin embargo, hay un tema de seguridad que necesita tenerse en cuenta cuando se trata de pacientes en rehabilitación cardíaca. Se ha de considerar si sus corazones pueden ser capaces de afrontar el aumento del flujo sanguíneo. Por supuesto, el nivel de intensidad y la profundidad de inmersión necesitarán reducirse drásticamente para maximizar la seguridad de su sesión de entrenamiento. Se recomienda que tales participantes sean controlados y entrenados tan sólo por personal muy especializado y familiarizado con sus especiales requerimientos (idealmente, fisioterapeutas); y únicamente después de que hayan obtenido la autorización de su médico.

Esta presión también estimulará un retorno más efectivo de la sangre venosa al corazón, lo cual disminuye el riesgo de estancamiento hemático en las extremidades inferiores y, potencialmente, colocará menos estrés sobre las válvulas, previniendo el flujo inverso de sangre en las venas. Esto es una ventaja para quienes sufren de varices, y hace del ejercicio en el agua un medio recomendable para mejorar su puesta en forma. Además, la reducción del riesgo de estancamiento sanguíneo permitirá a los participantes disminuir la intensidad de sus movimientos en el agua y aumentar ligeramente su ritmo al que, seguramente, son capaces de hacer en suelo. Esta mejora del retorno venoso les prevendrá de mareos o síncopes; lo cual, probablemente, ocurriría si se detienen demasiado rápido durante los programas de ejercicios en

suelo. La mejora de la circulación de la sangre puede también contribuir a eliminar más efectivamente el ácido láctico. Puede suponerse que esto, y el incremento de sangre y oxígeno a todos los tejidos, favorecen una mayor utilización del sistema energético aeróbico como combustible para las actividades. Finalmente, ejercitar en el agua suele ser más cómodo y hay menos probabilidad de experimentar molestias musculares durante o después de la sesión de entrenamiento.

Existen beneficios adicionales para quienes se están recuperando de una lesión. La presión del agua fuerza al fluido de las células de las zonas lesionadas a salir hacia los capilares (los vasos sanguíneos más pequeños) y que se dirijan al sistema circulatorio. Esto ayuda a disminuir la inflamación y, a su vez, puede reducir el dolor que se experimenta. Frecuentemente, es el exceso de fluido lo que presiona sobre las terminaciones nerviosas y causa este dolor. Los efectos de la presión hidrostática combinados con el soporte proporcionado por la flotabilidad, hacen del agua un medio ideal para el tratamiento y rehabilitación de lesiones. Sin embargo, de nuevo, es esencial obtener la autorización de un médico y que el entrenamiento sea cualificado y equipado para afrontar estos requerimientos especiales.

¿Cómo perdemos calor corporal?

La temperatura normal del cuerpo es de, aproximadamente, 37 grados centígrados. Esto es variable a lo largo del día. Sin embargo, normalmente somos capaces de mantener una temperatura constante mediante el movimiento, añadiendo ropa, o con el temblor. Existen diferentes modos de perder calor: por convección, conducción y evaporación.

Convección

El primer modo por el que perdemos calor es por convección. Esto sucede cuando el cuerpo toma contacto con aire o agua que tiene una temperatura más baja que la suya. Este aire o agua se

---

Resumen de los efectos de la presión hidrostática

- Mejora la circulación de la sangre a través de los riñones, estimulando la producción de orina y disminuyendo la retención de fluidos.
- Mejora la circulación de la sangre a través del corazón, lo cual contribuye a bajar el ritmo cardíaco durante el ejercicio, y mejorar el aporte de oxígeno a los músculos.
- Mejora la circulación de la sangre venosa, disminuyendo el estrés sobre las válvulas y reduciendo el riesgo de estancamiento sanguíneo.
- Mejora la circulación de la sangre a través de los músculos y ayuda a eliminar el ácido láctico.
- Proporciona un efecto de masaje corporal, lo cual reduce la tensión muscular y produce una sensación de bienestar.

calienta por contacto con el cuerpo y a continuación extrae el calor. Por tanto, la temperatura corporal se reduce y el cuerpo se enfría.

Conducción

El segundo modo por el que perdemos calor es por conducción. Ésta es la transferencia de calor fuera del cuerpo por una sustancia con la que esté en contacto. El agua conduce el calor con más efectividad que el aire, por lo que tiene un mayor efecto de enfriamiento sobre el cuerpo.

Evaporación

El tercer modo por el que perdemos calor es a través de la sudoración o transpiración, que es, la evaporación de agua a través de la piel. Ésta es la principal vía por la cual mantenemos una temperatura apropiada y nos prevenimos del sobrecalentamiento durante las actividades en suelo. Sin embargo, en el agua transpiramos muy poco, o nada en absoluto. Solamente las partes del cuerpo que no estén inmersas en el agua perderán calor por transpiración. Afortunadamente, el agua ayuda a nuestro enfriamiento y al mantenimiento de una temperatura corporal apropiada. Sin embargo, si la temperatura de la piscina es demasiado baja puede enfriarnos en exceso. Por el contrario, si está demasiado caliente, puede no enfriarnos lo suficiente, originándonos deshidratación y sobrecalentamiento.

¿Cómo afecta al cuerpo la temperatura del agua?

Generalmente, la inmersión en agua tiene un efecto de enfriamiento sobre el cuerpo. Esto se considera una ventaja para algunos participantes dado que así no tendrán calor ni estarán sudorosos durante la sesión de entrenamiento. Sin embargo, puede generar el error de que están ejercitando a una menor intensidad. Además, el cuerpo se enfriará, aproximadamente, cuatro veces más rápido que en el aire. Por tanto, los participantes pueden sentir frío, a menos que se incluyan suficientes

actividades para mantener una temperatura corporal confortable. El ritmo al que el organismo pierde calor viene determinado por la temperatura del agua, la del aire ambiental, y la cantidad de aislamiento natural proporcionado por la grasa corporal y el músculo.

La inmersión inicial en agua más fría causará un efecto de constricción de los vasos sanguíneos superficiales. Esto se debe a que la sangre diverge temporalmente fuera de la piel hacia los órganos centrales para mantener su temperatura fisiológica. Esta vasoconstricción puede crear un aumento inicial del latido cardíaco y de la presión sanguínea. Sin embargo, cuando el organismo llegue a aclimatarse a su nuevo entorno ambiental y empiecen las actividades de calentamiento, los vasos sanguíneos se dilatarán de nuevo y la presión sanguínea y el latido cardíaco volverán a normalizarse. Ejercitar en agua demasiado fría puede mantener esta vasoconstricción, lo cual incrementará la energía que gastamos por la vía de los escalofríos para conservar una temperatura corporal confortable. Esto también puede reducir el transporte y el consumo de oxígeno, que es esencial para conseguir unos beneficios óptimos del entrenamiento. Por el contrario, ejercitar en una piscina demasiado caliente puede producirnos un sobrecalentamiento y, eventualmente, deshidratación. Una desventaja clave de la falta de sudoración es que no somos capaces de enfriarnos de modo efectivo cuando entrenamos en piscinas demasiado calientes.

Cuando ejercitamos en piscinas donde la temperatura del aire es más baja que la del agua, el cuerpo se enfriará con mayor rapidez. Esto es más frecuente en las piscinas más grandes en las que una o más de las paredes limita directamente con el exterior del edificio, y tienen un aislamiento menos efectivo. Las piscinas más pequeñas que se encuentran situadas en el centro del local y rodeadas por otras salas tienden a estar más eficazmente aisladas y a tener temperaturas ambientales más altas. Si la temperatura del aire es más alta que la de la piscina, el cuerpo permanecerá más caliente, haciendo que sea más confortable para los participantes. Sin embargo, con el entrenamiento se puede experimentar deshidratación y sobrecalentamiento mucho más rápidamente que cuando se lleva a cabo fuera de la piscina. Por tanto, se debe reponer el fluido perdido bebiendo agua con mayor frecuencia, y salpicarse con agua para permanecer más fríos.

Por último, el agua no debe estar por debajo de los 28 ºC y la temperatura del aire debe ser ligeramente superior, aunque para algunos esta temperatura de la piscina puede resultar demasiado baja. En cualquier caso, no debería exceder de los 32 ºC. Las variaciones de la temperatura de la piscina dependerán del nivel de intensidad de las actividades que se realizan y de los requerimientos del grupo que las está llevando a cabo. Una sesión menos activa o menos enérgica puede realizarse de forma segura en una piscina más caliente. Una sesión más activa puede resultar confortable de realizar en una piscina más fría en los casos de participantes con una composición corporal con un buen aislamiento térmico natural.

¿Cómo afectará la composición del cuerpo al mantenimiento de su temperatura interna?

Los biotipos ectomorfos son más delgados y tienen menos grasa subcutánea y menos masa muscular. Éstos, por tanto, serán más susceptibles a los efectos del enfriamiento del agua que otros tipos corporales. Los mesomorfos tienen algo más de aislamiento corporal por su tejido muscular y pueden mantener una temperatura más confortable durante mayor tiempo. Los endomorfos tienen una mayor cubierta de grasa corporal que actúa como un aislante del frío. Sin embargo, este aislamiento puede causarles sobrecalentamiento si entrenan con demasiada intensidad y en piscinas muy calientes.

¿Cómo podemos saber si los participantes están suficientemente calientes?

El modo más efectivo para descubrir si los participantes están suficientemente calientes es preguntándoles a ellos a intervalos regulares durante la sesión de entrenamiento. Si responden negativamente en algún momento, la intensidad de la actividad puede aumentarse ligeramente para mantener una temperatura confortable. Como alternativa, hay signos visuales que indican cuándo están empezando a estar demasiado fríos, reflejados en sus expresiones faciales y en el encogimiento de sus hombros. Además, la aparición de la piel de gallina, causada por la contracción de los músculos erectores del vello que ahuecan los pelos del cuerpo en un intento de mantener el calor, es un signo seguro de una temperatura incómoda. Otros signos visuales requieren la observación de los movimientos que están realizando. Cuando los músculos y los nervios están más fríos, los movimientos de los participantes pueden volverse menos fuertes, menos enérgicos y muy descoordinados.

¿Cómo podemos estimular a los participantes para que permanezcan calientes?

Podemos mantener el calor de los participantes estimulándoles para que se mantengan moviendo enérgicamente durante toda la sesión. Añadiendo velocidad y fuerza a sus movimientos podrán ser capaces de mantener una temperatura confortable. La estructura de la sesión también puede adaptarse para la producción de calor, y los ejercicios seleccionados deben ser aquellos que eviten el enfriamiento corporal innecesario. Puede ser necesario incluir un calentamiento más prolongado, ejercicios más activos y un enfriamiento o vuelta a la calma más corto si se entrena en una piscina más fría.

Sin embargo, el nivel de forma de los participantes también debe tenerse en cuenta antes de incrementar la actividad de la sesión de trabajo principal y alterar la estructura de la clase demasiado drásticamente. Una aproximación alternativa adicional e igualmente efectiva consiste en alternar el trabajo menos activo de los músculos más pequeños con el trabajo más intenso de los grandes grupos musculares. Esto puede ayudar a generar calor y a mantener una temperatura corporal confortable, sin alterar demasiado la estructura de la sesión. Idealmente, los movimientos que implican un rango mayor de movilidad y de intensidades variables deben realizarse a lo largo de toda la sesión. Esto debe acomodarse de una manera segura a los diferentes niveles de puesta en forma y asegurarse de que los participantes permanecen calientes incluso a través de los componentes más lentos y menos enérgicos de la sesión.

> ## Resumen de los efectos de la temperatura del agua
>
> - El agua tiene un efecto de enfriamiento sobre el cuerpo.
> - El movimiento constante es necesario para ayudar al mantenimiento de una temperatura confortable cuando se entrena en piscinas con una temperatura más fría.
> - Transpiramos menos en el agua.
> - Si trabajamos en piscinas muy calientes, la intensidad de la sesión debe ser menor y su duración más corta. Debemos rehidratarnos con regularidad bebiendo agua.
> - Los biotipos más delgados se enfriarán más rápidamente que los más gruesos o los más musculados.

Resumen de las propiedades del agua

La flotabilidad, resistencia y presión hidrostática proporcionan algunas ventajas únicas al cuerpo cuando se ejercita. Sus beneficios combinados son muchos, entre los que se incluyen:

- reducción del estrés sobre las articulaciones,
- movimiento asistido de las palancas corporales, que favorece la mejora de un mayor ángulo de movimiento,
- resistencia añadida a los movimientos corporales, requiriendo mayor esfuerzo muscular y gasto calórico,
- incremento de la circulación sanguínea a través del corazón y los tejidos orgánicos, lo cual disminuye el estrés sobre el músculo cardíaco y estimula la utilización máxima del sistema energético aeróbico como combustible para el movimiento,
- disminuye el riesgo de estancamiento sanguíneo y mejora el retorno venoso de la sangre al corazón.

Es evidente que ejercitarse en el agua nos proporciona muchas ventajas. Por tanto, es un medio ideal para entrenar a diferentes grupos de población, desde lesionados y principiantes en baja forma hasta deportistas. Sin embargo, las propiedades antedichas necesitan ser manipuladas de manera efectiva para optimizar los beneficios que los participantes reciban.

El conocimiento de estos efectos del agua es sólo un paso hacia el diseño de un programa efectivo. Un somero conocimiento de cómo trabaja el cuerpo y de los métodos de entrenar el cuerpo con efectividad son también de gran importancia. El capítulo 2 introduce estos conceptos, los cuales son examinados más adelante, a lo largo del resto del libro. Sin embargo, igualmente importante es la experiencia dentro del agua. Familiarícese con los efectos del agua realizando y repitiendo los programas de ejercicios. Tal práctica es esencial para cualquier proyecto de enseñar ejercicios acuáticos: sin una experiencia suficiente con el agua, él/ella no será sensible a los efectos del agua en los movimientos de los participantes. Esto, potencialmente, podría pasar la factura de ineficaces e inseguros a los programas que ha diseñado.

LOS BENEFICIOS DEL EJERCICIO EN EL AGUA

¿Cuáles son los beneficios generales de las actividades acuáticas?

El ejercicio en el agua puede mejorar la puesta en forma y promover un estilo de vida más saludable para muchos. Los efectos de las diversas propiedades del agua proporcionan muchos beneficios al cuerpo cuando se sumerge en ella. La reducción de los efectos de la gravedad y el aumento de los de la flotabilidad ofrecen un soporte al peso corporal y disminuye el estrés sobre las articulaciones. Esto hace de las actividades acuáticas una forma de entrenamiento potencialmente más segura y confortable para muchos grupos de personas, tales como obesos, embarazadas, ancianos, discapacitados físicos y participantes lesionados. Sin embargo, la resistencia extra que el agua opone a todos los movimientos puede aumentar la intensidad; lo que la convierte en un medio efectivo para entrenar tanto a la población general como a los deportistas. Todo el mundo puede beneficiarse de participar en un programa de ejercicios en agua.

Los programas de ejercicio acuático bien diseñados pueden mejorar todos los componentes de la puesta en forma de un individuo. Los más esenciales para mantener nuestra forma física para la vida diaria y para participar en actividades deportivas son la puesta en forma cardiovascular, la fuerza muscular, la resistencia muscular y la flexibilidad. Sin embargo, los deportistas necesitarán un entrenamiento adicional de algunos componentes técnicos específicos referentes a la puesta en forma motora. Entre éstos se incluyen la agilidad, el equilibrio, el tiempo de reacción, la velocidad, la potencia y la coordinación.

Estar físicamente en forma contribuirá a nuestra salud general. Sin embargo, estar completamente en forma implica también estarlo a nivel social, mental, emocional, nutricional y médico. Este capítulo explora y examina cada uno de los componentes de la puesta en forma física y completa, e identifica cómo las actividades en el agua pueden contribuir y conducirnos a mejorar ambas.

¿Qué es la puesta en forma cardiovascular?

La puesta en forma cardiovascular es la capacidad del corazón, pulmones y sistema circulatorio para transportar y utilizar el oxígeno de manera eficiente. Algunas veces esto se refiere como puesta en forma cardiorrespiratoria, fondo, o puesta en forma aeróbica.

¿Por qué necesitamos la puesta en forma cardiovascular?

Un corazón fuerte y un sistema respiratorio y circulatorio eficientes son esenciales para nuestra calidad de vida y para que participemos de manera segura en actividades deportivas y de ocio. Un corazón débil y un sistema respiratorio y circulatorio ineficaces son más susceptibles de padecer enfermedades que causan la muerte prematura. Las enfermedades coronarias son la causa más elevada de fallecimiento en el mundo occidental. El aumento de la actividad física y la mejora de la puesta en forma cardiovascular pueden ayudar a prevenir tales patologías.

Los beneficios a largo plazo del entrenamiento específico de este componente mejorará la eficacia del corazón, pulmones y vasos sanguíneos. El corazón se hará más fuerte, lo que permitirá bombear un mayor volumen de sangre en cada contracción (volumen de eyección). La red de capilares de nuestros músculos también se expandirá, mejorando el transporte de oxígeno a todas las células y la eliminación de los productos de desecho. El tamaño y el número de las mitocondrias –orgánulos celulares en los que se produce la energía aeróbica– aumentarán también, lo cual nos capacitará para consumir y utilizar más eficazmente el oxígeno que nuestros músculos reciben. Por supuesto, dado que el oxígeno es esencial para nuestra producción de energía a largo plazo, mejorará nuestro rendimiento en tales actividades. Esto nos capacitará para continuar desarrollando tales actividades durante períodos de tiempo más prolongados.

Además, son las actividades que inciden sobre este sistema las que incrementan el rango metabólico, en el cual utilizamos o quemamos calorías. Por lo tanto, el desarrollo frecuente de las actividades adecuadas ayudará a reducir la grasa corporal y a disminuir los niveles de colesterol, lo cual facilitará el control efectivo del peso corporal. El aumento de la fuerza y la eficacia del sistema cardiovascular, junto con la reducción de

la grasa corporal y de los niveles de colesterol, pueden también contribuir, potencialmente, a la disminución de la presión sanguínea elevada. Todo esto ejercerá un efecto positivo sobre nuestra salud.

¿Cómo podemos mejorar nuestra puesta en forma cardiovascular?

Para mejorar la puesta en forma del corazón y de los sistemas respiratorio y circulatorio necesitamos realizar actividades rítmicas que utilicen los grandes grupos musculares. Éstas deben hacerse de manera regular –idealmente, entre tres y cinco veces por semana– y a una intensidad moderada para crear una sensación de fatiga que no nos haga sentir ninguna incomodidad innecesaria. Debemos ser capaces de mantener confortablemente estas actividades durante un tiempo prolongado. Actividades tradicionales que favorecen este tipo de puesta en forma son caminar, correr, montar en bicicleta, remar, nadar, danza aeróbica, etc. Seguir esta clase de programas de ejercicio inducirá las necesarias mejoras de la salud a largo plazo del sistema cardiovascular. Los requerimientos de entrenamiento recomendados para mejorar la puesta en forma cardiovascular se indican en la tabla 2.1 de la página siguiente.

¿Qué tipos de actividades son adecuadas para las sesiones en el agua?

Las actividades tradicionales en suelo que mejoran la puesta en forma cardiovascular, tales como correr y montar en bicicleta, requieren una mayor utilización de la parte inferior del cuerpo y un trabajo mínimo de la parte superior. Por el contrario, las actividades tradicionales en el medio acuático para mejorar este componente de la puesta en forma, tales como nadar y remar, requieren una implicación mucho mayor de la parte superior del cuerpo. La natación es tratada por muchos como la forma de entrenamiento más completa y adecuada para todo el mundo. Quizás,

---

Resumen de los beneficios a largo plazo del entrenamiento cardiovascular

- Fortalecimiento del músculo cardíaco.
- Aumento del volumen de eyección (cantidad de sangre bombeada en cada contracción del corazón).
- Aumento de la capilaridad (más vasos sanguíneos que llevan sangre y oxígeno a los músculos).
- Aumento de las mitocondrias (orgánulos celulares en los que se produce energía aeróbica).
- Aumento del rango metabólico (rango en el que quemamos calorías).
- Disminución de la grasa corporal.
- Disminución de los niveles de colesterol.
- Disminución de la presión sanguínea.
- Disminución del riesgo de enfermedad coronaria.

Tabla 2.1	Requerimientos de entrenamiento recomendados para mejorar la puesta en forma cardiovascular
Frecuencia ¿Cada cuánto tiempo se deben realizar estas actividades?	Entre tres y cinco veces por semana. Idealmente, variar las actividades que se realizan para evitar tensiones repetitivas o lesionar los músculos y articulaciones.
Intensidad ¿Con qué dureza se debe trabajar?	Trabajar a una intensidad que eleve el latido cardíaco a un punto entre el 55% y el 90% de su máximo es suficiente. Niveles más bajos de intensidad son adecuados para personas más sedentarias.
Tiempo ¿Qué duración deben tener estas actividades?	Entre 15 y 60 minutos es una duración óptima; aproximadamente 20 minutos es suficiente para mantener la puesta en forma. Los grupos sedentarios pueden necesitar progresar gradualmente hacia esta duración.
Tipo ¿Qué actividades son las más efectivas?	Actividades que sean rítmicas, utilicen los músculos más grandes, y de naturaleza aeróbica (requieren oxígeno). Por ejemplo, nadar, correr, remar.

esto se debe a que utiliza una mayor proporción de músculos y protege mecánicamente al cuerpo. Otras técnicas de ejercicio en el agua pueden proporcionar igualmente una aproximación holística. Por supuesto, esto se consigue mediante actividades bien seleccionadas y estructuradas.

Los tipos más efectivos de ejercicios en agua para obtener los beneficios del entrenamiento deseados y mejorar este componente de la puesta en forma son aquellos que requieren que desplacemos nuestro centro de gravedad/flotabilidad en el agua. Los movimientos que obligan a saltar hacia fuera del agua y los que requieren que nos desplacemos a través del agua, son muy efectivos. Estos movimientos se ilustran en la figura 2.1.

Los movimientos explosivos de salto requieren mucho esfuerzo muscular para mover nuestro centro de flotación y elevar nuestro peso corporal fuera del agua. Cuando volvemos al agua, la tensión superficial de ésta genera una mayor resistencia a nuestro cuerpo y al movimiento de regreso al suelo de la piscina. Esto ralentiza nuestro movimiento de descenso y hace más difícil recuperar el equilibrio y el impulso para repetir dicho movimiento. Estas actividades son mucho más seguras cuando se realizan en el agua debido al soporte que proporciona la flotabilidad. Son más problemáticas cuando se realizan en tierra, debido al aumento de la fuerza que recae sobre las articulaciones. Sin embargo, siguen siendo muy intensas cuando se llevan a cabo en el agua y, generalmente, sólo pueden mantenerse de manera confortable durante períodos de tiempo cortos. Por lo tanto, deben combinarse con otras actividades a ritmos más moderados.

Los movimientos de desplazamiento requieren que utilicemos acciones de propulsión fuertes para deslizar nuestra masa corporal a través del agua. Esto maximiza la utilización de las diferentes resis-

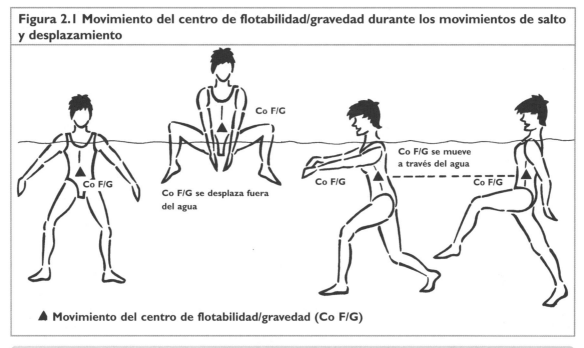

Figura 2.1 Movimiento del centro de flotabilidad/gravedad durante los movimientos de salto y desplazamiento

Co F/G

Co F/G

Co F/G se desplaza fuera del agua

Co F/G se mueve a través del agua

Co F/G

Co F/G

▲ **Movimiento del centro de flotabilidad/gravedad (Co F/G)**

Nota

Saltar fuera del agua eleva el peso del cuerpo y el centro de flotabilidad a través de un mayor rango de movimiento. Desplazarse dentro del agua también incrementa el rango a través del cual se mueve el centro de flotabilidad. Esto último, además, requerirá fuertes movimientos de propulsión para mover el cuerpo contra la resistencia del agua.

tencias que proporciona el agua y, por lo tanto, no exige más esfuerzo muscular para crear tales movimientos y mantener el equilibrio. Los movimientos de desplazamiento son, potencialmente, el modo más efectivo de incrementar y mantener la intensidad de la sesión de entrenamiento y, por lo tanto, de mejorar la puesta en forma cardiovascular.

Los movimientos fuertes de la parte superior del cuerpo bajo el agua también serán muy efectivos. La resistencia añadida que el agua proporciona al movimiento generará igualmente demandas de trabajo para los músculos de la espalda, pecho y brazos cuando se estén moviendo bajo el agua. Por lo tanto, los grandes movimientos de la parte superior del cuerpo que requieren que estos músculos tiren, arrastren y empujen contra la resistencia del agua serán también muy efectivos.

¿Es efectivo mover los brazos fuera del agua?

Elevar y utilizar los brazos fuera del agua es un método de entrenamiento menos efectivo para mejorar la puesta en forma cardiovascular. Estos movimientos aumentarán el latido cardíaco debido a que el corazón tendrá que trabajar más duro para bombear la sangre hacia arriba, contra la fuerza de la gravedad. Sin embargo, no supondrán un consumo de oxígeno tan efectivo. Esto se debe a que los músculos principales responsables de realizar tales movimientos (deltoides, bíceps, trapecio, etc.) son comparativamente más pequeños que los grandes músculos de las piernas. Cuando trabajan fuera del agua contra la gravedad se les presenta poca resistencia a su movimiento, mucha menos que cuando lo hacen por debajo de la superficie del agua. Además, el trabajo continuo de los brazos por encima de la cabeza y fuera del agua puede tener un efecto adverso sobre la presión sanguínea, lo cual no es deseable ni recomendable.

¿Cómo pueden progresar los diferentes niveles de puesta en forma?

La intensidad de las actividades seleccionadas debe corresponder al nivel de puesta en forma de los participantes. Las seleccionadas para personas en baja forma necesitan ser de menor intensidad. Esto se debe a que su corazón tendrá que trabajar algo más duro para proporcionar el mismo volumen de sangre y sus músculos serán menos eficaces para hacer una utilización efectiva del oxígeno que reciben. Por lo tanto, los movimientos muy intensos deben adaptarse a una intensidad menor. Esto se puede conseguir utilizando palancas más cortas, movimientos más lentos, desplazamientos comparativamente menores, y ejerciendo menos fuerza cuando se realiza cada movimiento. Además, aunque los movimientos explosivos son más seguros cuando se realizan en el agua, no son recomendables para aquéllos con muy bajo nivel de puesta en forma o con requerimientos especiales, debido a que tales actividades exigen una mayor concentración y una fijación muscular más fuerte para ser realizadas con eficacia y para mantener un alineamiento eficaz. Finalmente, existen tipos de actividades alternativas mucho más seguras, que son igualmente efectivas, y más fáciles de realizar correctamente y con un alineamiento correcto.

Por otra parte, los participantes con mejor puesta en forma necesitarán un mayor estímulo. Su corazón será más fuerte y capaz de aportar oxígeno con menos esfuerzo, y sus músculos harán una utilización más efectiva del aporte de oxígeno. Por lo tanto, deben ser estimulados para poner un mayor esfuerzo en todos sus movimientos y para saltar y desplazarse con más frecuencia durante el programa. También deben ser animados a utilizar palancas más largas y movimientos más rápidos con mayor regularidad. Para ellos es más fácil hacer trampas en el agua, así que deberían ser estimulados para aplicar mayor fuerza a sus movimientos y trabajar el agua para un efecto máximo.

Los movimientos explosivos en el agua serán mucho más seguros cuando los realizan participantes con mejor puesta en forma. En primer lugar, su conciencia corporal y sus niveles de habilidad serán mayores; y en segundo lugar, sus músculos serán más fuertes. Ambos factores promoverán el correcto alineamiento y la forma, lo cual mejorará la seguridad de cualquier ejercicio.

¿Qué es la flexibilidad?

La flexibilidad es la capacidad de nuestras articulaciones y músculos para moverse a través de su máximo ángulo de movimiento. Algunas veces es referida como agilidad y movilidad.

¿Por qué necesitamos flexibilidad?

La capacidad de las articulaciones y de los músculos para moverse a través de todo su ángulo de movimiento es esencial para facilitar el rendimiento de todas las tareas cotidianas. Necesitamos flexibilidad en la articulación del hombro para subir el brazo por encima de la cabeza y cambiar una bombilla o coger un objeto de una estantería; o también en la articulación de la cadera para subir escaleras, y dar pasos largos cuando caminamos. Si somos flexibles podremos movernos con mayor soltura.

Además, las articulaciones y músculos flexibles contribuirán al mantenimiento de la postura y alineamiento articular correctos. Mejorar la postura, potencialmente, mejora también nuestra apariencia física. Estar de pie erguido puede producir un efecto estilizado a la mayoría de las estructuras corporales. Por lo tanto, ser suficientemente flexible nos permitirá movernos con mayor facilidad y con mayor equilibrio. Por el contrario, una pérdida de flexibilidad hará que nuestro cuerpo se vuelva rígido e inmóvil; y seremos menos capaces de alcanzar una estantería elevada y de flexionarnos hacia abajo para atarnos los cordones de los zapatos. Esto puede restringir nuestros movimientos cotidianos y volvernos menos autosuficientes. Además, movernos con una postura y alineamiento articular incorrectos creará, potencialmente, desequilibrios musculares; y, posiblemente, aumentará el riesgo de lesionarnos. Una mala postura ofrecerá también una apariencia menos atractiva. Por tanto, estar flexible es de capital importancia para mejorar la calidad y economía de los movimientos de nuestra vida diaria.

Ser suficientemente flexible contribuirá también a mejorar nuestros rendimientos durante las actividades deportivas y de ocio. Si no somos suficientemente flexibles, seremos más susceptibles de lesionarnos, especialmente cuando desarrollemos actividades que requieran movernos con rapidez a posiciones límites, tales como flexionarnos hacia abajo, extendernos hacia arriba y hacia fuera, y girar. Sin embargo, algunas actividades deportivas requieren mucha más flexibilidad de la que necesitamos para nuestras tareas de la vida diaria. En particular, algunas actividades de artes marciales y de danza requieren mucha flexibilidad, y pueden conducirnos a tenerla en exceso. Si somos demasiado flexibles, y los músculos y ligamentos que rodean a las articulaciones no son lo suficientemente fuertes como para mantenerlas estables, estamos también corriendo un mayor riesgo de lesión.

Finalmente, necesitamos el nivel correcto de flexibilidad para realizar nuestras tareas cotidianas, y mantener el alineamiento correcto. Sin embargo, si participamos en actividades deportivas podemos requerir un poco de flexibilidad extra. Un deportista de competición y un bailarín profesional necesitarán mayor flexibilidad para alcanzar sus metas; pero si participamos en actividades deportivas con un propósito de ocio es discutible que necesitemos un nivel de flexibilidad excesivo. El asunto clave es decidir cuáles son nuestras razones para participar y nuestros objetivos individuales.

Idealmente, debemos asegurarnos de que somos lo suficientemente flexibles como para afrontar las demandas que ponemos sobre nuestro cuerpo, sin llegar a colocarlo en una situación de riesgo de lesión.

Resumen de los beneficios a largo plazo del entrenamiento de la flexibilidad

- Mejora del ángulo de movimiento de músculos y articulaciones.
- Mejora de la postura y del alineamiento articular.
- Mejora del rendimiento deportivo y de las actividades cotidianas.
- Reducción de la tensión muscular.
- Reducción del riesgo de lesión cuando nos movemos a posiciones límites.

¿Cómo podemos mejorar la flexibilidad?

La flexibilidad puede mantenerse mediante la práctica frecuente (diaria) de actividades que requieran que nuestros músculos y articulaciones se muevan a través de su rango de movimiento completo. Dado que el estilo de vida de la mayoría de la gente no ofrece esta oportunidad de manera natural, las actividades de estiramiento se incorporan en la mayoría de los programas de puesta en forma. Estas actividades son aquelas que requieren que los dos extremos del músculo –origen e inserción– se separen con amplitud suficiente. Esto hace que el músculo se elongue y que se incremente el ángulo de movimiento de la articulación. Sin embargo, también debe permitirse al músculo que se relaje para conseguir un estiramiento efectivo.

En terreno seco, se recomiendan como más seguras las posiciones de estiramiento estático. Estos estiramientos requieren que se adopten posiciones de soporte confortables y mantenerlas con una duración adecuada. Posibilita sentir la tensión inicial que se nota en el músculo (el reflejo de estiramiento) hasta su desaparición (insensibilización). Esto permite al músculo relajarse y moverse con mayor seguridad hasta un ángulo de movimiento más extendido. Estirando de este modo puede mejorar potencialmente nuestro rango de movimiento. Sin embargo, si al estirar nos movemos demasiado rápido o demasiado lejos (sobreestiramiento), entonces puede que no se produzca la relajación. Por lo tanto, es esencial que escuchemos atentamente a nuestro cuerpo y nos movamos solamente hasta un punto medio de molestia inicial.

Por el contrario, los movimientos balísticos, que exigen que el cuerpo se mueva demasiado rápido en un amplio rango de movimiento, están desaconsejados. Éstos pueden impedir que ocurra la insensibilización y, por tanto, pueden causar potencialmente roturas musculares y dañar los ligamentos y otros tejidos que circundan la articulación. A largo plazo, tales actividades pueden reducir la estabilidad de las articulaciones, creando hipermovilidad. Además, es posible que causen un daño irreparable a los músculos y articulaciones, lo cual restringirá el rango de movimiento y la flexibilidad. Los requerimientos de entrenamiento recomendados para mejorar nuestra flexibilidad se reseñan en la tabla 2.2.

¿Cómo pueden mejorar nuestra flexibilidad los ejercicios en el agua?

La flotabilidad del agua puede utilizarse como soporte del cuerpo y promover más estiramiento pasivo. Si permitimos que nuestras extremidades floten en la superficie del agua, los músculos que normalmente se requiere que se contraigan para mantener tales posiciones serán capaces de relajarse. Esto reduce la tensión y actividad en dichos músculos y nos permite alcanzar con naturalidad un mayor rango de movimiento de la mayoría de las áreas articulares. Un ejemplo de esto es permitir que la pierna se eleve y flote por delante del cuerpo para estirar los músculos de la cara

Tabla 2.2	Requerimientos de entrenamiento recomendados para mejorar nuestra flexibilidad
Frecuencia ¿Cada cuánto tiempo se deben realizar estas actividades?	Todos los días. El cuerpo debe calentarse antes de estirar para prevenir roturas y mejorar el rango de movimiento.
Intensidad ¿Con qué dureza se debe trabajar?	Las posiciones que seleccionemos deben permitir que el músculo se elongue y relaje, y alcance un rango de movimiento ligeramente mayor del que consigue normalmente.
Tiempo ¿Qué duración deben tener estas actividades?	Los estiramientos pueden mantenerse desde, aproximadamente, 8 a 30 segundos. Para mejorar en flexibilidad, son necesarias duraciones más largas. Sin embargo, el cuerpo debe estar caliente y relajado.
Tipo ¿Qué actividades son las más efectivas?	Las posiciones que permiten elongar y relajar un músculo, y también relajar el músculo opuesto (estiramiento pasivo), son las más efectivas para mejorar la flexibilidad.

posterior del muslo (los flexores de la pierna). Esto se ilustra en la figura 2.2.

Además, la resistencia frontal ejercida por el agua restringirá la velocidad de nuestros movimientos

Figura 2.2 La flotabilidad ayuda a la realización de un estiramiento de los músculos de la cara posterior del muslo

La flotabilidad ayuda a elevar la pierna

Nota

En terreno seco, los músculos de la cara anterior del muslo y de la cadera (cuádriceps y flexores de la cadera) tienen que contraerse muy fuertemente para mantener esta posición. La altura alcanzada en el movimiento estará limitada por la fuerza de estos músculos; y los grupos musculares opuestos de la cara posterior del muslo y las nalgas (flexores de la pierna y glúteos) se elongarán mínimamente, proporcionando un estiramiento activo limitado de estos músculos. En el agua, la pierna flota y puede elevarse mucho más. Los músculos de la cara anterior del muslo serán capaces de relajarse y estarán soportados por el agua (esto dependerá de la composición corporal del deportista). Al final, se puede conseguir un mayor ángulo de movimiento debido a que el agua permitirá a los músculos relajarse y, por lo tanto, generar un estiramiento pasivo; esto es, que el músculo opuesto al que está siendo estirado es capaz de relajarse.

y evitará exceder el rango de movimiento natural. Habrá menos riesgo de que estos movimientos se transformen en balísticos. Por lo tanto, la realización de movimientos más fluidos y relajados, que permitan a los músculos alcanzar el límite de su rango de movimiento más lentamente (estiramientos en movimiento), son potencialmente más seguros en el agua y con menos riesgo de lesión. Mover cada área articular tan lejos como se pueda, por debajo del agua, y en todas las direcciones mejorará su rango de movilidad. Estos movimientos pueden reemplazar muchos de los estiramientos estáticos requeridos para moverse de manera segura en terreno seco. Además, ayudarán al mantenimiento de una temperatura corporal confortable si se ejercita en piscina con temperaturas más bajas.

Sólo es recomendable una proporción mayor de estiramientos estáticos cuando se entrena en piscina con temperaturas más calientes. Si se prefiere este tipo de estiramientos, será necesario intercalar entre ellos una mayor proporción de movimientos para mantenerse caliente y con una temperatura corporal confortable. Lo cual permitirá asegurar que los músculos están suficientemente calientes para llevarse a un ángulo de movimiento amplio. Realizar estiramientos estáticos en temperaturas más bajas, sin suficientes actividades para mantener el calor, es potencialmente inseguro dado que los músculos estarán menos elásticos y en mayor riesgo de lesión cuando se muevan en un rango de movilidad mayor. Además, será necesaria la utilización de los bordes de la piscina y/o el uso de movimientos de brazada para ayudar a mantener una posición equilibrada y estable durante la realización de algunos estiramientos estáticos.

Finalmente, se recomienda una combinación de los dos tipos de estiramientos. Los estiramientos de movimiento para los músculos normalmente flexibles son suficientes para preparar a los músculos antes de entrenar, y mantener el rango de movilidad después del trabajo. Sin embargo, los músculos que normalmente están menos flexibles debido a nuestro estilo de vida sedentario –por ejemplo, los flexores de la pierna, flexores de la cadera y aductores– quizás se beneficien más de los estiramientos estáticos. Además, es discutible que trabajar con grupos menos flexibles sea mucho más seguro hacerlo en la piscina.

¿Cómo podemos atender a los diferentes niveles de flexibilidad?

Los participantes menos flexibles generalmente necesitan trabajar a través de un rango de movimiento más pequeño. Es mucho más fácil controlar este rango si se utilizan estiramientos estáticos, que evitarán excederse de los límites seguros de movilidad. Sólo deben moverse dentro de una posición de estiramiento hasta el punto en el que sientan una tensión media. Esto puede requerir que algunas posiciones de estiramiento se adapten de modo que sean capaces de mantenerse dentro de un rango confortable. Si se utilizan estiramientos de movimiento, se les debe aconsejar que se muevan tan sólo hasta el punto en que se sientan confortables. Sus movimientos en la sesión de trabajo principal también necesitarán ser ligeramente menores y, quizás, más lentos. Puede serles necesario realizar movimientos con palancas más cortas y de rangos menores para evitar los sobreestiramientos.

Los participantes más flexibles deben ser capaces de moverse con completa seguridad a través de un rango de movimiento mayor. Se les debe recomendar la utilización de palancas más largas y extender completamente (distender) sus articulaciones, sin bloquearlas (hiperextenderlas), para moverse dentro de su potencial completo. En principio, la mayoría de sus estiramientos pueden ser de movimiento, siendo recomendables para los participantes que tienen suficiente conciencia corporal y control muscular de sus movimientos.

¿Qué es la fuerza y resistencia musculares?

La fuerza muscular es la capacidad de nuestros músculos para realizar un esfuerzo cercano al máximo para levantar una resistencia. La resistencia muscular requiere ejercer una fuerza muscular máxima menos intensa, pero mantenida durante más tiempo.

¿Por qué necesitamos fuerza y resistencia musculares?

Nuestros músculos necesitan estar suficientemente fuertes y tener suficiente resistencia para llevar a cabo las tareas cotidianas que requieren levantar, transportar, tirar, o empujar una resistencia. Esto puede incluir hacer la compra, cuidar el jardín, mover los muebles, subir escaleras y levantarnos de una silla o del baño. Si participamos en actividades deportivas, sean de ocio o competitivas, requeriremos entonces mayor fuerza y resistencia de la que normalmente necesitamos para realizar eficazmente dichas tareas cotidianas. En la vida diaria prácticamente nunca necesitamos levantar grandes pesos o realizar levantamientos de potencia. Ni tampoco necesitamos resistencia para realizar miles de fondos o abdominales. Por lo tanto, nuestro objetivo principal debe ser que nuestros músculos estén lo suficientemente fuertes para realizar las actividades de nuestra vida diaria; quizás con un poco más en reserva.

Unos músculos fuertes nos ayudarán a mantener el alineamiento correcto de nuestro esqueleto; pero unos músculos débiles pueden causar tracciones que lo inestabilicen. Nuestros músculos trabajan a pares: cuando uno se contrae y trabaja, el músculo opuesto se relaja. Por lo tanto, si uno de los dos se contrae o trabaja con demasiada frecuencia y llega a estar demasiado fuerte mientras que el opuesto no trabaja suficientemente o se permite que llegue a debilitarse, entonces nuestras articulaciones quedarán fuera del alineamiento correcto. Esto, potencialmente, puede producir lesión, o generar defectos posturales tales como hombros caídos o curvaturas excesivas de la columna vertebral. Éstas se ilustran en la figura 2.3.

Un desequilibrio de la fuerza entre los abdominales y los músculos opuestos de la espalda (erector de la columna) puede producir una curvatura exagerada o un arqueamiento de la columna lumbar (lordosis). Un desequilibrio de fuerza entre los músculos del pecho (pectorales) y los que se encuentran entre los omoplatos (romboides y trapecio) pueden causar hombros caídos y un arqueamiento hacia delante de la columna torácica (cifosis). Un desequilibrio de fuerza entre los músculos de ambos lados de la espalda puede originar una curvatura lateral de la columna torácica (escoliosis).

Por lo tanto, todos nuestros músculos deben estar suficientemente fuertes para mantener una postura correcta. Sin embargo, nuestro estilo de vida puede exigir que enfaticemos el trabajo sobre ciertos músculos más que sobre otros, para compensar los desequilibrios originados por nuestro trabajo y nuestras actividades cotidianas. Para la mayoría de las personas con un estilo de vida sedentario, ello equivale a fortalecer los músculos abdominales, los músculos situados entre los omoplatos (trapecios y romboides) y, posiblemente, los músculos de la espalda (erector de la columna).

Entrenar la fuerza y la resistencia muscular también mejorará el tono de nuestros músculos. Unos músculos tonificados están más firmes y más definidos. Por lo tanto, pueden proporcionarnos una mejor estructura corporal y apariencia física. Si nuestro cuerpo está tonificado y definido podemos tener una autoimagen más positiva; lo que, a su vez, mejorará nuestro bienestar psíquico y nuestra autoestima.

Finalmente, el entrenamiento de la fuerza y la resistencia muscular puede mejorar también la fuerza y la salud de nuestros huesos y articulaciones. Los músculos tienen que contraerse y tirar de los huesos para crear movimiento y superar una resistencia. En respuesta, nuestros tendones

Figura 2.3 Curvaturas de la columna vertebral

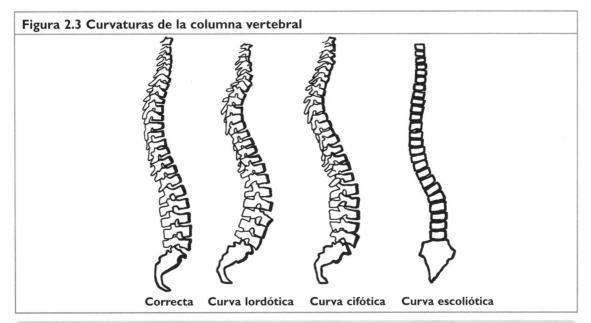

Correcta Curva lordótica Curva cifótica Curva escoliótica

Nota

La lordosis puede estar exagerada durante el embarazo. La debilitación de los músculos abdominales y el peso del feto pueden causar una basculación hacia delante de la pelvis. Esto coloca mucho estrés sobre las vértebras lumbares. La cifosis puede ser causada por estar apoyados todo el día sobre una mesa y, posiblemente, también por conducir. La escoliosis puede estar exagerada por cargar siempre la bolsa de la compra sobre el mismo lado del cuerpo.

–que insertan los músculos en los huesos a nivel articular– y nuestros ligamentos –que unen los huesos entre sí– se volverán más fuertes. Por lo tanto, a largo plazo, nuestras articulaciones se volverán más fuertes, más estables y con menor riesgo de lesionarse. Además, se incrementará el calcio que se deposita y almacena en los huesos, lo cual puede prevenir su fragilidad y reducir el riesgo de osteoporosis. El entrenamiento de la fuerza y resistencia muscular, por lo tanto, proporciona muchos más beneficios añadidos, los cuales aumentan nuestra calidad de vida durante un buen número de años.

¿Cómo mejoramos nuestra fuerza y resistencia?

Tradicionalmente, el entrenamiento de la fuerza se consigue realizando ejercicios que requieren levantar cargas pesadas cercanas a la resistencia máxima durante un corto período de tiempo (alta resistencia y pocas repeticiones). Los ejercicios de resistencia requieren levantar cargas más ligeras pero durante períodos de tiempo más largos (baja resistencia y mayor número de repeticiones).

El tipo de actividades para promover ganancias de fuerza y resistencia son las que requieren más atención aislada sobre músculos específicos. El entrenamiento con peso es un modo típico, aunque los ejercicios calisténicos que requieren que levantemos nuestro propio peso corporal (tales como fondos, abdominales, etc.) pueden ser igual de efectivos. Estas actividades necesitan realizarse aproximadamente de dos a tres veces por semana para lograr una mejora suficiente. La resistencia que se levanta debe provocar una sensación de fatiga en el músculo a partir de entre 7 y 25 repeticiones. Obviamente, las ganancias conseguidas por un individuo estarán determinadas por el número de repeticiones que sea capaz de llevar a cabo. Cuanto menor sea el número de repeticiones que realice, más ganancias de fuerza muscular obtendrá; y cuantas más repeticio-

nes realice, conseguirá más ganancias de resistencia muscular. Los requerimientos de entrenamiento recomendados para mejorar nuestra fuerza y resistencia muscular se reseñan en la tabla 2.3 de la página siguiente.

Resumen de los beneficios a largo plazo del entrenamiento de la fuerza y resistencia musculares

- Incremento de la densidad ósea (mayor depósito de calcio).
- Disminución del riesgo de osteoporosis.
- Mejora de la postura y del alineamiento.
- Mejora del rendimiento deportivo y de las actividades de ocio.
- Realización más eficaz de las tareas cotidianas.
- Mejora de la estructura y del tono corporal.
- Mejora de la autoimagen.
- Mejora de la autoestima.
- Músculos, ligamentos y tendones más fuertes, y que serán más resistentes al movimiento.

¿Cómo puede el ejercicio en el agua mejorar nuestra fuerza y resistencia musculares?

El agua ejerce una resistencia a nuestros movimientos que es, aproximadamente, 12 veces la del aire. Esto, potencialmente, nos proporciona una gran oportunidad para sobrecargar nuestros músculos. La mayoría de las ganancias de forma física tenderán a ser en primer lugar de resistencia muscular. Esto se debe a que la resistencia es aún comparativamente más baja que la que, potencialmente, se levanta durante un programa de entrenamiento con peso. Sin embargo, ello depende del nivel de puesta en forma de los participantes. Las personas con baja forma o previamente sedentarias pueden encontrar la resistencia del agua suficiente para sobrecargar y mejorar tanto su fuerza como su resistencia

Tabla 2.3	Requerimientos de entrenamiento recomendados para mejorar nuestra fuerza y resistencia musculares
Frecuencia ¿Cada cuánto tiempo se deben realizar estas actividades?	Trabajar los mismos músculos en dos o tres ocasiones por semana debería ser suficiente.
Intensidad ¿Con qué dureza se debe trabajar?	Para mejorar nuestra fuerza, necesitamos trabajar con mayores cargas que permitan realizar un menor número de repeticiones (aproximadamente 5-7). Para mejorar nuestra resistencia, necesitamos trabajar con cargas ligeramente menores que nos permitan realizar un número ligeramente mayor de repeticiones (aproximadamente 12-25). Trabajar con cargas que nos permitan realizar un número de repeticiones comprendido entre 7 y 12, inicialmente nos proporcionará algunas mejoras tanto en fuerza como en resistencia.
Tiempo ¿Qué duración deben tener estas actividades?	Esto dependerá del nivel de forma de los participantes, del número de grupos musculares que se trabajan y de los objetivos de cada individuo. Como norma aproximada, entre 10 y 40 minutos (excluyendo calentamiento y vuelta a la calma) deberían ser suficientes para conseguir un trabajo global del cuerpo y entrenar todos los grandes grupos musculares.
Tipo ¿Qué actividades son las más efectivas?	Levantar pesos o trabajar con otras resistencias, tales como bandas o el propio peso del cuerpo, es efectivo en tierra. El agua proporciona resistencia al movimiento y puede ser muy efectiva si es manipulada adecuadamente. La utilización de elementos de flotación y otros equipamientos acuáticos incrementará la intensidad.

muscular. Por otro lado, los participantes con buena forma física pueden necesitar la utilización de elementos auxiliares para añadir mayor resistencia y proporcionar estímulo suficiente.

Mientras que el ejercicio en el agua aún proporcionará las mejoras necesarias para la fuerza y resistencia muscular, puede resultar menos efectivo para mejorar la densidad de nuestros huesos. Esto es debido a que las actividades que cargan peso suelen ser las más efectivas para llevar a cabo estas adaptaciones, y ejercitar en el agua se considera que no carga peso debido al soporte que proporciona la flotabilidad al cuerpo. Sin embargo, pueden producirse algunas mejoras, debido a que los músculos se están contrayendo contra una resistencia para tirar de los huesos. Al final, las mejoras en la densidad ósea pueden ser menores con el ejercicio en el agua, pero se necesitan investigaciones más profundas sobre este tema antes de establecer conclusiones.

¿Cómo pueden atenderse las diferentes capacidades?

Las actividades de fuerza y resistencia muscular pueden intensificarse progresivamente incrementando el área de superficie de las partes corporales que se movilizan, moviéndose a un ritmo ligeramente más rápido, y ejerciendo una mayor fuerza. Los participantes menos en forma deben ser estimulados para progresar más equilibradamente utilizando estos métodos de manera individualizada.

Los participantes con mejor forma física pueden ser animados a utilizar los tres métodos progresivos, los cuales deben proporcionarles un estímulo suficiente. La utilización de equipamiento de flotación incrementará aún más la intensidad de las actividades. El uso de tales elementos puede ser suficiente para estimular la fuerza en un grupo que está con una buena forma, pero puede ser inapropiado para los participantes que no lo están. Su progresión hacia un entrenamiento de mayor intensidad debe ser gradual (de varias semanas o, posiblemente, meses).

¿Qué es la puesta en forma motora?

La puesta en forma motora es, fundamentalmente, un componente de la puesta en forma y se refiere a varios factores interrelacionados entre sí. Los componentes relacionados con la técnica de puesta en forma incluyen la agilidad, equilibrio, velocidad, coordinación, tiempo de reacción y potencia.

¿Por qué necesitamos la puesta en forma motora?

La puesta en forma motora requiere la transmisión y el manejo efectivos de mensajes y respuestas entre el sistema nervioso central (cerebro y médula espinal) y el sistema nervioso periférico (sensitivo y motor). El sistema periférico recoge la información por la vía del sistema sensitivo; el sistema nervioso central recibe y procesa esta información y envía una respuesta apropiada por la vía del sistema motor, el cual inicia la respuesta apropiada.

La puesta en forma motora es, quizás, más aplicable a los deportistas. Sin embargo, puede tener un efecto indirecto sobre la mejora de nuestra forma física en los otros componentes relacionados con la salud. El desarrollo de habilidades específicas puede mejorar nuestro rendimiento en ciertas actividades. Si nos movemos con destreza podemos mejorar la efectividad de las actividades que realizamos. Además, aprendiendo a realizar ejercicios con la técnica correcta reduciremos el riesgo de padecer lesión que puede darse por mover el cuerpo en una mala posición. Por lo tanto, mejorar la puesta en forma motora maximizará tanto la seguridad como la eficacia de nuestro rendimiento.

¿Cómo mejoramos nuestra puesta en forma motora?

Manejar nuestro peso corporal, maniobrar nuestro centro de gravedad, coordinar los movimientos de nuestro cuerpo, movernos a diferentes velocidades, en distintas direcciones y a intensidades diversas, todo ello contribuirá a largo plazo a mejorar nuestra puesta en forma motora. Si queremos conseguirlo, debemos entrenar, específica y repetidamente, los aspectos que deseamos mejorar. Si deseamos realizar una secuencia de movimientos rápida y coordinada, entonces necesitamos realizar los movimientos específicos que «recuerden» dicha secuencia.

Sin embargo, necesitamos entrenarnos para desarrollar las técnicas necesarias, que, en este ejemplo, son la velocidad y la coordinación. Por tanto, debemos desglosar la secuencia en partes componentes más pequeñas y realizar cada una aisladamente y a un ritmo más lento. Uniendo progresivamente un componente con otro, y moviéndose a un ritmo más rápido, desarrollaremos con el tiempo las habilidades necesarias para realizar la secuencia completa a una velocidad adecuada. Así, habremos mejorado nuestra puesta en forma motora.

Si deseáramos aprender a caminar sobre una cuerda floja, necesitaríamos desarrollar habilidades diferentes y de un modo también diferente. El equilibrio sería una habilidad extraordinariamente importante a desarrollar para esta actividad. Realizar nuestra secuencia de movimientos coordinada no ayudará a nuestro equilibrio sobre la cuerda floja. Por lo tanto, el entrenamiento para mejorar nuestra puesta en forma motora debe relacionarse específicamente con las actividades que necesitamos o queremos realizar.

Debemos autoconvencernos de que no nos desalentaremos si no podemos inicialmente hacer algo. Con el tiempo, todos podemos aprender las habilidades necesarias para realizar cualquier actividad. La clave es desglosar la habilidad en cuestión, y tomarnos el tiempo para desarrollarla lentamente. Un buen profesor lo hará para nosotros, y nos estimulará para que la practiquemos y desarrollemos.

¿Cómo puede el ejercicio en el agua mejorar nuestra puesta en forma motora?

Cuando ejercitamos en el agua necesitamos aprender y desarrollar diferentes habilidades. Cada una de las propiedades del agua tendrá su efecto individual sobre nuestro cuerpo; el grado en el que afecte a nuestros movimientos dependerá, principalmente, de nuestro biotipo, composición corporal y distribución de grasa. Es esencial que aprendamos cómo manipular el agua para optimizar los beneficios que recibamos del entrenamiento. Necesitaremos aprender nuevas habilidades para mantener y recuperar el equilibrio; para manejar nuestro centro de flotabilidad y crear movimiento o prevenir movimientos indeseados; y para mantener la flotación. El desarrollo de todas estas habilidades específicas (movimientos de propulsión, como se han descrito en el capítulo 1)

proporcionará las mayores mejoras a nuestra puesta en forma motora. Mejorarán nuestro rendimiento a través del programa general de entrenamiento en el agua. Esto maximizará la efectividad de nuestro trabajo y optimizará los beneficios que recibamos. Por lo tanto, es esencial que el entrenador explique y demuestre estas técnicas durante toda la sesión de entrenamiento. Sin esta enseñanza esencial, nuestras sesiones serán ineficaces y potencialmente inseguras.

Resumen de los beneficios de la puesta en forma física

Realizando los tipos apropiados de actividad podemos mejorar cada componente de puesta en forma física. Nuestro corazón, pulmones y sistema circulatorio se volverán más eficientes, permitiéndonos realizar actividades durante un período de tiempo más prolongado, y sin llegar a quedarnos exhaustos. Nuestros músculos se harán más fuertes, dándonos una apariencia más tonificada y mejorando nuestra postura. Nuestras articulaciones se volverán más flexibles y nos permitirán movernos con mayor facilidad. Lo haremos más eficazmente y con mejor control. Mejorando nuestra puesta en forma física estaremos haciendo contribuciones definitivas para mejorar nuestra calidad de vida.

Sin embargo, y más importante, es que mejorando nuestra puesta en forma física estamos haciendo una contribución masiva a la mejora de nuestra salud y puesta en forma globales. Estar físicamente en forma mantendrá nuestro corazón saludable y disminuirá el riesgo de enfermedad coronaria. También mantendrá nuestros huesos y articulaciones sanos, previniendo la aparición de osteoporosis, y permitiéndonos mantener un rango de movimiento más completo; y mantendrá nuestros músculos fuertes, proporcionando un mayor soporte a nuestro esqueleto. También nos ayudará a manejar nuestro peso corporal. Por último, ¡podremos vivir una vida más larga y plena!

¿Qué es la puesta en forma completa?

La salud o puesta en forma completa requiere que estemos social, mental, emocional, nutricional y médicamente en forma igual que físicamente. Nuestro nivel de forma física afectará a nuestra salud y puesta en forma global. Sin embargo, ésta requiere no sólo tomar parte en una actividad física regular. Exige que prestemos atención a nuestro estilo de vida, nuestra dieta, nuestro nivel de estrés, nuestras emociones, nuestras habilidades de comunicación, y reconocer que algunas veces necesitamos relajarnos y recuperarnos. El ejercicio en el agua puede proporcionarnos un medio apropiado para desarrollar los componentes de la puesta en forma completa.

¿Qué es la puesta en forma social?

La puesta en forma social implica interacción y comunicación. Si mejoramos nuestra puesta en forma física, nos estamos haciendo a nosotros mismos físicamente más capaces de participar en un mayor número de actividades sociales, deportivas y de ocio. Como consecuencia, podremos mejorar potencialmente nuestra puesta en forma social.

¿Cómo puede el ejercicio en el agua mejorar nuestra puesta en forma social?

El ejercicio en el agua parece ser especialmente efectivo para mejorar nuestra puesta en forma social. Mejora la comunicación y, potencialmente, favorece el desarrollo de las relaciones amistosas entre los participantes. Esto puede ser debido a diferentes razones. En primer lugar, muchas sesiones acuáticas incluyen la utilización de temas, música divertida y coreografías que requieren una gran interacción entre los miembros de la clase. Esto puede incluir practicar movimientos en parejas o grupos en la piscina. Al final, la interacción creada al utilizar estos esquemas requiere que los participantes se comuniquen más activamente entre sí. También permitirá el desarrollo de un ambiente menos competitivo y más divertido, el cual capacitará a su vez a los participantes para relajarse y disfrutar mucho más de la sesión. Sin embargo, tales métodos no son imprescindibles para ejercitarse en el agua: simplemente tienden a serlo. Por supuesto, la mayoría de las clases de ejercicio en tierra parecen ser mucho más serias. Esto no significa que el ejercicio en el agua no deba tomarse en serio, ni que las sesiones en tierra no sean divertidas. Desde la experiencia, ¡simplemente son diferentes!

Sin embargo, quizás el factor más importante para el aumento de la comunicación en los programas de ejercicios en el agua es que nuestra apariencia física y la realización de los ejercicios se «esconden» dentro del agua. Es, posiblemente, el modo en que nos observamos y el modo en que los realizamos, lo que potencialmente crea las mayores barreras a nuestra comunicación con los otros. Por lo tanto, pudiera sugerirse que las sesiones de entrenamiento en el agua pueden ayudar a reducir tales barreras y favorecer una comunicación más efectiva.

En tierra, en la mayoría de las actividades estamos rodeados de espejos, los cuales hacen que estemos constantemente observando nuestra apariencia y rendimiento. Los espejos son útiles para ayudarnos al desarrollo de las técnicas correctas. Sin embargo, pueden aumentar los sentimientos de autoconciencia sobre nuestra estructura y volumen corporal, y sobre los movimientos físicos. Además, cuando ejercitamos en tierra, nuestro cuerpo y movimientos son totalmente visibles para todos los que nos rodean. Si nos sentimos preocupados con nuestra apariencia física o descoordinación, puede que nos sintamos también más incómodos y molestos. Esto también puede hacer que nos comparemos a nosotros mismos con aquellos que nos rodean; y crear, potencialmente, una mayor competitividad y disminuir nuestra autoestima si percibimos que estamos en peores condiciones que otros. A largo plazo puede disminuir nuestra adhesión al programa de ejercicio, lo que incrementará aún más los sentimientos de fallo y una mayor disminución de la autoestima.

En el agua, los participantes conscientes de su volumen y estructura corporal, y los que tienen menos coordinación, pasan más desapercibidos. Potencialmente, se sentirán más relajados y más desinhibidos. Esto puede ayudarles a concentrarse más en la tarea que tienen entre manos y a mejorar sus rendimientos. Como consecuencia, obtendrán mayores beneficios físicos del programa. Si se adhieren al programa, potencialmente mejorarán su estructura corporal y coordinación; consiguiendo a largo plazo un efecto positivo sobre su autoconfianza, autoestima y bienestar psicológico.

¿Qué es la puesta en forma mental y emocional?

La puesta en forma mental y emocional se refiere a nuestro bienestar psíquico. Las presiones de la vida diaria pueden tener un efecto negativo sobre ella, produciéndonos sensaciones de cansancio y estrés. Cuando nos sentimos estresados, estimulamos la liberación de hormonas que nos preparan para la lucha o la huida. Como consecuencia, liberamos azúcares al torrente sanguíneo para proporcionar energía para la acción física necesaria. Sin embargo, con demasiada frecuencia no emprendemos acción alguna (huida o lucha), sino que en su lugar nos quedamos «rumiando» nuestros problemas. Esto tiene un efecto negativo sobre nuestra salud porque los azúcares liberados pueden, potencialmente, contribuir a la arteriosclerosis (rigidez de las paredes arteriales). Por lo tanto, el estrés es un factor que contribuye a diferentes enfermedades de menor y mayor importancia. Entre éstas se incluyen la elevación de la presión, la enfermedad coronaria, el síndrome del colon irritable, y la ansiedad. Por ello, lo acertado es adoptar algunas medidas de precaución para reducir nuestros niveles de estrés.

¿Cómo puede el ejercicio mejorar nuestra puesta en forma mental y emocional?

El ejercicio regular puede ayudar al manejo efectivo del estrés. La fatiga física necesaria para realizar los ejercicios nos proporciona un modo de liberar tensiones y expulsar de nuestra mente el estrés que sufrimos en nuestra vida diaria. Cuando tomamos parte en ejercicio aeróbico, incrementamos la liberación de endorfinas, que es una hormona que nos proporciona una gran sensación de bienestar. Ésta puede durar mucho más tiempo que la propia sesión de ejercicio. Además, las mejoras a largo plazo de la estructura de nuestro cuerpo y de nuestra apariencia física pueden elevar también nuestra autoestima, autoimagen y autoconfianza. Si tenemos confianza en nosotros mismos, actuaremos también confiadamente. Esto puede producir un enorme efecto sobre nuestro bienestar psíquico.

¿Cómo puede el ejercicio en el agua mejorar la puesta en forma mental y emocional?

El agua es un entorno especial. Relajarse en un baño caliente o en un jacuzzi tiene un efecto maravilloso sobre la relajación de la mente y los músculos. Ejercitar en el agua puede producir una relajación y efectos terapéuticos similares. La reducción de los efectos de la tracción gravitacional disminuirá automáticamente algo del estrés físico sobre el cuerpo. Los efectos incrementados de la flotabilidad producirán una elevación de las extremidades, permitiendo a los músculos relajarse ligeramente. También soportarán el peso corporal, disminuyendo la compresión de las articulaciones y permitiéndolas moverse más libremente y con mayor facilidad. La presión hidrostática ejercida contra el cuerpo estimulará la circulación de un mayor volumen de sangre y ayudará a eliminar los productos de desecho que, potencialmente, pueden contribuir a la tensión física. Además, los efectos combinados de la presión hidrostática y de la turbulencia del agua contra nuestro cuerpo pueden producir un efecto de masaje. Esto puede disminuir tanto la tensión física como mental, favoreciendo la relajación de los músculos y de la mente. Hay también alguna evidencia de que la inmersión en el agua reduce la actividad del sistema nervioso simpático, el cual está más activo en los momentos de estrés cuando nos estamos preparando para huir o luchar (Hall, 1994).

Ejercitar en el agua puede producir un efecto estimulante y vigorizante sobre el cuerpo en un ambiente que reduce la tensión y el estrés físico. Sin embargo, es preciso tener en cuenta que los participantes que se encuentran menos confiados en el agua puede que no experimenten los mismos niveles de relajación que los que se sienten más confiados. Por lo tanto, los ejercicios específicos de relajación, realizados al final de la sesión, son el modo perfecto para finalizarla si la piscina está suficientemente caliente.

¿Qué es la puesta en forma nutricional?

La puesta en forma nutricional requiere que sigamos una dieta equilibrada. Los alimentos que ingerimos afectarán a la cantidad de energía que tengamos; y también a nuestra salud y bienestar. Es conveniente recordar que no hay alimentos malos, sino malas dietas. Por tanto, es esencial que sigamos una dieta equilibrada a partir de los principales grupos de alimentos. También debemos asegurarnos de que la cantidad de comida que ingerimos es la apropiada para nuestros requerimientos.

¿Cómo puede el ejercicio en el agua mejorar nuestra puesta en forma nutricional?

Tomar parte en una actividad física regular puede hacernos más conscientes de los alimentos que ingerimos y de nuestra dieta. Existen muchos libros dedicados a esta área de la puesta en forma, aquí tan sólo sugeriremos algunas normas generales para mejorar nuestra dieta.

- Comer menos grasas saturadas. Demasiada cantidad aumentará el riesgo de elevar el colesterol y de obstrucción de las paredes arteriales.
- Tomar menos azúcar. Demasiada cantidad causará caries y aumentará el riesgo de aparición de diabetes del adulto.
- Consumir menos sal. Demasiada cantidad potenciará la elevación de la presión sanguínea.
- Comer más carbohidratos complejos. Una cantidad insuficiente disminuirá nuestros niveles de energía.
- Comer suficiente fibra. Una cantidad insuficiente producirá, potencialmente, estreñimiento y otros trastornos intestinales.
- Tomar una ingesta calórica suficiente. Una cantidad insuficiente de calorías ralentizará nuestro metabolismo y hará que nos sintamos asténicos; mientras que una cantidad excesiva incrementará nuestro peso y se almacenará como grasa corporal.
- Beber más agua. Una cantidad insuficiente de fluidos causará deshidratación, potenciales golpes de calor y provocará un estrés innecesario sobre el corazón.

Después de cualquier actividad acuática aumenta el apetito a causa de la energía y calorías gastadas durante la sesión de entrenamiento. El mejor momento de reponer los almacenamientos de glucógeno (carbohidratos almacenados que necesitamos para la energía) es dentro de las dos horas siguientes a la actividad. Sin embargo, dado que muchos de nosotros ejercitamos para ayudarnos a controlar nuestro peso, es adecuado preparar un tentempié saludable y nutritivo para tomarlo después de nuestra actividad. Esto, posiblemente, reducirá la tentación de adquirirlo y consumir otro menos nutritivo. Si podemos planificar nuestro programa de ejercicio, también podemos planificar nuestra dieta.

¿Qué es la puesta en forma médica?

La puesta en forma médica es nuestro estado de salud y bienestar. Requiere que nuestro cuerpo se encuentre en una situación óptima para trabajar; esto es, ni lesionado ni enfermo. Las mejoras en todos los componente de la puesta en forma física contribuyen masivamente a este aspecto de la puesta en forma completa.

¿Cómo puede el ejercicio mejorar nuestra puesta en forma médica?

La actividad regular y mantenerse físicamente en forma puede reducir el riesgo de muchos problemas médicos. Entre éstos se incluyen la hipertensión arterial, la enfermedad coronaria, la osteoporosis, la obesidad y las enfermedades relacionadas con el estrés. Además, el ejercicio regular y la mejora de nuestra puesta en forma pueden animarnos a comer más saludablemente, manejar el estrés con más eficacia y mantener una composición corporal sana. También supondrá un sustituto de nuestras actividades sociales menos beneficiosas. Esto puede ayudarnos a cambiar o acabar con hábitos que ejercen un efecto adverso sobre nuestra salud, tales como fumar, beber demasiado alcohol, o comer en exceso alimentos poco nutritivos.

¿Cómo puede el ejercicio en el agua mejorar nuestra puesta en forma médica?

El ejercicio en el agua proporciona un soporte único para el cuerpo, al cual se le coloca bajo un estrés mucho menor mientras se está ejercitando. Por lo tanto, es una forma alternativa de entrenamiento físico potencialmente más segura y confortable para las personas con sobrepeso, embarazadas, mayores, lesionadas o menos capacitadas físicamente. Por supuesto, muchos programas de ejercicios en suelo pueden conside-

Resumen de los beneficios del ejercicio en el agua

El ejercicio en el agua, potencialmente:
- Mejorará todos los componentes de la puesta en forma.
- Ayudará a manejar el peso.
- Promoverá la interacción social.
- Estimulará un estilo de vida más saludable.
- Proporcionará un maravilloso efecto terapéutico y relajante.
- Ayudará a controlar el estrés.
- Aumentará las sensaciones de bienestar.
- Mejorará la salud global.

rarse controvertidos para algunas de estas personas. Por el contrario, las actividades acuáticas son, virtualmente, adecuadas para todo el mundo. Por tanto, los programas de ejercicio en el agua pueden, potencialmente, capacitar a un mayor número de gente para mejorar su puesta en forma y su bienestar general. Algunas de estas personas no podrían conseguir estas mejoras de ningún otro modo.

Un programa de ejercicio en el agua bien estructurado tiene el potencial de proporcionar todas las mejoras necesarias para la puesta en forma física y completa, en un entorno mucho menos estresante. Sin embargo, el ejercicio en el agua no puede invocarse como una panacea para todas las enfermedades. Es, simplemente, un método de promover la actividad física y mejorar la puesta en forma completa. El asunto clave es que para algunos es la única forma de actividad física en la que pueden participar de una manera segura y efectiva.

LA PLANIFICACIÓN DE UN PROGRAMA DE EJERCICIO EN EL AGUA

SEGUNDA PARTE

EL GRUPO DE PRACTICANTES

¿Quién puede beneficiarse del entrenamiento en el agua?

La respuesta a esta pregunta es bastante simple: todo el mundo puede beneficiarse del ejercicio en el agua. El agua posee propiedades de resistencia que pueden manipularse, si se desea, para proporcionar una sesión de entrenamiento intensa y físicamente estimulante para los sistemas cardiovascular y muscular. Por lo tanto, es un entorno de entrenamiento efectivo tanto para quienes no entrenan con regularidad como para los deportistas. El agua posee también unas propiedades de soporte únicas y, como consecuencia, constituye un entorno de entrenamiento potencialmente mucho menos estresante que el suelo. Es, por tanto, un medio de entrenamiento ideal para la gente con necesidades y requerimientos especiales.

Los programas de ejercicio en el agua atraen a un amplio rango de población. Una selección de aquellos que pueden beneficiarse se reseña en la tabla 3.1 de la página siguiente.

¿Es seguro para todo el mundo comenzar a ejercitarse en el agua?

La mayoría de la gente puede acomodarse con bastante seguridad a una sesión de ejercicio en el agua. Sin embargo, hay algunos participantes que necesitarán obtener autorización de su médico antes de embarcarse en cualquier programa de actividad física para asegurarse de que ese programa de ejercicio será el adecuado a sus necesidades y de que no se pondrá en riesgo su bienestar por participar en la sesión. Es juicioso hacerse revisar por un médico antes de tomar parte en cualquier actividad física, si se responde sí a cualquiera de las patologías que se reseñan en la tabla 3.2 de la página siguiente.

¿Cómo puede el entrenador conseguir esta información de su grupo de practicantes?

Hay tres métodos para obtener información de y sobre el grupo de practicantes.

– Visual (observar el sexo, edad, estructura y volumen corporal).
– Verbal (cosas que se necesita preguntar a los participantes y que ellos cuenten).
– Escrito (cuestionarios).

Algunas de las ventajas y desventajas de los diferentes métodos de exploración se identifican en la tabla 3.3 de la página 53.

Identificar las metas de puesta en forma y el estado de salud actual de los individuos es el primer paso para diseñar un programa adecuado de entrenamiento en el agua. También es necesario tener en cuenta el entorno de trabajo. Es ineficaz diseñar un programa sin tener presentes tales consideraciones. Éste puede resultar potencialmente inseguro si se realiza en un entorno inapropiado sin hacer adaptaciones específicas.

Tabla 3.1	Grupos de población que pueden beneficiarse de los programas de entrenamiento en el agua

- Nadadores confiados, nadadores menos confiados y no nadadores.
- Con buena forma física y en baja o ninguna forma física.
- De diferente sexo (hombres y mujeres).
- De diferentes estructuras y biotipos.
- De diferentes grupos de edad (adultos, niños, adolescentes, ancianos).
- Deportistas y personas que hacen deporte.
- Grupos especiales (pre y postnatales, ancianos, niños).
- Personas con otros requerimientos especiales (problemas articulares, problemas médicos).

Tabla 3.2	Estudios de exploración de la salud

Es recomendable hacerse una exploración médica y obtener la autorización de su médico antes de comenzar cualquier actividad física si usted:

- tiene hipertensión arterial, enfermedad cardíaca o cardiovascular, o problemas respiratorios
- ha sufrido dolor en el pecho, especialmente si éste ha estado asociado a una actividad ligera que requería un esfuerzo mínimo
- es propenso a dolores de cabeza, mareos, pérdida de conocimiento
- está embarazada o lo ha estado recientemente
- tiene, o se está recuperando de, un problema articular o lesión que puede agravarse con la actividad física
- está tomando alguna medicación o tiene cualquier otra patología médica
- ha estado enfermo recientemente
- es sedentario y tiene más de 35 años
- tiene problemas respiratorios, como, por ejemplo, asma (específico para el agua)
- tiene infecciones de la piel o heridas abiertas (específico para el agua).

Tabla 3.3	Ventajas y desventajas de los diferentes métodos de exploración	
Método	Ventajas	Desventajas
Visual	• Rápido. • Puede identificar más cuestiones personales sin tener que hacer preguntas que pueden resultar embarazosas.	• No pueden identificarse visualmente todos los problemas médicos.
Verbal	• La respuesta es inmediata. • La información se puede registrar. • Hay contacto personal. • Se puede sondear y obtener más información si es necesario. • Puede destacar la importancia de recibir la información. • Puede clarificar y responder a cualquier cuestión que se pregunte.	• Los participantes pueden no desear proporcionar información personal. • Las respuestas pueden no ser del todo ciertas. • No queda registro escrito o grabado de las preguntas hechas ni de las respuestas proporcionadas. • La información obtenida puede olvidarse. • El tiempo consumido, dado que sólo puede hablarse con una persona cada vez. • Confidencialidad: la información debe obtenerse en privado.
Escrito	• Registro permanente de las cuestiones preguntadas y de las respuestas obtenidas. • Si el cuestionario empleado proporciona respuestas del tipo sí o no, pueden ser identificados problemas de una manera relativamente rápida. • Puede explorarse a más de una persona al mismo tiempo.	• Cambio de circunstancias, por tanto, los registros escritos deben ser actualizados regularmente. • Las formas de exploración necesitan ser archivadas en un sitio seguro y ser confidenciales. • Los cuestionarios necesitan ser cuidadosamente elaborados para obtener la respuesta adecuada. • La información solicitada necesita una respuesta concisa (sí-no). Las respuestas extensas pueden resultar difíciles de interpretar y llevará más tiempo leerlas. • Leer las respuestas a los cuestionarios puede consumir mucho tiempo.

LA SEGURIDAD EN LA PISCINA Y LA ADAPTACIÓN AL ENTORNO

4

¿En qué se diferencian las piscinas?

Los programas de ejercicio en el agua pueden desarrollarse en diversos tipos de piscinas. La mayoría de estas actividades en el Reino Unido tienden a ser en piscinas cubiertas. Sin embargo, en climas cálidos y donde las piscinas descubiertas son accesibles, pueden tener lugar al aire libre. Cada piscina tendrá sus propias peculiaridades estructurales. Un programa específico de actividades puede funcionar con efectividad y ser totalmente practicable en un tipo de piscina, pero puede resultar totalmente ineficaz e inviable en otro. Reconocer las limitaciones de ciertas piscinas ayudará a identificar algunas estrategias apropiadas para maximizar la seguridad y efectividad de la sesión de ejercicio en el agua.

> Las principales diferencias entre piscinas incluyen:
> * la profundidad del agua
> * la forma y tamaño
> * el nivel del agua
> * la instalación
> * la superficie del vaso de la piscina
> * el espacio y la superficie de sus bordes
> * la temperatura del agua
> * las normas y regulaciones del trabajo.

Cada uno de estos factores tendrá un efecto sobre el diseño del programa, el número de participantes que pueden entrenar de manera segura, y la práctica de trabajo del entrenador/profesor; y, por lo tanto, deberán tenerse en consideración en la planificación del programa. Cualquier preparación de programas necesitará adaptarse para acomodarlo a las diferencias ambientales específicas con el fin de asegurar que cumplen las normas vigentes para la salud y la seguridad.

Este capítulo identifica algunas de las consideraciones necesarias de seguridad para entrenar en entornos de piscina diferentes. También proporciona normas prácticas para adaptar el contenido y la estructura de la sesión cuando se trabaja en diferentes tipos de piscina.

¿Cuál es la profundidad ideal del agua?

La mayoría de los ejercicios en el agua requieren una profundidad de ésta comprendida entre el nivel del pecho y el del abdomen para su realización segura y efectiva. Sin embargo, los participantes que toman parte en sesiones de ejercicio en el agua son todos diferentes. Todos ellos serán de estatura, estructura y composición corporal, y nivel de forma diferentes; además de tener distintos niveles de técnica y confianza en el agua. Por lo tanto, no hay una profundidad del agua o un diseño de piscina que puedan considerarse como los más adecuados.

En un entorno ideal, los participantes podrían alternar a ratos la profundidad del agua a lo largo del programa, seleccionando la que más se ajustara a sus propios requerimientos y a los del ejercicio. Sin embargo, en la realidad esto es prácticamente imposible, y sería muy difícil de manejar por un entrenador que estaría trabajando con grandes grupos de personas. Es mucho más fácil para él alternar la profundidad del agua cuando entrena individualmente a un cliente en una piscina privada o, por supuesto, durante sus propias sesiones de entrenamiento.

¿Qué consideraciones de seguridad deben hacerse cuando se trabaja enseñando a niños en una piscina?

Las piscinas para aprendizaje son muy poco profundas. Proporcionan menos soporte al peso corporal debido al incremento de los efectos de la gravedad cuando se ejercita en aguas superficiales. Los saltos, trotes y movimientos explosivos son menos adecuados en éstas debido a que las fuerzas de impacto recibidas no se reducen con tanta efectividad. Por lo tanto, es necesario seleccionar ejercicios que reduzcan dichas fuerzas sobre el cuerpo para maximizar la seguridad y disminuir el estrés sobre las articulaciones que soportan el peso.

Una alternativa común es practicar con los brazos fuera del agua, pero esto no es necesariamente más seguro o más efectivo porque el impulso generado por la velocidad de estos movimientos contra la fuerza de gravedad puede, potencialmente, causar movimientos incontrolados, colocando un estrés innecesario sobre los músculos y articulaciones de la parte superior del cuerpo. Además, demasiada cantidad de trabajo con los brazos fuera del agua puede, potencialmente, elevar la presión sanguínea. Pero, más importante aún, es que la utilización de los brazos fuera del agua es menos efectiva. Trabajarlos sin la resistencia del agua supondrá menos demandas sobre los grandes músculos de la espalda y del pecho debido al cambio de la contracción muscular cuando se trabaja contra la gravedad; y en su lugar, el deltoides (músculo de los hombros), de menor tamaño que ellos, tenderá a ser el responsable de asistir en el rendimiento para la mayoría de estos ejercicios. La utilización de músculos más pequeños, combinada con una resistencia reducida, disminuirá el volumen de oxígeno requerido para realizar el ejercicio, reduciendo los beneficios de la resistencia tanto cardiovascular como muscular. Ni que decir tiene que es necesario encontrar otros modos de estimular este componente de la puesta en forma cardiovascular y muscular.

¿Qué tipos de actividades son adecuadas para una sesión de aprendizaje en piscina?

Una forma de entrenamiento más segura y efectiva en agua superficial es alternando los ejercicios con los brazos bajo el agua con movimientos de desplazamiento de bajo impacto para la parte inferior del cuerpo. Arrodillarse o colocarse en cuclillas en el agua realizando movimientos de brazos de amplio rango utilizarán de nuevo los músculos del pecho y de la espalda. Sin embargo, debemos considerar las molestias que puede causar mantenerse en estas posiciones de una manera continuada. Alternar la utilización de movimientos de la parte superior del cuerpo debajo del agua con movimientos de desplazamiento con las piernas, tales como caminar por el agua y caminar en sentadilla lateral, pueden aliviar cualquier incomodidad. Además, debemos tener en consideración cómo varía el estrés sobre las articulaciones de la parte superior del cuerpo incluso en esta posición. Variar la dirección de los movimientos del brazo bajo el agua estimulará el trabajo de diferentes grupos musculares y, consecuentemente, se modificará el estrés colocado sobre las articulaciones de la parte superior del cuerpo. Cambiar la dirección de los movimientos de desplazamiento alterará suficientemente cualquier estrés colocado sobre la parte inferior del cuerpo. Por último, una secuencia de movimientos que combine varios de los que se describen más adelante modificará suficientemente el estrés colocado sobre el cuerpo. También resultará efectivo, procurar que la intensidad de los movimientos sea suficiente como para generar estímulo al organismo.

Una aproximación alternativa y relativamente nueva para ejercitar en el agua –la marcha acuática– sería muy efectiva. Caminar en diferentes direcciones por la piscina, utilizando distintas longitudes de zancada, moviéndose a diferentes velocidades, creará variedad e intensidad en este tipo de programa. Por supuesto, esta clase de sesión puede complementar el trabajo de otros programas en el agua que pueden ser practicados con seguridad en una piscina de aprendizaje.

Algunos ejercicios de fuerza y resistencia muscular pueden resultar menos efectivos. Si la cadera está fuera del agua, habrá menos resistencia al realizar elevaciones laterales de pierna en los bordes de la piscina. La parte superior del cuerpo se enfriará más rápidamente si está fuera del agua demasiado tiempo. Por lo tanto, se necesitará encontrar posiciones alternativas para maximizar el esfuerzo de los participantes y mantener una temperatura confortable. A menudo es más seguro y efectivo combinar las actividades cardiovasculares y de fuerza y resistencia muscular en este tipo de piscina, como un entrenamiento en circuito, de modo que se alternen los ejercicios que entrenan cada componente.

Algunas posiciones de estiramientos pueden ser también menos seguras y, posiblemente, difíciles de mantener mucho tiempo. El estiramiento de los flexores de la pierna, en el que se levanta la pierna hacia la superficie del agua, puede resultar menos efectivo debido al menor rango de movimiento que se consigue. Esto, por supuesto, depende de la flexibilidad individual de cada participante. Sin embargo, el movimiento de la pierna fuera del agua aumentará los efectos de la gravedad, lo cual puede reducir la capacidad del músculo opuesto –el cuádriceps– para relajarse, haciendo el estiramiento potencialmente más activo. Además, si se emplea el brazo para ayudar al estiramiento y se pierde el equilibrio, el músculo podría exceder su rango de movimiento. Esto generará un movimiento balístico que pudiera causar daño o rotura del músculo. Por lo tanto, las posiciones de estiramiento también necesitarán adaptarse en este tipo de piscina si se quieren realizar de manera segura.

Una ventaja de trabajar en una piscina para aprendizaje es que la temperatura del agua suele ser alta. Esto significa que las sesiones pueden ser de más larga duración para los ejercicios de estiramiento y relajación, ofreciendo la oportunidad para diseñar un programa específico para dichos ejercicios en el agua. Por supuesto, en la mayoría de las piscinas, este tipo de programas

Resumen de las adaptaciones para trabajar en una piscina de aprendizaje

- Disminuir la cantidad de saltos y movimientos explosivos.
- Incrementar los movimientos de desplazamiento en el agua y el uso de trabajo de los brazos debajo del agua para generar un entrenamiento cardiovascular efectivo.
- Usar posiciones alternativas para el trabajo de fuerza y resistencia muscular para maximizar la resistencia del agua.
- Alternar ejercicios cardiovasculares y de fuerza y resistencia muscular.
- Adaptar las posiciones de estiramiento para maximizar el soporte de la flotabilidad.
- Emplear más tiempo en los componentes de estiramiento y relajación debido a la temperatura más caliente del agua y del aire.

Aproximaciones alternativas a la estructura del programa

- Entrenamiento en circuito para una sesión combinada de entrenamiento cardiovascular y de fuerza y resistencia muscular.
- Caminar en el agua para entrenamiento cardiovascular.
- Estirar y relajar para una aproximación única para mejorar la flexibilidad y el manejo del estrés.
- Estirar y tonificar para una sesión combinada de entrenamiento de fuerza, resistencia muscular y flexibilidad.

puede ser totalmente inviable debido a que estas temperaturas requieren que se mantengan altos niveles de elevación del pulso durante la sesión, lo cual no es apropiado a los propósitos del programa. Sin embargo, incluso en una piscina más caliente, puede ser necesario intercalar un número razonable de estiramientos de movimiento y ejercicios de movilidad durante tales programas para mantener una temperatura corporal adecuada.

Esto podría hacer pensar que una piscina de aprendizaje no es el ambiente más idóneo para ejercitarse en el agua, lo que es verdad en cierta manera, pero es bastante frecuente que esta piscina sea el único espacio accesible. Por lo tanto, es esencial que los ejercicios y la estructura de la sesión se adapten para maximizar la seguridad y efectividad del programa. Es preferible adecuarlos y conseguir otra oportunidad de favorecer la puesta en forma y la salud, que limitarse a las oportunidades disponibles.

¿Qué consideraciones de seguridad deben tenerse en cuenta cuando se entrena en una piscina con una profundidad del agua constante?

Algunas piscinas recreativas tienen una profundidad del agua constante. Ésta puede variar de una a otra, aunque la mayoría va a permitir que una persona de estatura media pueda permanecer de pie en algún punto de la piscina con el agua entre el abdomen y el pecho. En algunos casos, una profundidad constante puede ofrecer muchas ventajas. No hay riesgo de variaciones bruscas de profundidad, y las modificaciones en la estructura de la sesión y en la selección de los ejercicios son mínimas en comparación con las piscinas de profundidades variables. Sin embargo, una desventaja clave es que quien se encuentra por debajo de la estatura media, puede no ser capaz de participar sin el uso de ayudas de flotación.

¿Qué tipos de actividades son adecuadas para entrenar en una piscina con una profundidad del agua constante?

Realmente, la mayoría de los ejercicios son adecuados; aunque, obviamente, ¡no será posible programar una sesión en agua profunda! Además, mientras que casi todos los alumnos pueden ser

Resumen de las adaptaciones para entrenar en una profundidad de agua constante

- Proporcionar equipamiento de flotación a los participantes de menor estatura y aquéllos con menos confianza dentro del agua, si es necesario. Permitirles entrenar a un ritmo más lento si utilizan tales equipamientos.
- Proporcionar adaptaciones para los saltos y el trabajo explosivo a las personas muy altas para reducir el impacto.
- Procurar seleccionar ejercicios que puedan ser realizados confortablemente por diferentes personas independientemente de la profundidad del agua. Por ejemplo, reemplazar las elevaciones de pierna en posición de pie en los bordes de la piscina por tijeras de piernas suspendidos en el borde de la piscina.
- Estar preparado para adaptar la intensidad de cualquier ejercicio por otros alternativos. Disminuir o incrementar el rango de movimiento, alargar o acortar las palancas, reducir o aumentar la velocidad, etc., puede compensar la pérdida de oportunidad de adaptar la profundidad del agua para satisfacer ciertos requerimientos individuales.

Aproximaciones alternativas a la estructura de un programa

- Entrenamiento en circuito para una sesión combinada de trabajo cardiovascular y fuerza y resistencia muscular.
- Entrenamiento de step para el entrenamiento cardiovascular.
- Programas de marcha acuática.

capaces de realizar la mayoría de los ejercicios de una manera relativamente segura en este tipo de piscinas, las personas de baja estatura pueden quedar excluidas por completo, a menos que utilicen elementos de ayuda para mantenerse a flote.

Cuando esto es necesario para que puedan participar, entonces se necesitará tener en cuenta mayores consideraciones con respecto a la velocidad a la que podrán moverse, y el esfuerzo extra que necesitarán ejercer para mantener el ritmo de los demás participantes en una sesión en grupo. Por lo tanto, los ejercicios tienen que ser modificados individualmente, de modo que sean capaces de lograr la respuesta de entrenamiento deseada.

Por otro lado, las personas muy altas pueden no disponer de suficiente soporte (flotabilidad) para realizar una gran proporción de saltos y movimientos explosivos. Esto depende tanto de la profundidad del agua como de la altura de la persona. Por tanto, será necesario adaptar algunos ejercicios para acomodar a estos individuos y maximizar la seguridad y efectividad del programa para ellos.

Una desventaja clave de entrenar en estas piscinas es que no permiten alteraciones de la profundidad del agua. Variar ésta puede ayudar a aquéllos con biotipos de mayor flotación y aquéllos otros menos confiados dentro del agua, en su realización de algunos ejercicios. Un somero conocimiento de las propiedades del agua, tratadas anteriormente, debe ser suficiente para identificar las diversas adaptaciones que pueden hacerse para aproximar a estos individuos, cuando y donde sean necesarias. Finalmente, una profundidad del agua constante permitirá a la mayoría de la gente tomar parte, con relativamente pocas adaptaciones a los ejercicios seleccionados y a la estructura de la sesión.

¿Qué consideraciones de seguridad deben tenerse en cuenta cuando se entrena en una piscina con una profundidad del agua variable?

Todas las piscinas deben indicar claramente las diferentes profundidades del agua en todos sus tramos. Sin embargo, los cambios de profundidad pueden variar desde una pendiente de descenso gradual a un bache repentino y brusco. Una

desventaja clave de entrenar en una piscina en la que los cambios de profundidad son bruscos es que los participantes pueden salirse fácilmente de su profundidad idónea. Por lo tanto, cuando se planifica una sesión en grupo es preciso poner el límite en el punto donde empiezan los cambios de profundidad bruscos.

También es esencial orientar a los participantes sobre los cambios de profundidad del agua al comienzo de la sesión. Esto puede hacerse de una manera práctica: permitiéndoles entrar en la piscina y estimulándoles a caminar alrededor cuidadosamente para explorar la profundidad del agua. Sin embargo, será preciso hacerles recordatorios verbales posteriores a lo largo de la sesión, cuando su concentración se encuentra más centrada en el entrenamiento. Estas medidas iniciales de precaución pueden asegurar que los participantes permanecen en una profundidad de agua segura y confortable todo el tiempo.

Una precaución más es advertir a los no nadadores, y a aquéllos con menos confianza dentro del agua, que se coloquen lejos de los cambios bruscos de profundidad; e, idealmente, más cerca de las aguas menos profundas y más cerca también de los bordes de la piscina. Sin embargo, aunque deben estar lo suficientemente cerca del entrenador para que éste pueda proporcionarles ayuda, no lo deben estar tanto como para que sus movimientos puedan chocar con los bordes de la piscina. Una precaución final es que se mantengan a la vista del socorrista y que él esté pendiente de ellos a lo largo de toda la sesión.

¿Qué tipos de actividades son adecuadas para entrenar en una piscina con una profundidad del agua variable?

Esto dependerá de si los cambios de profundidad son bruscos o suaves. Los tipos de actividades para suelos de inclinación suave se discuten en el párrafo siguiente. Por el contrario, en piscinas con un cambio de profundidad constante y después brusco, quizás no sea recomendable realizar movimientos hacia donde cambia la profundidad. Sin embargo, si las áreas están delimitadas pueden ser apropiados. Por otro lado, el cuidado en la selección de ejercicios en este tipo de piscina es todo lo que necesitará tenerse en consideración.

¿Qué consideraciones de seguridad deben tenerse en cuenta cuando se entrena en una piscina con un suelo de inclinación suave?

Un suelo de piscina poco inclinado puede favorecer movimientos accidentales inadecuados para la apropiada profundidad del agua. Los movimientos de desplazamiento, y los que generan mucha turbulencia, son los que más probablemente causarán los mayores problemas. Las precauciones de seguridad identificadas previamente para piscinas con profundidades del agua variables son aplicables a este tipo de piscina.

¿Qué tipos de actividades son adecuadas para entrenar en una piscina con un suelo de inclinación suave?

Deben tomarse mayores precauciones para diseñar movimientos perpendiculares a la pendiente. Los participantes que se sienten confiados en el agua pueden muy bien disfrutar y entretenerse moviéndose hacia las zonas de más profundidad. Sin embargo, aquellos otros menos confiados se sentirán temerosos y encontrarán poca diversión en tales movimientos. Por el contrario, pueden entretenerse observando cómo los más confiados en el agua aparecen y desaparecen felizmente de la superficie del agua. Por lo tanto, estos esquemas de movimiento pueden incluirse, siempre que se coloque inicialmente a los no nadadores y a los menos confiados en niveles mucho más superficiales.

Resumen de las adaptaciones para entrenar en una piscina con profundidad variable y/o suelo inclinado

- Colocar una cuerda en el área donde la profundidad del agua cambia repentinamente.
- Estimular a los participantes a familiarizarse con los cambios súbitos de profundidad.
- Aconsejar a los no nadadores que ejerciten cerca de los bordes de la piscina y en menores profundidades.
- Advertir al socorrista de que esté pendiente de los no nadadores.
- Desplazarse por la parte del suelo con poca inclinación para evitar los movimientos fuera de la profundidad adecuada.
- Desplazarse hacia la zona delimitada solamente si hay suficiente espacio, o si los participantes más próximos a las aguas más profundas son confiados y tienen voluntad para moverse ligeramente fuera de su profundidad cuando realizan movimientos de desplazamiento.
- Variar la posición de comienzo y la dirección de desplazamiento para diferentes ejercicios con el fin de cambiar el estrés mecánico y evitar un potencial desequilibrio muscular que puede producirse entrenando en una piscina con un suelo inclinado.
- Utilizar la piscina para programas en agua profunda si la inclinación es excesiva.

Aproximaciones alternativas a la estructura del programa

- Entrenamiento en circuito para una sesión combinada de trabajo cardiovascular y fuerza y resistencia muscular.
- Caminar en el agua para el entrenamiento cardiovascular.
- Entrenamiento en agua profunda.

Por el contrario, el desplazamiento en primer lugar hacia las aguas más superficiales puede ser otra adecuada medida de precaución, aunque se debe tener cuidado si los movimientos de salto estáticos preceden a los desplazamientos. En agua poco profunda, las fuerzas de impacto son mucho más elevadas, y los movimientos de salto son más estresantes. Una ventaja es que en agua profunda el ejercicio puede realizarse en un estado de suspensión, y es menos estresante para las articulaciones.

Otro problema clave asociado con el trabajo en una superficie desigual es el potencial mal alineamiento de la postura correcta. No es lo ideal colocar la punta del pie o el talón uno más alto que el otro. Esto puede generar una inclinación poco natural hacia delante o hacia atrás. Igualmente, el cuerpo estará desequilibrado si una pierna se coloca más alta que la otra. La realización constante de ejercicios desde la misma posición de comienzo y en la misma dirección exagerará estos problemas. Esto puede conducir, potencialmente, a la creación de un desequilibrio muscular y a un posible riesgo de lesión.

El grado de desequilibrio muscular que se genere dependerá del gradiente de la inclinación. Una piscina con una inclinación de suelo mediana puede ser apropiada para una sesión de ejercicio acuático. Sin embargo, dicha sesión necesitará adaptarse para asegurar que hay suficientes variaciones de dirección, posiciones de comienzo, golpes de pie, y posiciones de aterrizaje. Tales modificaciones asegurarán que se hacen algunos intentos para mantener el equilibrio muscular. Una clase con estructura de entrenamiento en circuito es, con frecuencia, la más apropiada para este tipo de piscina. Las sesiones de entrenamiento en circuito generalmente estimulan una gran cantidad de movimientos por la piscina, y permiten diferentes posiciones para realizar ejercicio. Una ventaja añadida es que suelen alternar actividades de salto y de trote para el sistema cardiovascular, con ejercicios de fuerza y resistencia muscular en los bordes de la piscina. Esto creará mayores variaciones del estrés al cuerpo.

Las piscinas con fondo excesivamente inclinado no son adecuadas para sesiones de entrenamiento acuático para aguas poco profundas. Éstas exagerarán aún más los problemas asociados con el alineamiento postural, e incrementarán el riesgo de salirse de una profundidad confortable. Sin embargo, para programas específicos de entrenamiento en agua profunda son perfectamente aceptables. Por último, es mucho más beneficioso diseñar una nueva sesión en agua profunda en lugar de perder una oportunidad de promover el ejercicio y la puesta en forma.

¿Qué consideraciones de seguridad deben tenerse en cuenta cuando se entrena en una piscina en la que la profundidad puede alterarse mecánicamente?

Algunos centros tienen piscinas en las que el suelo es móvil. La clave de las consideraciones de seguridad es que la piscina esté libre de gente cuando el fondo se modifica, y que los participantes tengan cuidado para no introducir los pies en las zonas en las que el fondo de la piscina se une a las paredes laterales.

¿Qué tipos de actividades son adecuadas para entrenar en una piscina en la que la profundidad puede alterarse mecánicamente?

La profundidad de estas piscinas puede modificarse para adaptarla a la actividad. Pueden hacerse más profundas para nadar, hacer natación sincronizada, y programas en aguas profundas; o más superficiales para otros programas de ejercicios acuáticos. Debido a esta variación de la profundidad pueden acomodarse diferentes participantes y realizarse diversos tipos de ejercicios. Una inclinación media del suelo permitirá a personas de diversas estaturas participar y ejercitarse a una profundidad adecuada. También les permitirá variar la profundidad para adaptarla a la actividad o a sus diferentes requerimientos. La ventaja es que es improbable que algún participante se salga de su nivel de profundidad cuando entrena en estas piscinas. Sin embargo, si el fondo está inclinado, entonces necesitan adaptarse las consideraciones de seguridad habituales para la piscina. Por el contrario, si el fondo tiene una profundidad constante, entonces son necesarias las consideraciones de seguridad y adaptación para entrenar en este tipo de piscina.

¿Qué consideraciones de seguridad deben tenerse en cuenta cuando se entrena en una piscina de hidroterapia?

Las piscinas de hidroterapia tienen una temperatura ligeramente más alta que las que se utilizan para actividades recreativas. Esto es para permitir el tratamiento de diversas patologías específicas por fisioterapeutas cualificados. Sin embargo, una contraindicación para entrenar en piscinas de hidroterapia más calientes es el manejo menos efectivo de la pérdida de calor corporal. Incluso ejercitar suavemente en una piscina con una temperatura muy alta puede tener efectos adversos sobre el organismo. Por lo tanto, es recomendable que quienes diseñan programas para una piscina de hidroterapia colaboren estrechamente con un fisioterapeuta que se ocupe de las consideraciones necesarias antes de diseñarlos y estructurarlos.

¿Qué tipo de actividades son adecuadas para entrenar en una piscina de hidroterapia?

Si la temperatura de la piscina no es demasiado alta y no excede de los 33 °C, entonces pueden implantarse programas de baja intensidad de manera segura y efectiva. Sin embargo, quienes padezcan determinadas patologías específicas deben entrenar solamente con instructores

Resumen de las adaptaciones para entrenar en una piscina de hidroterapia

- Utilizar trabajo de movilidad lento de rango completo para calentar a menor intensidad.
- Utilizar mayor proporción de estiramientos estáticos.
- Cualquier entrenamiento cardiovascular debe ser de una intensidad mucho más baja y de duración más corta.
- Puede realizarse trabajo de fuerza y resistencia muscular (tonificación) de baja a moderada intensidad sin tener que incluir otros movimientos para mantenerse calientes.
- Idealmente, emplear mucho más tiempo en los componentes de movilización, estiramiento y relajación debido a la temperatura más caliente del agua y del aire.

Aproximaciones alternativas de la estructura de un programa

- Movilizar, estirar y tonificar para una sesión de entrenamiento combinada de movilidad, flexibilidad y fuerza y resistencia muscular.
- Movilizar, estirar y relajar para una aproximación única para mejorar la flexibilidad y manejar el estrés.
- Programas de entrenamiento en circuito de baja intensidad, comprendiendo marcha en el agua y ejercicios musculares aislados de baja intensidad para una sesión de entrenamiento combinada de ejercicio cardiovascular y fuerza y resistencia muscular.
- Programas especializados para personas mayores (los entrenadores deben ser competentes y cualificados para afrontar sus requerimientos especiales).
- Programas de rehabilitación de lesiones (con la guía y orientación de un fisioterapeuta cualificado).

que tengan conocimiento y puedan atender a sus requerimientos.

Para la población general, el calentamiento puede consistir, predominantemente, en movimientos de baja intensidad. Los ejercicios de movilidad que maximizan el soporte del agua y se realizan despacio a través del rango de movimiento completo deben ser suficientes para calentar el organismo y reemplazar a las actividades tradicionales de elevación del pulso practicadas para entrenar en piscinas más frías. Además, puede utilizarse una mayor proporción de estiramientos estáticos sin que el cuerpo se enfríe demasiado. Pero cualquier entrenamiento cardiovascular debe ser de un nivel mucho menor. Los ejercicios de marcha suave y movimientos de baja intensidad que se utilizan tradicionalmente para calentar el cuerpo antes de la sesión de entrenamiento principal en una piscina fría, pueden reemplazarse por actividades más intensas. Las actividades de fuerza y resistencia muscular de menor intensidad, que requieren que el cuerpo trabaje más lentamente a través del rango de movimiento completo, serían apropiadas. Además, serán necesarios menos movimientos para mantener el cuerpo caliente dado que los ejercicios, por sí mismos, ayudan a mantener una temperatura corporal razonable. Puede emplearse más tiempo en relajación y estiramiento al final de la sesión porque el cuerpo no se enfriará tan rápidamente.

Una ventaja de entrenar en una piscina con una temperatura relativamente más caliente es que puede practicarse una mayor proporción de estiramientos estáticos, y puede emplearse más tiempo en técnicas específicas de relajación y en trabajo de movilidad de un rango mucho menor. Es, por tanto, un entorno ideal para implantar sesiones específicas de estiramiento y relajación. Utilizar una combinación de trabajo de movilidad de rango completo, movimientos lentos y estiramientos estáticos con una proporción mayor de ejercicios específicos de relajación puede ser muy terapéutico.

Un uso final para una piscina de hidroterapia es implantar un programa específicamente para participantes mayores o, por supuesto, con patologías específicas, tales como reumatismo y artritis. Las temperaturas del agua más calientes les permiten moverse a un ritmo necesariamente más lento y más controlado sin temor a enfriarse en exceso. Sin embargo, es esencial que cualquiera de estos grupos específicos sea entrenado por profesionales competentes para afrontar sus requerimientos, y solamente después de la indicación de su médico o fisioterapeuta.

¿Cómo afecta el tamaño y la forma de una piscina a la sesión de entrenamiento?

Algunas piscinas son grandes y están diseñadas para desarrollar una amplia variedad de actividades acuáticas a la vez. Éstas pueden incluir natación, buceo y otras actividades familiares y de ocio. Otras son más pequeñas y pueden no ser aptas para bucear, estando diseñadas principalmente para actividades recreativas y natación. En algunos centros de natación existen varias piscinas diferentes, cada una de ellas diseñada para practicar una actividad concreta. Sin embargo, existen muy pocas piscinas que estén pensadas solamente para sesiones de ejercicio en agua.

La mayoría de las piscinas tienden a ser de forma cuadrada o rectangular. Sin embargo, algunas tienen una forma más peculiar, como ovalada, arriñonada, en «L» y circular. El tamaño de la piscina, su forma y la cantidad de espacio que proporciona el agua a la profundidad adecuada restringirá claramente el número de participantes que pueden tomar parte de manera segura en la sesión. Se recomienda que, incluso en las piscinas más grandes donde el espacio es generoso, el número de participantes en la clase debe quedar restringido a un máximo de 25 a 30. Esto proporcionará una mayor seguridad y ayudará al entrenador a manejar y observar cuidadosamente a todos los participantes. Si es necesario una clase con mayor número de gente, deberá haber ayudantes cualificados disponibles para asistir al entrenador. Además, deben estar presentes socorristas extras en la piscina. Lo ideal sería que, si la popularidad de una sesión en particular aumenta, se acomode tal demanda incrementando el número y variedad de sesiones disponibles. Esto, potencialmente, aportará al cliente una mejor atención y calidad del servicio. También permitirá a aquéllos con requerimientos especiales disponer de la sesión más adecuada a sus necesidades, ¡en lugar de la única sesión disponible!

El tamaño y forma de la piscina, y el número de participantes, también supondrán restricciones potenciales a la selección de ejercicios. Los movimientos que requieren desplazamientos considerables en diferentes direcciones sólo pueden hacerse de manera segura y efectiva si hay espacio suficiente para realizarlos. Por lo tanto, puede ser necesario adaptar por completo el programa a la capacidad de la piscina. Si usted se ejercita solo, en una piscina privada, podrá moverse a todo lo largo de ella. Si usted está entrenando a un cliente en una piscina privada o tranquila, también podrá moverse con completa libertad. Sin embargo, si está compartiendo la piscina con otros usuarios, debe ser sensible a las necesidades de espacio de los demás, tanto como a las suyas propias. Si la sesión está específicamente dirigida a un grupo de participantes, puede ser necesario hacer cambios drásticos.

Cuando el espacio es limitado, el componente aeróbico o cardiovascular de la sesión de entrenamiento debe comprender ejercicios más estáticos, tales como trote, saltos y movimientos explosivos. Para evitar que la sesión sea demasiado intensa o repetitiva, es aconsejable combinar estos movimientos de pierna con fuertes movimientos de los brazos bajo el agua.

La sesión de entrenamiento principal puede diseñarse de modo que los participantes se ejerciten en dos grupos circulares: el círculo externo puede moverse en una dirección mientras que el interno se mueve en la otra. Una combinación

Resumen de las adaptaciones para entrenar en piscinas de diferentes tamaños

- Tener ayudantes en las piscinas más grandes, cuando las clases son más numerosas, o cuando se enseña a grupos con habilidades muy diversas.
- Disponer de socorristas extras para vigilar en las piscinas más grandes y cuando se manejan grupos más numerosos.
- Restringir el número de participantes en las piscinas más pequeñas.
- De manera ideal, ampliar el programa si las clases se hacen muy populares.
- Cuando el espacio es limitado, disminuir la cantidad de movimientos de desplazamiento y utilizar más ejercicios estáticos.
- Cuando tienen que limitarse los movimientos de desplazamiento, alternar el uso de brazos y piernas para variar el estrés colocado sobre las articulaciones.
- Utilizar ejercicios de fuerza y resistencia muscular en las piscinas de tamaño medio si hay falta de espacio en los lados. Puede emplearse equipamiento de flotación para ayudar al equilibrio y añadir variedad.
- Practicar estiramientos en una piscina media con movimientos de propulsión para ayudar al equilibrio si fuera necesario.
- Los entrenadores/profesores deben adaptar su posición para asegurarse de que pueden ver y ser vistos todo el tiempo.

de trote y marcha en este formato circular, con ejercicios estáticos ocasionales utilizando los brazos, puede ser muy efectiva. Sin embargo, debe tenerse en cuenta que el movimiento de esta forma puede aumentar mucho las corrientes y turbulencia. Esto intensificará la sesión de entrenamiento y hará más difícil mantener el equilibrio; de tal modo que será preciso tener especial cuidado con aquéllos menos confiados en el agua. De modo alternativo, puede utilizarse equipamiento para incrementar la intensidad de los ejercicios cardiovasculares y sustituir la que se pierde al reducir los movimientos de desplazamiento.

En algunas piscinas puede estar muy limitado el espacio disponible en los lados para realizar ejercicios de fuerza, resistencia y estiramiento. Por tanto, será necesario practicar estos ejercicios en el centro de la piscina, empleando movimientos de propulsión para mantener el equilibrio. Si hay suficiente cantidad de equipamiento disponible (flotadores o tubos), puede utilizarse para ayudar al equilibrio o intensificar los movimientos de los ejercicios que se realizan en el centro de la piscina. También añadirán variedad al programa. No obstante, si se emplea equipamiento para cualquier componente, hay que asegurarse de que los participantes saben usarlo de manera segura y efectiva.

¿Cómo afecta el tamaño y la forma de una piscina al trabajo del entrenador?

La forma y el tamaño de una piscina también afectarán a las diferentes posiciones que ocupe el entrenador. Una piscina cuadrada o rectangular de pequeño tamaño puede permitir al entrenador moverse libremente por fuera. Sin embargo, las piscinas más grandes restringirán sus movimientos. Además, algunos otros obstáculos, tales como flotadores, toboganes y chorros de agua pueden limitarle aún más.

¿Cómo afectará el nivel del agua a la sesión?

Algunas piscinas tienen un espacio grande entre el agua y el bordillo superior; mientras que en otras, el agua los rebosa. En este último caso, el agua será ligeramente menos turbulenta que si rebota contra las paredes de la piscina. Por ejemplo, el agua del mar es mucho más turbulenta

cuando golpea contra las rocas que cuando llega suavemente a la playa.

Cuanto mayor sea la turbulencia del agua, mayor será el esfuerzo requerido para mantener el equilibrio. Además, aumentará también la resistencia del agua a los movimientos del cuerpo. Por lo tanto, los ejercicios seleccionados puede que tengan que ser aquellos que no originen excesiva turbulencia. Pueden ser necesarios menos desplazamientos y seleccionar esquemas de ejercicios que permitan al grupo moverse de un modo más lineal, en lugar de movimientos escalonados y aleatorios de algunos formatos de entrenamiento en circuito. Sin embargo, esto dependerá de la puesta en forma de los participantes, su confianza y habilidad en el agua, y la actividad que realicen. Además, la turbulencia aumentará si hay un gran número de participantes, por lo que será más seguro limitar el número de los que ejercitan al mismo tiempo.

¿Cómo afectará el nivel del agua a la seguridad en los bordes de la piscina?

Una desventaja clave de tener una piscina en la que el agua fluye por encima de la superficie es que los bordes estarán más escurridizos. Esto afectará a la seguridad del entrenador y de los socorristas cuando se mueven alrededor de ella. También afectará a la seguridad de los participantes cuando entren y salgan. Por lo tanto, es esencial que todo el mundo esté advertido de que debe moverse alrededor de la piscina con extrema precaución.

¿Cómo afectarán a la sesión los elementos de las paredes de la piscina?

Algunas piscinas tienen rugosidades, salientes, o barandillas de acero inoxidable en los bordes. Éstas son útiles y pueden ayudar a la realización de ciertos ejercicios. Si la piscina está equipada con un rebosadero o una barra, pueden incluirse una mayor variedad de ejercicios en los bordes de la piscina. La seguridad de las barandillas y la limpieza de los rebosaderos debe ser revisada por el personal de mantenimiento de la piscina.

Es útil revisar la superficie de las paredes de la piscina. Una piscina con las paredes abrasivas puede causar molestias durante la realización de algunos ejercicios y estropear el bañador de los participantes. Si éste fuera el caso, deberán ser advertidos e, idealmente, proporcionarles otra alternativa a los ejercicios que requieren contacto del cuerpo con las paredes de la piscina.

¿Cómo afectará el fondo de la piscina a la sesión?

En principio, todas las piscinas que usáramos para ejercitar en el agua deberían ser antideslizantes y con las superficies irregulares. Esta clase de superficies proporcionarán mejor tracción y agarre, pero también son abrasivas y perjudiciales para la piel de los pies. Pueden causar molestias en los pies después de solamente una sesión. Es recomendable utilizar algún tipo de calzado para proteger el pie.

Las superficies deslizantes hacen difícil mantener una posición del pie segura y es más fácil perder el equilibrio. Esto puede ser particularmente estresante para aquellos que tienen menos confianza en el agua. Potencialmente, también reducirá la intensidad de los movimientos de desplazamiento. El uso de un calzado apropiado para el agua puede proporcionar algo de tracción, y ayudará a mantener un equilibrio más efectivo. Si está algo desgastado, puede ayudar a la realización de los movimientos, maximizando su efectividad. También promoverá una mayor seguridad ayudando a prevenir el mal alineamiento de las articulaciones y el daño subsiguiente a los tejidos que las circundan. Si el calzado no está desgastado, puede ser necesario incluir menos movimientos de desplazamiento para que se pueda mantener más fácilmente el alineamiento articular.

¿Cómo afectarán los bordes de la piscina a la sesión?

La mayoría de los bordes de las piscinas están hechos de hormigón y son habitualmente muy deslizantes. En ocasiones se cubren con algún tipo de moqueta que reduce el deslizamiento de su superficie. Es aconsejable para los entrenadores llegar pronto para asegurarse de que están secos y libres de cualquier obstáculo innecesario o peligroso.

El estado de los bordes de la piscina afectará a la seguridad de los participantes cuando entren o salgan. Por lo tanto, deben ser instruidos para moverse con cuidado y, si es necesario, proporcionarles algún tipo de ayuda. Sin embargo, el estado de los bordes afectará en primer lugar a la seguridad del entrenador, y a su capacidad para moverse alrededor de la piscina para demostrar, observar y corregir. Tiene que ser especialmente cuidadoso cuando haga ejercicios de demostración o se mueva por los bordes. Realizar muy pocas repeticiones de movimientos intensos de salto y, en su lugar, utilizar instrucciones visuales y otras habilidades verbales. Adoptar la opción de menor impacto para moverse con más frecuencia con el fin de prevenir el estrés sobre las articulaciones. La utilización de minitrampolines y alfombrillas sobre los bordes puede ser igualmente peligroso, y no es fácil mostrar movimientos de desplazamiento utilizando tales elementos. El uso de elementos de ayuda para entrenar proporcionará alguna liberación del estrés y soporte para las articulaciones.

Los entrenadores también deben ser conscientes del riesgo de sobreutilización de la voz, que puede llegar a afectar a las cuerdas vocales. Es aconsejable para todos los entrenadores recibir un entrenamiento de foniatra apropiado.

¿Cómo afectarán a la sesión la temperatura de la piscina y del aire?

La temperatura de la piscina y sus efectos sobre las actividades acuáticas ha sido tratado en el capítulo 1.

¿Cuáles son las consideraciones de seguridad para entrenar en una piscina al aire libre?

La oportunidad de entrenar en una piscina al aire libre en un clima cálido puede ser considerada como el máximo lujo. Sin embargo, es necesario tomar precauciones para asegurarse de que el entrenador y los participantes no están expuestos innecesariamente a la radiación solar. Ejercitarse cuando los rayos del sol son más fuertes debe evitarse a toda costa. Todos los participantes deben utilizar cremas protectoras, y cubrirse las zonas del cuerpo más vulnerables. También es aconsejable vestir una camiseta de manga larga para proteger los brazos y los hombros de la exposición al sol. Además, debe usarse una gorra para proteger la cabeza.

Es esencial que el entrenador y los participantes se preocupen de mantenerse completamente hidratados cuando se ejercitan a temperaturas altas. Pueden tenerse a mano, en los bordes de la piscina, botellas de agua de plástico. Puede ser necesario bajar la intensidad de la sesión de entrenamiento para quienes no están acostumbrados a entrenar con temperaturas de agua y de aire calientes.

En el caso de que se produjera una tormenta eléctrica, es importante para la seguridad abandonar la piscina descubierta. La evacuación será controlada por un socorrista en una piscina pública; en una privada o doméstica, todos estarán advertidos de abandonar la piscina inmediatamente.

¿Qué otras normas y regulaciones afectarán a la práctica del trabajo en los bordes de la piscina?

Las normas y regulaciones variarán de una piscina a otra. Por lo tanto, es esencial que éstas, así como también las peculiaridades específicas del entorno de trabajo, estén identificadas antes de diseñar e implantar cualquier programa de ejercicio en el agua. El entrenador debe ser capaz de localizar y manejar:

– el teléfono más cercano,
– las salidas de incendios,
– los extintores de fuego,
– el equipamiento de rescate y seguridad,
– el botiquín de primeros auxilios,
– los botones de alarma, emergencia, etc.

Adherirse a un adecuado código de práctica promoverá el ejercicio más seguro y efectivo para todos los implicados.

¿Qué responsabilidad tiene el entrenador en la higiene de la piscina?

El mantenimiento de una piscina limpia es, fundamentalmente, responsabilidad del centro. La cloración es utilizada en la mayoría de las piscinas como agente esterilizante. Sin embargo, puede producir decoloración; de modo que cualquier objeto que se utilice en la piscina debe aclararse después de haberse usado en el agua para preservar su estado y color. Esto incluye al equipamiento utilizado a lo largo de toda la sesión y la vestimenta de los participantes.

El entrenador puede contribuir a la higiene adecuada de la piscina:

– aconsejando a los participantes que se duchen y utilicen calzado de baño antes de entrar en la piscina, así como también al salir,
– utilizando calzado exclusivo para la piscina,
– recomendando a los participantes que se recojan el pelo largo,
– procurando que el personal de mantenimiento limpie y seque regularmente los bordes de la piscina (especialmente antes de su sesión),
– controlando que los niveles de cloro se revisan con regularidad.

¿Cómo pueden controlarse las entradas y salidas de la piscina?

Algunas piscinas tienen escalones por los que se desciende progresivamente a la piscina, y otras tienen cuestas que permiten una inmersión igualmente controlada. Todos los usuarios deberían animarse a usarlos, en lugar de hacer entradas o salidas incontroladas de la piscina. No debe permitirse bucear en aguas superficiales. Además, si a los usuarios se les permite saltar o bucear, es preciso que se les instruya para estar pendientes de otros nadadores, y asegurarse de que no interfieren en su camino. Para promover una entrada y salida controlada de la piscina, el entrenador debe llegar pronto y marcharse el último, supervisando así a los participantes. En circunstancias excepcionales, cuando éstos llegan más temprano o permanecen más tiempo en la piscina, debe estar presente un socorrista.

¿Cómo puede utilizarse el equipamiento eléctrico con seguridad en los bordes de la piscina?

Si se permite el uso de equipamiento eléctrico en los bordes de la piscina, debe colocarse a una distancia de seguridad del borde del agua. Solamente debe utilizarse si está conectado a desconectores automáticos; el equipamiento que se conecta directamente a la red eléctrica no debe ser utilizado. Si es necesario cambiar las cintas o discos durante la sesión de entrenamiento, las manos del entrenador deben estar secas (tener música es ideal). Utilizar baterías para operar con equipos estéreos es una opción mucho más segura; aunque tienen una vida corta y, por tanto, resultan menos económicas. Algunas piscinas no permitirán el uso de equipamiento eléctrico en los bordes de la piscina. Por lo tanto, es esencial disponer de esta información antes de empezar una sesión.

El equipamiento eléctrico utilizado en los bordes de la piscina también estará expuesto al ambiente húmedo, así que debe ser mantenido y revisado con mayor regularidad para optimizar su rendimiento. Todo el equipamiento eléctrico debe almacenarse lejos de la piscina cuando no se esté utilizando. Cuando se desplace hacia o desde la piscina, debe levantarse con seguridad, manteniendo

la espalda derecha, flexionando las rodillas y utilizando la musculatura de los muslos para levantarlo a una altura de transporte adecuada. El equipamiento muy pesado debe ser transportado por más de una persona o, idealmente, sobre ruedas.

¿Qué vestimenta debe utilizarse?

Los participantes deben utilizar un bañador ajustado, y las mujeres con el busto grande deben ser advertidas para que utilicen un sujetador especial debajo del bañador. Las bermudas no son apropiadas dado que se mantienen húmedas. Generalmente, no se recomiendan los bikinis porque requieren modificar los movimientos para que no se suelten; y supondría estar demasiado tiempo pendiente de los tirantes en lugar de centrarse en la sesión de entrenamiento. No es aconsejable la utilización de joyas durante el ejercicio, dado que pueden lesionar a otras personas o perderse.

Los entrenadores deben vestir ropa deportiva que no limite sus movimientos y puedan ser claramente visibles a los participantes. Una camiseta sin mangas o un top con un bañador pueden ser apropiados.

RESUMEN

Las consideraciones de seguridad expuestas a todo lo largo de esta sección deberían ser suficientes para ayudar al diseño e implantación de todos los programas de ejercicio en el agua. Sin embargo, cada entorno es único. Diferentes piscinas pueden requerir distintos tipos de sesión. Por lo tanto, en lugar de restringir una oportunidad de realizar una actividad, debería adaptarse la sesión a las peculiaridades de la piscina. Algunas veces será necesario modificar los ejercicios para acomodarlos a los requerimientos individuales, y otras habrá que modificar la sesión completa. La clave está en poseer el conocimiento que permita reconocer cómo puede adaptarse el programa.

EL DISEÑO DE UN PROGRAMA DE EJERCICIO EN EL AGUA

3

TERCERA**PARTE**

LA SELECCIÓN DEL FORMATO DEL PROGRAMA

5

¿Qué tipo de programa es adecuado para la población general?

Para la mayoría de los que se ejercitan, el formato de programa más adecuado será aquel que abarque todos los componentes de la puesta en forma física. Entrenarlos todos proporcionará una aproximación más global para la puesta en forma y, por tanto, atenderá a todos sus requerimientos y satisfará casi todas las metas personales. El formato tradicional reseñado en la tabla 5.1 entrenará todos los componentes con efectividad.

Además, este tipo de programa puede adaptarse a los diferentes entornos de piscina. Sin embargo, en una piscina de aprendizaje poco profunda es aconsejable variar la aproximación para el entrenamiento cardiovascular. La selección tradicional de ejercicios cardiovasculares que se ilustra en el Capítulo 8 es la más adecuada para las actividades de marcha en el agua. (Algunas ideas generales para una sesión de entrenamiento de marcha en el agua se proporcionan en el Capítulo 13.) Esta pequeña adaptación reducirá el estrés potencial colocado sobre las articulaciones al saltar en aguas poco profundas y maximizará la seguridad y eficacia del entrenamiento.

Sin embargo, programas más específicos que se centran en uno o dos componentes de la puesta en forma pueden ser requeridos por algunos

Tabla 5.1	El formato tradicional		
Programa	Componentes de la puesta en forma entrenados en la sesión principal	Estructura de la sección	Entorno de piscina adecuado
Tradicional	Puesta en forma cardiovascular	Componente de calentamiento	Puede adaptarse a la mayoría de los entornos de piscina
	Fuerza muscular y resistencia muscular	Sesión de trabajo principal (parte 1). Entrenamiento cardiovascular	Para las piscinas de aprendizaje, reemplazar todos los movimientos de salto y explosivos por ejercicios de marcha en el agua
	Flexibilidad (en la vuelta a la calma)		
		Sesión de trabajo principal (parte 2). Fuerza muscular y resistencia muscular	
		Componente de vuelta a la calma	

Tabla 5.2	Aproximaciones alternativas para ejercitar en el agua		
Programa	Componentes de la puesta en forma entrenados en la sesión principal	Estructura de la sección	Entorno de piscina adecuado
Marcha en el agua	Cardiovascular Resistencia muscular	Componente de calentamiento Sesión de entrenamiento principal. Marcha en el agua Componente de vuelta a la calma	La piscina de aprendizaje es ideal para este programa, aunque puede tener que adaptarse a la mayoría de los demás entornos de piscina
Circuito	Cardiovascular Fuerza muscular Resistencia muscular Flexibilidad (en el enfriamiento)	Componente de calentamiento Sesión de entrenamiento principal Entrenamiento en circuito Componente de enfriamiento	Puede adaptarse a la mayoría de los entornos de piscina Para las piscinas de aprendizaje, limitar el número de movimientos de salto y explosivos
En fases	Cardiovascular Resistencia muscular	Componente de calentamiento Sesión de entrenamiento principal Entrenamiento de step Componente de calentamiento Nota: una variación tradicional de la sesión en dos sesiones principales para cubrir todos los componentes	Debe haber una profundidad de agua constante o una piscina con un fondo mecánicamente variable No practicable en piscinas con suelos inclinados (los steps deslizantes pueden crear un desequilibrio muscular posterior al intentar fijar su posición)
Resistencia	Fuerza muscular Resistencia muscular	Componente de calentamiento Sesión de entrenamiento principal Entrenamiento de resistencia Componente de vuelta a la calma	Puede adaptarse a la mayoría de los entornos de piscina

Tabla 5.2	(continuación)		
Programa	Componentes de la puesta en forma entrenados en la sesión principal	Estructura de la sección	Entorno de piscina adecuado
Estiramiento y relajación	Flexibilidad	Componente de calentamiento	La piscina de hidroterapia es ideal
		Sesión de entrenamiento principal. Flexibilidad	Las piscinas de aprendizaje con temperaturas más altas pueden ser apropiadas
		Componente de vuelta a la calma	No apropiado en piscinas muy frías

Nota

Debe prestarse una atención especial a la estructura, diseño y contenido de cualquiera de estos programas de entrenamiento para asegurar que son efectivos para alcanzar las metas personales de puesta en forma de los participantes y son seguras de realizar en el entorno de piscina.

grupos concretos, y también por algunos empleados. Las piscinas que ofrecen una gran variedad de sesiones en el agua siempre estarán buscando nuevas aproximaciones para ampliar sus horarios.

¿Qué otros tipos de diseños de programa existen?

Existen diferentes tipos de formatos de sesión, cada uno diseñado para entrenar uno o más de los componentes específicos de la puesta en forma. Una reseña de algunas de las diversas aproximaciones para entrenar en el agua se ofrece en la tabla 5.2. Sin embargo, los programas identificados no deben considerarse como una lista definitiva. Hay un sinfín de modos de variar cada sesión y crear un programa completamente nuevo. El principio clave es que el programa implantado satisfaga las metas personales de puesta en forma de los participantes y sea adecuado para el entorno.

Además, en todos los programas, la sesión de trabajo principal debe ir precedida de un calentamiento amplio y apropiado, y concluida con un enfriamiento o vuelta a la calma también amplio y apropiado.

Para conseguir un entrenamiento más global de todos los componentes de la puesta en forma, pero utilizando una aproximación diferente a la sesión, consúltense los últimos capítulos en esta sección de la guía. Cada capítulo explica cómo estructurar los componentes específicos e ilustra algunos ejercicios apropiados. Las actividades adecuadas para las diferentes aproximaciones también se explican e ilustran. Los ejercicios seleccionados se centran fundamentalmente en el entrenamiento de individuos aparentemente sanos sin ningún requerimiento concreto especializado. Sin embargo, la mayoría de los ejercicios pueden adaptarse para grupos más específicos. Esto se puede conseguir variando su intensidad. Se proporcionan normas de orienta-

Tabla 5.3	**Una reseña de la estructura, duración e intensidad de los componentes para diferentes grupos de practicantes**		
	Grupos con baja puesta en forma y especiales	Grupos generales y con nivel intermedio de puesta en forma	Grupos con nivel avanzado de puesta en forma y para deportes específicos
Duración total de la sesión	35-45 minutos	45 minutos	45-60 minutos
Intensidad global de los componentes de la sesión	Baja	Moderada	Más alta
Velocidad de los movimientos	Ritmo relativamente lento	Ritmo moderado	Ritmo relativamente más rápido
Componente de calentamiento (movilidad, elevación del pulso preparatoria para estirar y calentar)	Comparativamente, baja intensidad y larga duración 12-20 minutos	Intensidad y duración moderadas 10-15 minutos	Comparativamente, intensidad más alta y duración más corta 10 minutos
Sesión de trabajo principal (procurar incluir algún trabajo cardiovascular y de fuerza y resistencia muscular)	Comparativamente, corta duración y baja intensidad 10-15 minutos	Intensidad y duración moderadas 20-30 minutos	Duración más larga e intensidad más alta 30-45 minutos
Componente de enfriamiento (vuelta a la calma, estiramientos por entrenamiento, relajación y removilización)	Comparativamente, larga duración y baja intensidad 10-13 minutos	Intensidad y duración moderadas 5-10 minutos	Duración más corta e intensidad relativamente más alta 5-10 minutos

Nota

Estos ritmos son tan sólo sugerencias orientativas y son variables dependiendo del entorno, los requerimientos del individuo/grupo, y el diseño estructural de la sesión de entrenamiento principal.

ción sobre cómo progresar en cada ejercicio, de modo que puede modificarse para trasladarlo a grupos diferentes.

¿Cómo debe estructurarse el programa de entrenamiento en el agua?

Todas las sesiones de entrenamiento en el agua deben estructurarse de manera segura y efectiva para maximizar los beneficios de la actividad y para reducir el riesgo de lesión. Por lo tanto, es esencial ajustar el tiempo apropiado para calentar antes de comenzar la sesión de entrenamiento principal, y para enfriar o volver a la calma después de ella. También es esencial que el ritmo y la intensidad de los ejercicios seleccionados para la sesión de entrenamiento principal reflejen los requerimientos del grupo objetivo.

EL DISEÑO DEL CALENTAMIENTO

¿Por qué necesitamos calentar antes de la sesión de entrenamiento principal?

Necesitamos calentar antes del entrenamiento principal para preparar a todos los sistemas orgánicos para la actividad que seguirá a continuación. El calentamiento mejorará nuestro rendimiento y puede reducir el riesgo de lesión; por lo tanto, ayudará a maximizar la seguridad y efectividad del entrenamiento. Es esencial dedicar un tiempo apropiado para calentar antes de comenzar la sesión de trabajo principal. También es vital seleccionar los ejercicios correctos.

Este capítulo trata lo que le sucede al organismo durante este componente preparatorio de la sesión (las respuestas fisiológicas a corto plazo). También se indica cómo diseñar un calentamiento seguro y efectivo, y obtener las respuestas deseadas.

¿Qué tipo de ejercicios debe contener el calentamiento?

El calentamiento necesita preparar las articulaciones, músculos, corazón, y sistemas circulatorio y neuromuscular para la sesión de trabajo principal. Por lo tanto, debe contener ejercicios que consigan los efectos deseados que se reseñan en la tabla 6.1.

¿Qué tipo de ejercicios son apropiados para movilizar las articulaciones?

Moviendo cada área de la articulación a través de su rango de movimiento natural se conseguirán los efectos deseados, relacionados en la tabla 6.1. Todas las articulaciones que van a emplearse en la sesión de entrenamiento principal deben ser su objetivo. Ejemplos de las principales acciones articulares y de ejercicios apropiados para cada área articular se reseñan en la tabla 6.2. Los ejercicios seleccionados deben comenzar con un rango de movimiento peque-

Tabla 6.1	Reseña de los efectos deseados del calentamiento sobre el organismo

Los ejercicios de calentamiento deben caracterizarse por lo siguiente:

- Deben estimular la liberación de fluido sinovial dentro de la cápsula articular y calentar los tendones, músculos y ligamentos que circundan a cada articulación. Esto asegurará que las articulaciones sean adecuadamente lubricadas y almohadilladas, y permitirá que cada una de ellas alcance un mayor rango de movimiento. Esto se puede conseguir mediante **ejercicios de movilidad.**
- Deben incrementar el latido cardíaco, estimular el aumento del flujo sanguíneo a los músculos e incrementar el consumo de oxígeno. Esto dejará al cuerpo más caliente, los músculos más flexibles y les permitirá trabajar más confortablemente durante la sesión de entrenamiento principal. Esto se puede conseguir mediante **ejercicios de elevación del pulso.**
- Deben elongar los músculos y moverlos a través de un rango de movimiento mayor. Esto les permitirá contraerse con más efectividad en la sesión de trabajo principal y disminuirá el riesgo de lesión si se mueven en posiciones extendidas. Esto se puede conseguir mediante **ejercicios de estiramiento.**
- Deben activar el cerebro y las vías neuromusculares, centrando la atención y la concentración, activando los esquemas de movimiento y la técnica, facilitando las acciones musculares y articulares en el modo en que van a moverse en la sesión de entrenamiento principal, y elevando el latido cardíaco al nivel deseado. Esto se puede conseguir mediante **ejercicios de calentamiento.**

ño y, progresivamente, pasar a uno mayor. Sin embargo, solamente deben moverse a través de un rango que sea cómodo de alcanzar para el individuo.

Un ejemplo de desarrollo progresivo del rango de movimiento para la articulación del hombro es comenzar levantando y bajando los hombros (elevación y depresión), progresar a giros y rotaciones de hombros, y finalizar realizando movimientos más amplios, tales como llevar los brazos a los lados del cuerpo y hacia atrás (abducción y aducción), y hacer círculos dentro del agua, al aire y fuera del agua (circunducción). Debe tenerse en cuenta que esto no pretende ser la guía definitiva sobre cómo calentar esta articulación; simplemente es un ejemplo de cómo puede progresar el rango de movimiento en un área articular concreta.

¿Qué articulaciones deben movilizarse?

La selección de los ejercicios de movilidad debe centrarse en preparar las articulaciones específicas que van a hacer la mayoría del trabajo planificado para la sesión principal. En tierra, el centro pri-

Tabla 6.2	Acciones posibles en cada área articular y ejercicios apropiados para conseguirlas	
Área articular	**Acciones articulares posibles**	**Ejercicios apropiados**
Tobillo	Flexión plantar y dorsal	• Talón y punta del pie hacia el suelo alternadamente • Caminar/pedalear con los pies
Rodilla	Flexión y extensión	• Flexionar y estirar las rodillas (sentadillas) • Llevar el talón a las nalgas
Cadera	Flexión y extensión Abducción y aducción Rotación	• Levantar las rodillas hacia el pecho y bajar de nuevo • Llevar la pierna hacia atrás y hacia delante (pasos adelante y atrás) • Llevar la pierna hacia fuera y hacia atrás (saltos abriendo y cerrando piernas) • Hacer círculos con las piernas, una hacia la otra, hacia dentro y hacia fuera, en movimientos en forma de ocho
Columna vertebral	Flexión lateral y extensión Rotación Flexión y extensión	• Flexiones laterales • Torsiones laterales • Flexoextensión de la columna
Hombro y cintura escapular	Elevación y depresión Abducción y aducción Rotación Flexión y extensión horizontal Circunducción	• Levantar y bajar los hombros • Llevar los brazos hacia los lados del cuerpo y hacia atrás • Rotar los brazos hacia dentro y hacia fuera, en movimientos en forma de ocho • Con los brazos en cruz a nivel de los hombros, tirar hacia delante y hacia atrás (abrazos de oso) • Mover los brazos en círculos completos (espalda y crol)
Codo	Flexión, extensión y rotación	• Flexionar y estirar el codo

mario debe estar en la parte inferior del cuerpo. Esto se debe a que las articulaciones en esta zona son las requeridas para amortiguar las fuerzas de impacto y soportar la mayor parte del peso corporal durante la sesión de trabajo cardiovascular. Pero en el agua, la flotabilidad absorberá la mayoría de tales fuerzas, de modo que la parte inferior del cuerpo es un poco menos prioritaria en una sesión de ejercicio acuático. Usualmente, la resistencia del agua requiere el uso pleno de movimientos propulsivos de la parte superior del cuerpo para generar movimiento y mantener el equilibrio. Esta mitad corporal también puede utilizarse con más efectividad en la sesión de trabajo principal cuando se entrena para la puesta en forma cardiovascular. Por tanto, puede ser necesario priorizar la movilización de la parte superior del cuerpo en la preparación para la sesión de entrenamiento en el agua. Sin embargo, esto depende de cómo esté estructurada la sesión de entrenamiento principal.

Lo ideal es planificar el calentamiento una vez que ya se han programado las actividades de la sesión principal. Esto asegurará que el organismo está adecuadamente preparado. No es seguro ni efectivo preparar solamente la parte superior del cuerpo, cuando la parte inferior está haciendo una mayor proporción del trabajo de la sesión principal. Por último, es aconsejable preparar todas las articulaciones, dado que es improbable que algún área articular quede sin recibir trabajo en toda la sesión.

del agua proporcionará soporte a sus movimientos, de modo que es posible que alcance movimientos de mayor rango con más facilidad que ejercitándose en tierra. Además, los movimientos para los grupos especializados y con baja puesta en forma pueden necesitar realizarse a un ritmo ligeramente más lento. Más repeticiones, o series de repeticiones, del mismo ejercicio pueden serles necesarias para conseguir los efectos deseados.

Un grupo con mejor puesta en forma puede ser capaz de comenzar con más seguridad con un rango de movimiento relativamente grande y conseguir progresar a un rango mucho más completo sin ninguna molestia. También puede ser capaz de trabajar a través de su rango de movilidad completo a un ritmo ligeramente más rápido, con menos series de repeticiones para áreas articulares específicas. En general, deben ser capaces de calentar sus articulaciones con mayor rapidez, debido al aumento de su conciencia corporal y a sus respuestas fisiológicas más efectivas para las actividades de calentamiento. Sin embargo, es esencial, incluso con grupos con una buena puesta en forma, que los movimientos no sean demasiado enérgicos ni demasiado amplios hasta que los músculos estén completamente calientes. Habrá un mayor riesgo de que se dañen los tejidos que circundan a las articulaciones (músculos, tendones y ligamentos) si el rango de movimiento progresa demasiado rápidamente.

¿Cómo se modificarán los ejercicios de movilidad para diferentes grupos?

El rango de movimiento que tenemos en cada articulación puede variar de un área articular a otra, y también de una persona a otra. El punto de partida de la primera actividad de movilidad dependerá del rango de movimiento que posean el grupo y el individuo.

Un grupo especializado puede que necesite comenzar con un rango de movimiento relativamente pequeño y puede que no sea capaz de progresar a uno muy grande. Sin embargo, la flotabilidad

¿Cómo afectará la temperatura de la piscina a los ejercicios de movilidad?

La temperatura de la piscina también determinará el punto de partida del rango de movimiento de los ejercicios de movilidad. Los músculos y otros tejidos que rodean a las articulaciones son menos flexibles cuando están fríos. Por lo tanto, intentar mover las áreas articulares a través de un rango de movimiento demasiado grande en muy poco tiempo aumentará el riesgo de lesión de estos tejidos si no están suficientemente calientes. En una piscina más fría es aconsejable comenzar con algunos movimientos suaves de elevación del pulso para conseguir que el cuerpo se caliente antes de mover las articulaciones a través de un rango de movimiento demasiado amplio.

En una piscina más caliente, las articulaciones pueden moverse un poco antes a un rango de movimiento más completo. Será más seguro realizar ejercicios de movilidad articular antes que cualquier actividad específica de elevación del pulso en una piscina en la que la temperatura es ligeramente más caliente.

¿Qué tipos de ejercicios son apropiados para elevar el pulso?

Cualquier movimiento rítmico que utilice los grandes grupos musculares conseguirá los efectos deseados que se reseñan en la tabla 6.1. Es necesario que los movimientos seleccionados incrementen progresivamente el latido cardíaco y el flujo sanguíneo a través de los músculos. Esto asegurará que se aporta el oxígeno adecuado a los músculos, los cuales lo necesitan como combustible para realizar las actividades de la sesión de entrenamiento principal. También asegurará que éstos están suficientemente calientes y seguros para estirar. Moverse en un rango de movimiento mayor y estirar antes de que los músculos estén suficientemente calientes puede dar lugar a un incremento del riesgo de rotura muscular.

Hay una amplia variedad de movimientos que son apropiados para conseguir que el cuerpo se caliente e incremente el latido cardíaco en el agua. El trote, los Pasos adelante y atrás, y las Patadas con desplazamiento, por nombrar unos pocos, son todos ellos muy efectivos. Estos ejercicios se ilustran al final de este capítulo. En tierra, estas actividades colocarían un mayor estrés sobre las articulaciones. Por lo tanto, no serían recomendables como actividades de calentamiento. Es mejor reservarlos para la sesión de entrenamiento principal cuando se realizan en seco.

Cuando se realizan en agua, estos ejercicios son mucho menos estresantes. Esto se debe a que la flotabilidad del agua reduce las fuerzas de impacto y, como consecuencia, el estrés colocado sobre las articulaciones mientras se están realizando. Por lo tanto, pueden incluirse con completa seguridad dentro del componente de calentamiento, cuidando de que se realicen en una profundidad de agua adecuada. Sin embargo, se debe advertir de que han de llevarse a cabo a una intensidad relativamente más baja de la que sería necesaria si se practicaran en la sesión de entrenamiento principal. Esto es para asegurar que no se vuelven demasiado intensos para el organismo para afrontar la primera fase de la sesión. Realizar las actividades a un ritmo relativamente más lento, con un rango de movimiento algo más pequeño, y con menos fuerza ejercida por el participante, disminuirá la intensidad y hará que la práctica de cada ejercicio sea más confortable. Por último, el nivel de intensidad a la que pueden realizarse dependerá del nivel de puesta en forma y de los requerimientos de la/s persona/s que los practiquen.

En el agua, unos ejercicios de movilidad más enérgicos y con un rango de movimiento más completo pueden elevar también el latido cardíaco con efectividad. Las Figuras en Ocho y los Giros laterales, que se ilustran al final de este capítulo, son ejemplos de ejercicios de movilidad que también tienen efectos de elevación del pulso. Estos ejercicios pueden ser menos efectivos para elevar el latido cardíaco en tierra debido a que los músculos utilizados deben estar trabajando contra muy poca resistencia. Por supuesto, en este caso, solamente los ejercicios de movilidad de la parte inferior del cuerpo que utilizan los músculos más grandes y requieren el desplazamiento del peso corporal (como los flexores de la pierna) serán lo suficientemente efectivos para exigir mayores demandas de aporte de oxígeno y calentar los músculos.

En el medio acuático, el uso de los brazos bajo el agua puede ser muy efectivo para elevar el pulso y conseguir que el organismo se caliente. Esto se debe a que están trabajando contra la resistencia añadida del agua y reclutan mayor ayuda de los grandes músculos del pecho y de la espalda para generar movimiento. Sin embargo, estos movimientos aún necesitarán ser suficientemente largos y utilizar su palanca y área de superficie completas para ayudar con efectividad al calentamiento y a la elevación del pulso. Movimientos pequeños de los brazos, tales como un curl de bíceps (flexión y extensión del codo) tendrán efectos limitados sobre la elevación del pulso. Esto es debido a que este ejercicio concreto aísla los músculos más pequeños, y la comparativamente menor palanca de la parte inferior del brazo demanda menos energía para moverse a través del agua.

Es igualmente esencial que los movimientos que elevan el pulso seleccionados hagan demandas graduales sobre el organismo. Éstos también deberían comenzar a una intensidad relativamente baja y progresar a una intensidad moderada. Esto se puede conseguir comenzando con un movimiento básico, como Pasos adelante y atrás, pero dando pequeñas zancadas con menos rebotes fuera del agua. Para desarrollar la intensidad de las zancadas, éstas deben alargarse, el cuerpo puede rebotar ligeramente de forma más enérgica fuera del agua, y los brazos pueden utilizarse para empujar con más fuerza a través del agua. Una vez más, la velocidad de la progresión de una fase a otra, y el nivel de intensidad con el que se necesita comenzar, dependerán del nivel de puesta en forma del grupo.

¿Cómo se modificarán los ejercicios de elevación del pulso para los diferentes grupos?

Los grupos especiales o en menor forma pueden necesitar comenzar a un nivel de intensidad relativamente bajo. Es posible que no necesiten progresar a niveles altos para calentar. Niveles más bajos de intensidad pueden conseguirse trabajando con palancas más cortas, áreas de superficie más pequeñas, rangos de movimiento menores, y a un ritmo relativamente más lento.

Los grupos en mejor forma física habrán de comenzar a un nivel de intensidad relativamente moderado y finalizar a un nivel mucho más

elevado. Estos últimos pueden obtenerse trabajando a través de rangos de movimiento mayores, utilizando palancas más largas, con áreas de superficie más grandes, y a un ritmo ligeramente más rápido. Sin embargo, es preciso decir que, sea cual sea el nivel de puesta en forma, si el calentamiento o las actividades de elevación del pulso comienzan a excesiva intensidad, los músculos pueden sufrir un déficit de oxígeno (no recibirán aporte de oxígeno suficiente). Si esto ocurre, se cansarán muy rápidamente y no serán capaces de trabajar con efectividad durante la sesión de entrenamiento principal. Esto reitera la necesidad de que el calentamiento sea gradual y progresivo para todos los niveles de puesta en forma.

¿Qué tipos de ejercicios elongarán y estirarán los músculos?

Los ejercicios que permiten que los músculos se elonguen y relajen son efectivos para obtener las respuestas deseadas que se reseñan en la tabla 6.1. El Capítulo 2 de la Sección Primera de este libro detalla dos tipos de ejercicios de estiramiento que son adecuados para las sesiones en el agua. Éstos son estiramientos estáticos y estiramientos en movimiento. Los primeros son aquellos en los que el músculo se elonga hasta un punto en el que se experimenta una tensión media y, a continuación, se distiende hasta que la tensión disminuye. Los estiramientos en movimiento son aquellos en los que el músculo se elonga y se mueve lentamente hasta sentir un punto de tensión media y después vuelve a su posición normal de comienzo. Este proceso, generalmente, se repite unas cuantas veces de modo que cada vez el músculo puede estirarse ligeramente más en una posición extendida.

Una ventaja de realizar estiramientos de movimiento en el agua es que ayudarán al mantenimiento de una temperatura confortable. Los estiramientos estáticos tenderán a hacer que el cuerpo se enfríe más rápidamente. Si se prefieren estos últimos, será necesario realizar una mayor proporción de movimientos de elevación del pulso entre los estiramientos para mantener el calor corporal. Sin embargo, esto dependerá de la temperatura de la piscina. Si se entrena en una piscina más caliente o en un día caluroso, el cuerpo se enfriará con menor rapidez. Por lo tanto, en estas circunstancias, es perfectamente aceptable realizar todos los estiramientos estáticos y, potencialmente, una menor proporción de movimientos de elevación del pulso entre ellos. Pero recuerde que si a los músculos se les permite enfriarse, no se elongarán en el estiramiento con tanta efectividad. Potencialmente, estirar músculos fríos podría lesionarlos.

¿Qué músculos necesitan estirarse?

Todos los músculos que se van a emplear en la sesión de entrenamiento principal deben ser elongados antes de trabajar. Obviamente, se debe dar prioridad a aquellos que van a trabajar con más intensidad. En tierra, esto se dirige casi por completo a los músculos de la parte inferior del cuerpo, con la excepción de las sesiones de entrenamiento con peso que se centren específicamente en la parte superior. Sin embargo, en el agua, los brazos se utilizan para realizar movimientos de propulsión con el fin de ayudar al cuerpo a moverse. Por lo tanto, la parte superior del cuerpo debe recibir igual atención en una sesión de ejercicio en el agua. De nuevo, dependerá de la selección de ejercicios planificada para la sesión principal. Si ésta contiene una mayor proporción de trabajo de la parte inferior del cuerpo, obviamente esta área necesita una atención ligeramente mayor. Por último, es aconsejable estirar todos los músculos, dado que es improbable que alguna zona corporal concreta no llegue a utilizarse en toda la sesión. Un rango de estiramientos apropiados para cada grupo muscular específico se ilustra al final del capítulo 7.

¿Qué tipo de estiramiento es el más apropiado para cada nivel de puesta en forma?

El tipo de estiramiento seleccionado vendrá determinado por la capacidad de los participantes. Los estiramientos estáticos son, potencialmente, más seguros para aquéllos con menor nivel técnico y menos capacidad de movilidad. Esto se debe a que es menos probable sobrepasar el rango de movimiento seguro cuando se mantienen estiramientos en una posición estática. Si se experimenta cualquier otra sensación aparte de una tensión media, o si el músculo empieza a contracturarse, es un signo seguro de que el estiramiento se ha llevado demasiado lejos. Es aconsejable reducir ligeramente el rango de movimiento o parar el estiramiento y empezarlo de nuevo, moviéndose esta vez con más cuidado dentro de la posición segura.

Alternativamente, los estiramientos de movilidad requieren mayor conciencia corporal para evitar que se exceda el rango seguro de movimiento. Por lo tanto, son más apropiados para quienes tienen más experiencia, más conciencia corporal y mayor rango de movimiento.

¿Cuál es el objetivo del recalentamiento?

El cuerpo puede haberse enfriado ligeramente después de realizar los estiramientos preparatorios. Por lo tanto, es esencial volver a calentar los músculos antes de comenzar la sesión principal. Además, el recalentamiento puede utilizarse para preparar el cuerpo más específicamente para la actividad principal. Esto permite una recuperación de los esquemas de movimiento específicos que estimularán las vías neuromusculares. Lo cual ayudará a mejorar el rendimiento de todos los movimientos y la efectividad de la sesión principal.

¿Qué tipo de ejercicio es apropiado para recalentar el cuerpo?

Los movimientos que se van a practicar en la sesión de entrenamiento principal son apropiados para recalentar. Sin embargo, es esencial que su intensidad comience a un ritmo relativamente bajo y se desarrolle progresivamente hasta el nivel de intensidad requerido para la sesión principal. Con ello se maximiza la utilización del sistema energético aeróbico y se evitan molestias innecesarias que pueden experimentarse por la utilización del sistema energético anaeróbico como fuente de combustible principal para el movimiento. Esto último es más probable que ocurra si la intensidad al comienzo es demasiado alta, o se desarrolla demasiado rápidamente. Por último, la intensidad de los ejercicios dependerá del nivel de puesta en forma de los individuos y de las actividades realizadas dentro de la sesión principal.

¿Cómo afectará la sesión de entrenamiento principal a la selección de ejercicios para recalentar?

Si la sesión de entrenamiento principal comprende única o predominantemente ejercicios de resistencia (fuerza y resistencia muscular), los ejercicios seleccionados para recalentar deberían reflejar esto, pero ser ligeramente menos intensos. Por ejemplo, si se va a utilizar equipamiento de flotación en la sesión principal, será beneficioso realizar los mismos ejercicios sin esos aparatos durante el recalentamiento; en caso contrario, realizar los ejercicios con palancas más cortas, a un ritmo más fácil o ejerciendo menos fuerza, será como un método efectivo. Sin embargo, también puede ser necesario incorporar algunos movimientos de elevación del pulso mayores a lo largo de este componente en una sesión de resistencia. Esto asegurará que se mantiene una temperatura corporal confortable.

Si la sesión principal se compone solamente de ejercicios cardiovasculares o aeróbicos, entonces los movimientos en el recalentamiento deben asemejarse a versiones menos enérgicas de los que se utilizarán en dicha sesión. Los ejercicios han de comenzar a un ritmo menos enérgico y aumentar progresivamente a un nivel más alto de intensidad. Por ejemplo, el Chapoteo (ilustrado en el Capítulo 8) puede empezarse sin salto, progresar a saltos pequeños, y finalizar saltando con un giro medio o completo. En la práctica, debe seleccionarse y repetir una secuencia de movimientos tres o cuatro veces, haciendo cada vez el ejercicio individual un poco más duro, para elevar progresivamente la intensidad.

¿Cómo ha de adaptarse el recalentamiento a las particularidades de los diferentes niveles de puesta en forma?

Un grupo especial o en baja forma puede necesitar comenzar a un nivel más bajo de intensidad, y los movimientos utilizados necesitarán ser comparativamente menos intensos. Los participantes tendrán que ejercer menores desarrollos de la estructura de sus movimientos para asegurar que la intensidad se eleva a un ritmo más gradual y que su cuerpo es capaz de afrontar las demandas que se le exigen.

Alternativamente, un grupo con mejor puesta en forma puede comenzar a una intensidad relativamente más alta y puede trabajar más duro mucho antes. Por lo tanto, no necesitará emplear mucho tiempo en este componente específico. De este modo podrá trabajar progresivamente a un nivel más alto, pero será capaz de moverse en una intensidad más alta mucho antes, debido a que su sistema cardiovascular funcionará con más efectividad y utilizará el oxígeno que demanda.

¿Cómo afectan las propiedades del agua al contenido y estructura del calentamiento?

– La **Flotabilidad** proporciona soporte al peso corporal. Ésta permitirá realizar una mayor proporción de movimientos de salto durante el calentamiento sin colocar a las articulaciones bajo un estrés innecesario. También permitirá realizar ejercicios de movilidad con relativa facilidad y a través de un rango mayor.
– La **Resistencia** requerirá que todos los movimientos sean más lentos que en tierra, con menos cambios rápidos de dirección. Esta resistencia al movimiento evita alcanzar demasiado

rápidamente el final del rango de movilidad. Por lo tanto, los estiramientos de movimiento son mucho más seguros que en tierra. Además, incrementará los efectos de elevación del pulso de algunos ejercicios de la parte superior del cuerpo, principalmente aquellos que requieren las palancas y las áreas de superficie de las extremidades completas para empujar en el agua.

– La **Temperatura** del agua y del aire tendrán un efecto de enfriamiento sobre el cuerpo, haciendo más difícil calentarse y mantener ese calentamiento. Por lo tanto, los movimientos necesitan ser más activos durante el calentamiento global.

– La **Presión hidrostática** ejercerá un efecto de descenso del latido cardíaco y también ayudará a la circulación de la sangre. Esto permite que la intensidad del calentamiento sea ligeramente más alta de lo que resultaría apropiado en el suelo. También permite un desarrollo escalonado de la intensidad. Por lo tanto, la duración del calentamiento puede ser ligeramente más corta.

¿Qué otros factores afectan al ritmo y a la intensidad global del calentamiento?

– Temperatura del agua y del aire.
– Nivel de puesta en forma.
– Edad de los participantes.

Si la temperatura del agua y del aire es baja, puede requerirse más tiempo de calentamiento para asegurarse de que el cuerpo está caliente y de que se consigue gradualmente. Además, se necesitan más movimientos de elevación del pulso y de mayor intensidad para incorporarlos al calentamiento a fin de asegurar que el cuerpo permanece suficientemente caliente.

Para niveles más bajos de puesta en forma, personas mayores y otros grupos especiales, es necesario un calentamiento más prolongado con una

graduación más progresiva de la intensidad. Así se asegura que las demandas que se le imponen al cuerpo son progresivas y graduales y no generan un déficit de oxígeno. A lo largo de este capítulo se han tratado adaptaciones específicas para ajustar la intensidad de cada fase individual del calentamiento con el fin de acomodarlo a diferentes niveles de puesta en forma y a distintos entornos.

Resumen de las normas para planificar el calentamiento

Hablando en general, para todos los grupos, el calentamiento será ligeramente más enérgico y más corto del que se necesitaría en tierra.

- Comenzar con ejercicios más pequeños de movilidad y de elevación del pulso y, gradualmente, aumentar el rango de movimiento y la intensidad. Esto se logra progresando a un mayor rango de movimiento, incrementando la longitud y las áreas de superficie de las palancas que se mueven, y pasando a un ritmo progresivamente más rápido.
- Combinar ejercicios de movilidad estática con movimientos más intensos de elevación del pulso para mantener una temperatura confortable.
- Procurar utilizar ejercicios de mayor movilidad que requieran una palanca más larga que arrastre el agua para ayudar al proceso de calentamiento.
- Asegurarse de que el cuerpo está completamente caliente antes de estirar y cambiar a un rango de movimiento mayor.
- Combinar los estiramientos estáticos con movimientos que elevan el pulso para mantenerse calientes.
- Incorporar, cuando sea posible, un mayor porcentaje de estiramientos de rango completo (estiramientos de movilidad). De nuevo, esto ayudará al proceso de calentamiento.

¿Cómo debe estructurarse el calentamiento para una sesión de entrenamiento en el agua?

El calentamiento debe estructurarse en tres fases:

1 Ejercicios de movilidad y elevación del pulso (calentamiento general).
2 Estiramientos cortos.
3 Recalentamiento (calentamiento específico).

¿Cuál es la postura apropiada para realizar las actividades?

– Músculos abdominales contraídos para mantener la posición fija de la columna lumbar.
– Columna vertebral elongada y erguida.
– Hombros relajados y hacia abajo.
– Espalda estirada.
– Cabeza levantada.
– Nalgas contraídas.

Ejercicios de calentamiento

Ejercicio 1 • Figuras en ocho

Ejercicio I	Figuras en ocho

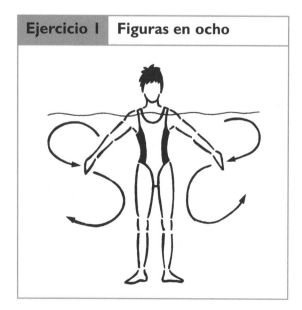

Objetivo

Este ejercicio movilizará los hombros, codos y muñecas. Si el movimiento se hace progresivamente mayor también ayudará al calentamiento de los músculos. Si se realiza con una gran intensidad, puede utilizarse en la sesión de entrenamiento principal para mejorar la puesta en forma cardiovascular.

Posición de comienzo e instrucciones

Adoptar una posición de los pies ligeramente separados.

Rotar el brazo desde el hombro, hacia el centro del cuerpo y de nuevo hacia fuera en un movimiento en forma de ocho.

Realizar el número deseado de repeticiones y, a continuación, hacerlo con el otro brazo.

Puntos de entrenamiento

– Flexionar ligeramente las rodillas.
– Codos ligeramente flexionados.
– Cuando el cuerpo esté más caliente, hacer un movimiento de flexoextensión de la espalda.
– Mantener la región lumbar fija.

Progresiones

– Comenzar con los dedos separados y progresar poniendo la palma de la mano ahuecada (en forma de copa).
– Comenzar lentamente e incrementar la velocidad del movimiento.
– Progresivamente, ejercer mayor fuerza contra el agua en todas las direcciones.
– Progresivamente, realizar el movimiento a través de un mayor rango.
– Comenzar utilizando cada brazo individualmente y progresar utilizando ambos brazos al mismo tiempo.

Ejercicio 2 • Giros laterales

Ejercicio 2	Giros laterales

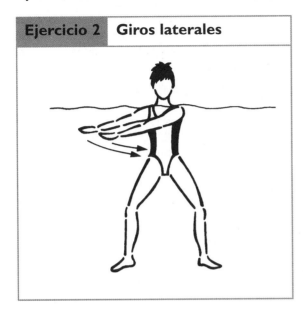

Objetivo

Este ejercicio movilizará la columna torácica, hombros y codos. Si el movimiento se hace progresivamente mayor también ayudará a calentar los músculos. Si se realiza con mayor intensidad, puede utilizarse en la sesión de entrenamiento principal para mejorar la puesta en forma cardiovascular.

Posición de comienzo e instrucciones

Adoptar una posición de los pies ligeramente separados.

Utilizar ambos brazos para empujar el agua alrededor de un lado del cuerpo y, a continuación, volver al otro lado.

Poner las manos en forma de copa para empujar el agua en los movimientos de giro.

Puntos de entrenamiento

– Mantener las caderas y las rodillas dirigidas hacia delante. No permitir que la articulación de la rodilla rote hacia dentro.
– Mantener los codos ligeramente flexionados.
– Asegurarse de que la región lumbar no se torsiona.
– Mantener los brazos dentro del agua.

Progresiones

– Comenzar con los dedos separados o deslizando el agua con el borde de la mano.
– Progresar a una mano en forma de copa.
– Incrementar lenta y progresivamente la velocidad del movimiento.
– Ejercer mayor fuerza contra el agua en todas las direcciones.
– Hacer el movimiento a través de un mayor rango, pero manteniendo el correcto alineamiento vertebral.

Ejercicio 3 • Saltos con talones a nalgas

Ejercicio 3	Saltos con talones a nalgas

Nota

Este movimiento puede hacerse hacia delante a través del agua debido a que las piernas ayudan a empujar el agua hacia atrás. Para trasladarse hacia atrás es aconsejable seleccionar un movimiento en el que las piernas empujen el agua hacia delante; por ejemplo, Patadas con desplazamiento.

Objetivo

Este ejercicio movilizará la articulación de la rodilla y, potencialmente, pero en una extensión menor, la del tobillo. Si el movimiento se hace progresivamente mayor también ayudará al calentamiento de los músculos. Puede realizarse a una mayor intensidad y utilizarse en la sesión de entrenamiento principal para mejorar la puesta en forma cardiovascular.

Posición de comienzo e instrucciones

Adoptar una posición en la que los pies estén separados a la misma distancia que las caderas y comenzar trotando y dando patadas contra las nalgas, alternando los talones.

Puntos de entrenamiento

– Asegurarse de que los talones bajan hasta el suelo: esto maximizará el movimiento del tobillo y prevendrá calambres en los músculos de la pantorrilla.
– Dar patadas con los talones hacia las nalgas, pero moviéndose solamente hasta un rango que resulte confortable.
– Mantener las caderas dirigidas hacia delante y asegurarse de que los talones no dan patadas por fuera de las nalgas. Esto puede dar lugar a una distensión innecesaria en los ligamentos internos (parte interna de la articulación de la rodilla).
– Mantener sin bloquear la rodilla de la pierna que soporta el peso.
– Si se utilizan los brazos, asegurarse de que los codos permanecen sin bloquear.

Progresiones

– Comenzar con un rango de movimiento más pequeño llevando los talones solamente medio recorrido hacia las nalgas. Avanzar a un rango de movimiento completo en el que los talones toquen las nalgas.
– Incrementar la velocidad a la que se realiza el movimiento.
– Ejercer una fuerza mayor contra el agua con cada movimiento de la pierna que desciende.
– Utilizar los brazos para aumentar el número de grupos musculares que trabajan.
– Moverse hacia delante para incrementar la intensidad.

Ejercicio 4 • Pasos adelante y atrás

Ejercicio 4	Pasos adelante y atrás

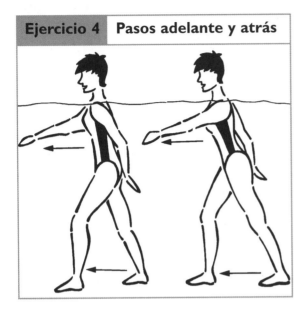

Objetivo

Este ejercicio ayuda principalmente a elevar el pulso y calentar los músculos. Sin embargo, si las piernas se mueven en un rango de movimiento progresivamente mayor tendrá un efecto de movilización de la articulación de la cadera. Si se realiza a una intensidad mayor puede utilizarse en la sesión principal para mejorar la puesta en forma cardiovascular.

Posición de comienzo e instrucciones

– Adoptar una posición en la que los pies estén separados a la misma distancia que las caderas.
– Dar un paso hacia atrás y hacia delante alternativamente.
– Utilizar los brazos en oposición a las piernas.

Puntos de entrenamiento

– Asegurarse de que los talones bajan hasta el suelo: esto maximizará el movimiento del tobillo y prevendrá calambres en los músculos de la pantorrilla.
– Debe tenerse cuidado de no forzar el talón de la pierna atrasada sobre el suelo, a menos que resulte confortable. Esto, potencialmente, podría causar un estiramiento balístico del músculo de la pantorrilla, dependiendo de la flexibilidad del individuo, la velocidad del movimiento y la profundidad del agua.
– Dar la zancada de las piernas a un rango de movimiento progresivamente mayor, pero moverse solamente dentro del rango que resulte confortable.
– Mantener las caderas dirigidas hacia delante y evitar el arqueamiento de la región lumbar contrayendo los músculos abdominales.
– Mantener ambas rodillas sin bloquear. Esto evitará sobrecargar los ligamentos cruzados que ayudan a estabilizar la articulación de la rodilla.
– Si se utilizan los brazos, mantener los codos sin bloquear.
– Mantener los movimientos de los brazos bajo el agua para maximizar la efectividad.
– Asegurarse de que los movimientos de la articulación del hombro están controlados.

Progresiones

– Comenzar con zancadas pequeñas e incrementar a un rango de movimiento mayor, aumentando su longitud.
– Moverse a un ritmo progresivamente más rápido.
– Ejercer una fuerza mayor contra el agua en cada movimiento de la pierna.
– Utilizar los brazos en oposición a las piernas: esto ayudará a mantener el equilibrio e incrementará la intensidad haciendo trabajar a un mayor número de músculos.

Ejercicio 5 • Sentadillas laterales empujando el agua

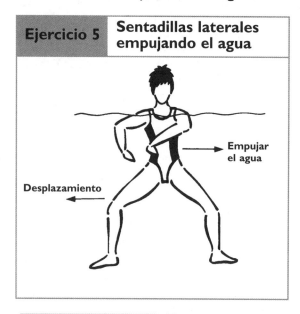

Ejercicio 5	Sentadillas laterales empujando el agua

Empujar el agua

Desplazamiento

Nota

Será más fácil estabilizarse durante este ejercicio si se realiza un número de repeticiones en una dirección y un ejercicio estático (p. ej. Pasos adelante y atrás antes de cambiar de dirección. Esto permite que la turbulencia descienda y ayude al movimiento en la dirección opuesta.

Objetivo

Este ejercicio ayuda, principalmente, a la elevación del pulso y al calentamiento de los músculos. Si se da una zancada amplia en el movimiento de sentadilla habrá algunos beneficios de movilidad para la cadera. Además, la acción de flexión y extensión de la rodilla proporcionará algo de movilización en esta área. Potencialmente, también habrá algunos beneficios de movilidad para las articulaciones del hombro y del codo por empujar el agua fuera de la dirección de desplazamiento deseada (una acción propulsiva para ayudar al movimiento). Los codos han de flexionarse y estirarse durante el movimiento, y horizontalmente

la articulación del hombro. Si se realiza a una intensidad mayor, puede utilizarse con efectividad en la sesión principal para mejorar la puesta en forma cardiovascular.

Posición de comienzo e instrucciones

Adoptar una posición en la que los pies estén separados a la misma distancia que las caderas. Comenzar dando un paso amplio y separando las piernas en sentadilla, al mismo tiempo que se empuja el agua hacia fuera de la dirección de desplazamiento deseada. Esto ayudará al movimiento a través del agua.

Puntos de entrenamiento

– Realizar la sentadilla con las piernas en un rango de movimiento progresivamente mayor, pero moverse sólo hasta el rango que resulte confortable alcanzarlo.
– Mantener las caderas dirigidas hacia delante y evitar el arqueamiento de la región lumbar contrayendo los músculos abdominales.
– Evitar bloquear las rodillas cuando se estiran las piernas.
– Mantener los codos sin bloquear y los brazos bajo el agua para maximizar la efectividad. Asegurarse de que los movimientos de la articulación del hombro están controlados.

Progresiones

– Comenzar con zancadas pequeñas y, progresivamente, incrementar su longitud para aumentar el rango de movimiento.
– Comenzar lentamente y moverse progresivamente a un ritmo más rápido.
– Empujar con más fuerza contra el agua para generar más desplazamiento y un efecto de turbulencia mayor.
– Realizar menos repeticiones del movimiento en la misma dirección; o realizar un pequeño número en una dirección y, a continuación, moverse hacia atrás en la dirección opuesta. Esto maximizará el trabajo contra la resistencia.

Ejercicio 6 • Pala acuática

Ejercicio 6	Pala acuática

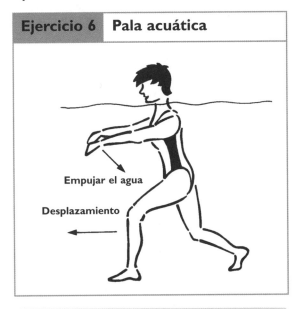

Empujar el agua

Desplazamiento

Nota

Será más fácil estabilizarse durante este ejercicio si se realiza un número de repeticiones en una dirección y un ejercicio estático (p. ej. Saltos abriendo y cerrando piernas antes de cambiar de dirección). Esto permite que la turbulencia descienda y ayude al movimiento en la dirección opuesta.

Objetivo

Este ejercicio ayuda, principalmente, a la elevación del pulso y al calentamiento de los músculos. Si se realiza a una intensidad mayor, puede utilizarse con efectividad en la sesión principal para mejorar la puesta en forma cardiovascular.

Posición de comienzo e instrucciones

Adoptar una posición en la que los pies estén separados a la misma distancia que las caderas. Dar un paso diagonal hacia la esquina derecha de la piscina. Empujar el agua hacia fuera de la dirección de desplazamiento, y arrastrar la pierna a través del agua. Repetir, dando un paso diagonal hacia la esquina izquierda de la piscina.

Realizar estos pasos diagonales alternadamente según el número de repeticiones deseado.

Puntos de entrenamiento

– Dar un paso largo pero confortable.
– Mantener los codos ligeramente flexionados cuando se empuja el agua.
– Mantener las caderas dirigidas hacia delante y evitar el arqueamiento de la región lumbar contrayendo los músculos abdominales.
– Mantener controlados los movimientos de la articulación del hombro.

Progresiones

– Comenzar con zancadas pequeñas y, progresivamente, incrementar su longitud.
– Moverse a un ritmo progresivamente más rápido.
– Ejercer una fuerza mayor al empujar el agua.
– Hacer mayores desplazamientos en el agua aumentando el número de repeticiones.
– Realizar menos repeticiones en la misma dirección y cambiar la dirección del movimiento más rápidamente para incrementar las corrientes de remolino.

Ejercicio 7 • Patadas con desplazamiento

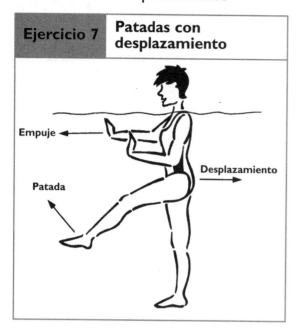

Ejercicio 7	Patadas con desplazamiento

Empuje ←

Desplazamiento →

Patada ↗

Nota

Para realizar este ejercicio y mantener una posición estática, empujar el agua hacia atrás con los brazos mientras las piernas dan patadas hacia delante. Ambos movimientos necesitan realizarse con igual intensidad para evitar desplazamientos indeseados.

Objetivo

Este ejercicio ayuda, principalmente, a la elevación del pulso y al calentamiento de los músculos. Si se practica con una intensidad mayor, puede utilizarse con efectividad para mejorar la puesta en forma cardiovascular.

Posición de comienzo e instrucciones

Adoptar una posición en la que los pies estén separados a la misma distancia que las caderas. Saltar sobre la pierna derecha y, al mismo tiempo, dar una patada al agua hacia delante con la izquierda. Repetir esta acción, saltando sobre la pierna izquierda y dando la patada con la derecha. Cuando de dan las patadas hacia delante debe producirse una acción de desplazamiento hacia atrás.

Puntos de entrenamiento

– Mantener sin bloquear la articulación de la rodilla que soporta el peso.
– Tener cuidado de no bloquear la rodilla cuando la pierna da la patada hacia delante.
– Si se utilizan los brazos para empujar el agua (y desplazarse hacia atrás) o «tirar» del agua (para mantenerse estático), mantener los codos ligeramente flexionados.
– Mantener los brazos bajo el agua para maximizar la utilización de la resistencia del agua.
– Mantener las caderas dirigidas hacia delante y evitar el arqueamiento de la región lumbar dejando los músculos abdominales contraídos.

Progresiones

– Comenzar con un salto pequeño y ejercer poca fuerza al dar la patada y empujar el agua.
– Progresar a un salto mayor y ejercer más fuerza al dar la patada y empujar el agua.
– Hacer mayores desplazamientos hacia atrás en el agua aumentando el número de repeticiones.
– Añadir un rebote hacia fuera del agua y utilizar los brazos forzadamente para empujar el agua.

Ejercicio 8 • Empujón al agua

Ejercicio 8	Empujón al agua

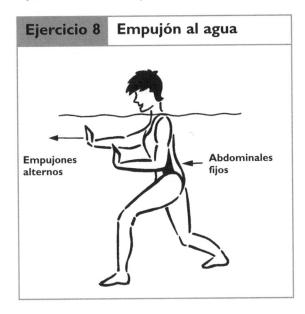

Empujones alternos

Abdominales fijos

Objetivo

Este ejercicio ayuda, principalmente, a la elevación del pulso y al calentamiento de los músculos. Puede contribuir a movilizar la articulación del hombro si se realiza a un ritmo más lento y a través de un rango de movimiento ligeramente mayor. Si se practica con una intensidad mayor, puede utilizarse con efectividad para mejorar la puesta en forma cardiovascular.

Posición de comienzo e instrucciones

Adoptar una posición en la que los pies estén separados a la misma distancia que las caderas, con un pie ligeramente por delante del otro. Utilizar los brazos alternadamente para empujar el agua hacia delante.

Puntos de entrenamiento

– Mantener los codos y las rodillas ligeramente flexionadas a todo lo largo del ejercicio.
– Mantener los brazos bajo el agua para maximizar la utilización de la resistencia del agua.
– Mantener las caderas dirigidas hacia delante y evitar el arqueamiento de la región lumbar dejando contraídos los músculos abdominales.

Progresiones

– Comenzar ejerciendo poca fuerza cuando se empuja el agua.
– Progresar ejerciendo más fuerza para empujar el agua.
– Moverse a un ritmo progresivamente más rápido para incrementar los efectos de elevación del pulso (más lento para mejorar la movilidad articular).
– Alternar la velocidad de los movimientos: rápido, rápido, lento, rápido, rápido, lento; o lento, lento, rápido, rápido, rápido, rápido.

Ejercicio 9 • Trote con elevación de rodillas

Ejercicio 9	Trote con elevación de rodillas

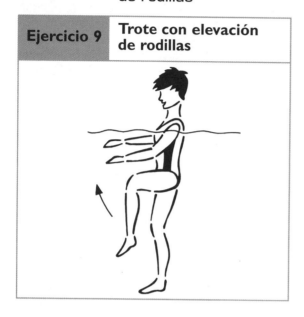

Objetivo

Este ejercicio movilizará la articulación de la cadera y, en menor medida, la del tobillo. Si el movimiento se hace progresivamente a una intensidad mayor, también ayudará al calentamiento de los músculos.

Si se realiza a una intensidad mayor, puede utilizarse en la sesión de entrenamiento principal para mejorar la puesta en forma cardiovascular.

Posición de comienzo e instrucciones

Adoptar una posición en la que los pies estén separados a la misma distancia que las caderas. Comenzar trotando, elevando las rodillas hacia la superficie del agua.

Puntos de entrenamiento

– Asegurarse de que los talones bajan hasta el suelo: esto maximizará el movimiento del tobillo y evitará calambres en los músculos de la pantorrilla.
– Elevar las rodillas a la superficie del agua, pero moverse solamente hasta un rango que resulte confortable.
– Mantener sin bloquear la rodilla que soporta el peso.
– Si se utilizan los brazos, asegurarse de que los codos permanecen sin bloquearse.

Progresiones

– Comenzar con un rango de movimiento más pequeño y avanzar a un rango completo en el que las rodillas se eleven hacia la superficie del agua.
– Extender las rodillas para elongar los músculos flexores de la pierna.

¿Por qué es necesario enfriar después de una sesión de entrenamiento en el agua?

Necesitamos enfriar o volver a la calma después de la sesión de entrenamiento principal para que todos los sistemas orgánicos vuelvan a su estado previo al ejercicio. Por lo tanto, es esencial dedicar un tiempo adecuado para el enfriamiento. Al final del enfriamiento debemos sentirnos refrescados, rejuvenecidos y motivados para volver; de modo que es necesario seleccionar los ejercicios apropiados y correctos. Este capítulo detalla qué debe sucederle al organismo durante este componente concluyente de la sesión (las respuestas fisiológicas a corto plazo), y también indica cómo diseñar un enfriamiento seguro y efectivo.

¿Qué tipo de ejercicios debe contener el enfriamiento?

La vuelta a la calma debe incluir ejercicios que devuelvan al organismo a su estado previo al ejercicio. Debe contener los ejercicios que con-

sigan los efectos deseados que se reseñan en la tabla 7.1.

¿Qué tipos de ejercicios son adecuados para bajar el pulso y volver a la calma?

Los ejercicios que, progresiva y gradualmente, reduzcan la intensidad de las actividades realizadas durante la sesión de entrenamiento principal, disminuirán con efectividad el latido cardíaco, el ritmo respiratorio y la temperatura corporal. Esto puede conseguirse fácilmente comenzando el enfriamiento con movimientos grandes, que continúen la intensidad de la sesión principal, y haciendo cada ejercicio gradualmente menos intenso. Reduciendo progresivamente la velocidad de los ejercicios, realizándolos con palancas más cortas, y moviéndose a través de rangos de movimiento más pequeños, se bajará la intensidad de cada movimiento. Sin embargo, debe tenerse cuidado de no reducirla demasiado rápido: ello daría al corazón poco tiempo para adaptarse y

Tabla 7.1	Reseña de los efectos deseados del enfriamiento sobre el organismo

Los ejercicios de vuelta a la calma deben caracterizarse por lo siguiente:
- Deben devolver y bajar gradualmente el latido cardíaco al nivel previo al ejercicio. Esto reduce el estrés sobre el músculo cardíaco. También estimula el retorno de la sangre venosa al corazón y disminuye el riesgo de estancamiento sanguíneo. Esto puede lograrse mediante ejercicios de **bajada del pulso/enfriamiento**.
- Deben elongar los músculos a su estado normal. Esto mantendrá la flexibilidad y el rango de movimiento de los músculos y articulaciones, y puede lograrse mediante **estiramientos de mantenimiento**.
- Deben incrementar la longitud de los músculos. Lo cual aumentará la flexibilidad y el rango de movimiento de las articulaciones y músculos, y puede lograrse mediante **estiramientos de desarrollo**.
- Deben relajar el cuerpo y la mente. Con lo que se ayudará a reducir el estrés y favorecerá un sentimiento de serenidad, y puede lograrse mediante técnicas específicas de **relajación**.
- Deben revitalizar el cuerpo y la mente. Esto hará que el cuerpo se sienta rejuvenecido y preparado para volver a las actividades normales, y puede lograrse mediante ejercicios suaves de **removilización**.

puede ser muy estresante y potencialmente peligroso. Siempre es aconsejable disminuir gradualmente.

Las propiedades físicas del agua ayudan en los procesos de enfriamiento. En primer lugar, la presión hidrostática estimulará una mayor circulación de la sangre al corazón y al cerebro. Por lo tanto, el músculo cardíaco tendrá alguna ayuda con el retorno de la sangre venosa durante la fase de enfriamiento, con lo que se reduce algo el estrés sobre el corazón y disminuye el riesgo de mareo y desmayo que pueden ocurrir si la sangre se estanca en las extremidades inferiores. Además, la temperatura del agua favorecerá un mayor enfriamiento del cuerpo. Como consecuencia, este período puede ser ligeramente más corto y la intensidad puede disminuir a un ritmo ligeramente más rápido del que sería seguro conseguir en tierra. Sin embargo, es esencial no permitir que la temperatura corporal descienda bruscamente. Así, mientras la intensidad debe reducirse, un número suficiente de movimientos a intensidad moderada necesita continuar durante el componente global de enfriamiento. Así se ayuda al mantenimiento de una temperatura confortable y asegurará que el organismo permanece suficientemente caliente para estirar de manera segura.

¿Cómo se modificarán los ejercicios de descenso del pulso y de enfriamiento para los diferentes grupos?

Aunque los participantes con baja forma física y los grupos especiales estarán trabajando a una intensidad relativamente baja en la sesión de entrenamiento principal, necesitarán emplear una vuelta a la calma ligeramente más prolongada debido a que su organismo tarda más tiempo en recuperarse de las demandas de la sesión. Por lo tanto, la intensidad a la que comience el enfriamiento para un grupo con peor forma necesita ser menor y emplear más tiempo en disminuir la intensidad.

Los grupos en mejor forma física trabajarán a una intensidad más alta en la sesión principal pero, a pesar de esto, pueden enfriar a un ritmo más rápido porque sus sistemas orgánicos son más eficientes. Por lo tanto, la intensidad del enfriamiento para un grupo de estas características puede comenzar a un nivel mucho más elevado y disminuir más rápidamente. La intensidad de los movimientos de calentamiento, si se mantienen a lo largo del resto de la sesión de trabajo, necesitará ser relativamente más alta y más intensa para mantenerse suficientemente calientes.

¿Qué tipos de ejercicios son adecuados para estirar los músculos?

Los ejercicios que permiten a los músculos relajarse y elongarse son apropiados aquí. Se logra realizando una combinación de los mismos estiramientos estáticos o de movimiento que se utilizan para el estiramiento preparatorio (calentamiento), explicado en el Capítulo 6. Ambos tipos de estiramiento satisfarán el requerimiento principal del estiramiento post sesión de entrenamiento, que es elongar los músculos después de trabajarlos y mantener su rango de movimiento. Sin embargo, si se utilizan estiramientos estáticos, es aconsejable realizar movimientos de calentamiento entre cada estiramiento para mantener el cuerpo suficientemente caliente. Los estiramientos de movimiento tienden a ser más efectivos para mantener una temperatura corporal confortable, especialmente cuando se trabaja en piscinas con temperaturas más frías.

Para mejorar la flexibilidad, los estiramientos de desarrollo necesitan ser incluidos en el enfriamiento. Estos estiramientos son aquellos en los que el músculo se estira hasta un punto en el que se experimenta una tensión media y se mantiene. Cuando dicha tensión cesa, los músculos pueden elongarse un poco más, moviéndose en un rango mayor. Este proceso puede repetirse unas cuantas veces, moviéndose incluso más allá del punto de tensión cada vez que ésta desaparece. Una vez que se consigue un confortable, pero amplio, rango de movimiento, el estiramiento debe mantenerse durante tanto tiempo como resulte cómodo. Esto estimulará la consecución de un mayor rango. Sin embargo, en una sesión acuática es improbable que el cuerpo sea capaz de mantener suficiente calentamiento para incluir estiramientos de desarrollo, y la turbulencia del agua puede hacer más difícil mantener el equilibrio y las posiciones de manera confortable. Por lo tanto, estos estiramientos sólo son recomendados si se seleccionan posiciones cómodas, y si el organismo está muy caliente. En la mayoría de casos, es aconsejable que la mayor parte de los estiramientos postentrenamiento se empleen para el mantenimiento de la flexibilidad.

¿Qué músculos necesitan estirarse después de la sesión de entrenamiento principal?

Todos los músculos necesitarán estirarse y elongarse después de trabajar, así que deben incluirse estiramientos para todos los músculos utilizados en la sesión principal. Las posiciones de estiramiento ilustradas al final de este capítulo pueden utilizarse tanto pre como postsesión de trabajo. Sin embargo, generalmente es aconsejable practicar los estiramientos postsesión algo menos enérgicamente y ser menos activos, haciendo los movimientos entre estiramientos más lentos, más fluidos y más relajados. Así se ayudará a reducir la cantidad de tensión física en el cuerpo, lo cual hará más fácil alcanzar los objetivos del enfriamiento.

Si la sesión principal de entrenamiento es muy intensa, puede ser efectivo incluir estiramientos extras para los músculos que han trabajado más duro. Sin embargo, el nivel de actividad y el número de estiramientos incluidos también dependerá de la temperatura del agua. Si es más fría, es recomendable mantener el enfriamiento más activo y priorizar el número de estiramientos.

¿Qué tipos de ejercicios son los apropiados para relajar el cuerpo y la mente?

Los ejercicios que no requieren excesivo trabajo muscular, y las actividades que permiten a la mente relajarse, son muy efectivos para alcanzar un estado de relajación. Hay varias técnicas de relajación tradicionales en terreno seco que pueden utilizarse. Éstas incluyen el método de tensión y relajación, el de extensión y relajación, y el de visualización. Cada método puede ser igual de efectivo, de modo que es aconsejable utilizar varias de estas técnicas.

Tensión y relajación

Esta técnica se basa en conseguir tensar los músculos de un área corporal específica, manteniendo durante un corto período de tiempo y, a continuación, liberando la tensión y permitiendo al área relajarse. Por ejemplo, la flexión del pie, de modo que la punta se dirija hacia la rodilla, tensará el músculo de la cara anterior de la espinilla (tibial anterior) y relajará los músculos de la pantorrilla (gemelos y sóleo). Es preferible trabajar cada parte individual del cuerpo que tensar todo el cuerpo. En algunos casos, esto último pudiera hacerle sentir más tenso.

Extensión y relajación

En este caso se extienden los músculos de un área corporal específica, manteniendo la posición durante poco tiempo y, a continuación, se relajan. Por ejemplo, en una posición cómoda, hiperextender el pie, mantener la posición y, a continuación, liberarla.

Visualización

Esta técnica se consigue visualizando mentalmente una situación o lugar donde uno se sienta siempre relajado. No se recomienda ningún escenario concreto porque cada persona reaccionará de manera distinta en diferentes entornos.

Por último, la conveniencia de las técnicas de relajación específicas dependerá de la temperatura

Figura 7.1(a) Relajación en grupo

Nota

Debe haber un cierto número de participantes para esta actividad. El grupo pondrá los brazos en círculo, cada segunda persona se tumbará y flotará, siendo sujetada por los demás miembros del grupo. Los que están de pie pueden caminar lentamente en círculo.

Figura 7.1(b) Relajación con un compañero

Nota

Un compañero soportará el peso del otro colocando una mano entre los omoplatos y la otra en la base de la región lumbar. A continuación, pueden moverse por la piscina en cualquier dirección.

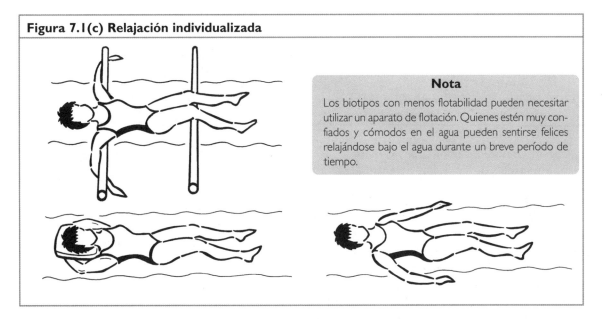

Figura 7.1(c) Relajación individualizada

Nota

Los biotipos con menos flotabilidad pueden necesitar utilizar un aparato de flotación. Quienes estén muy confiados y cómodos en el agua pueden sentirse felices relajándose bajo el agua durante un breve período de tiempo.

de la piscina. En una más caliente, puede emplearse más tiempo en relajación y ser muy terapéutico. Las actividades de relajación no son adecuadas en las piscinas más frías. Tres posiciones para relajarse en el agua se ilustran en la figura 7.1.

¿Cómo se modificarán los ejercicios de relajación para diferentes grupos?

Es posible que ninguna de las posiciones ilustradas sea relajante para aquellos que se ponen nerviosos en el agua. Por lo tanto, es aconsejable proporcionarles equipamiento para ayudar a su flotación, y que les acompañe un nadador experto para hacer que se sientan más cómodos. Algunas piscinas tienen bordes muy superficiales, o escalones de entrada gradual en la piscina: esto es ideal para los menos confiados. Pueden sentarse o tumbarse en esta zona de agua poco profunda y relajarse más fácilmente.

¿Qué tipos de ejercicios son apropiados para revitalizar el cuerpo?

Al final de la sesión, los participantes deben acabar sintiéndose refrescados, suficientemente calientes y motivados para volver a una nueva sesión. Por lo tanto, las versiones de baja intensidad de los ejercicios ilustrados al final del Capítulo 6, que se utilizan para calentar, pueden ser adecuados para removilizar el cuerpo. Pueden ser también bastante efectivos para preparar una secuencia divertida con la que finalizar la sesión. Esta aproximación para revitalizar suele funcionar con mayor efectividad en el agua que en tierra. Sin embargo, es aconsejable hacer los movimientos ligeramente menos enérgicos en esta fase de la sesión: el objetivo no es preparar al organismo para una sesión de entrenamiento sino prepararlo para volver a la vida diaria.

¿Cuánto tiempo debe emplearse en la revitalización?

Si se emplea mucho tiempo en los ejercicios específicos de relajación y en los estiramientos estáticos, entonces será necesario emplear también un mayor tiempo para revitalizar el cuerpo. Sin embargo, en la mayoría de los casos, los ejercicios que tienen un efecto revitalizador sobre el organismo necesitan mantenerse a través del componente completo para mantener el calentamiento. Si éste es el caso, no será necesario ocupar mayor tiempo para estas actividades concretas.

¿Qué otros factores afectarán al tiempo global y a la intensidad del enfriamiento?

– La temperatura de la piscina y del aire.
– La intensidad de la sesión de entrenamiento principal.
– La edad y capacidad de los participantes.

El organismo se enfriará mucho más rápido cuando la temperatura de la piscina y del aire sea más fría. Por lo tanto, el enfriamiento necesitará mantenerse menos tiempo y, comparativamente, ser más activo en las piscinas más frías. Esto puede conseguirse utilizando menos movimientos estáticos (estiramientos estáticos y ejercicios de relajación) y más movimientos activos (estiramientos de movimiento, movilidad y actividades suaves de elevación del pulso).

Si la intensidad de la sesión principal es relativamente alta, entonces se necesitará emplear un período de tiempo más largo para disminuir la intensidad. Si la sesión precedente incluyó una alta proporción de actividades cardiovasculares, será necesario comenzar a una intensidad elevada y disminuir progresivamente, si contuvo una proporción más alta de actividades de fuerza y resistencia muscular, entonces el enfriamiento no necesitará comenzar a tan alta intensidad, y será necesario menos tiempo para reducirla. Por supuesto, actividades de fuerza y resistencia muscular algo menos intensas pueden tener un efecto de enfriamiento sobre el organismo. Por lo tanto, en lugar de enfriar, puede ser necesario recalentar el cuerpo antes de los estiramientos post ejercicio.

Los participantes menos en forma y los grupos especiales necesitarán emplear ligeramente más tiempo de enfriamiento. Sin embargo, el tiempo global puede ser comparativamente más corto del que les resultaría necesario para enfriar des-

Resumen de cómo el agua afecta al contenido y estructura del enfriamiento

• La **Presión hidrostática** tendrá un efecto de disminución del latido cardíaco y también ayudará a la circulación de la sangre. Esto permite que la intensidad del enfriamiento sea ligeramente más alta de la que sería adecuada en tierra. También permite una disminución más rápida de la intensidad, de modo que la duración del enfriamiento puede ser ligeramente más corta.

• La **Flotabilidad** proporciona soporte al peso corporal. Lo cual permite realizar una mayor proporción de movimientos de salto durante el enfriamiento sin colocar a las articulaciones bajo un estrés innecesario. También proporcionará soporte para los ejercicios de estiramiento y permitirá realizarlos con relativa facilidad, de modo que los músculos pueden ser estirados más confortablemente a través de un rango de movimiento mayor.

• La **Resistencia** forzará a todos los movimientos a ser más lentos que en tierra, con menos cambios rápidos de dirección. Esta resistencia al movimiento evita que el final del rango de movimiento se alcance demasiado rápido. Por lo tanto, los estiramientos de movilidad son mucho más seguros que en tierra. Además, el rango de movimiento de los estiramientos que requieren un brazo de palanca y área de superficie completos de las extremidades para empujar el agua, tendrá un efecto de calentamiento sobre el organismo.

• La **Temperatura** del agua y del aire enfriarán el cuerpo más rápidamente. Por lo tanto, el ritmo y la intensidad del componente global pueden ser menores. Además, serán necesarios más movimientos activos para mantenerse calientes. Todas las actividades de relajación y estiramientos de desarrollo deben hacerse sólo en las piscinas con temperaturas más calientes.

Normas para planificar el enfriamiento

Hablando en términos generales, para todos los grupos, el enfriamiento puede ser ligeramente más corto de lo que tendría que ser en tierra. Sin embargo, la inclusión de movimientos de calentamiento específicos para mantener una temperatura corporal confortable será esencial para prevenir un enfriamiento excesivo.

- Comenzar con ejercicios de mayor intensidad y, gradualmente, disminuir el rango de movimiento y la intensidad de los movimientos. Lo cual se logra reduciendo progresivamente la longitud y el área de superficie de las palancas que se mueven, moviéndose a un ritmo progresivamente más lento, y ejerciendo menos fuerza contra el agua.
- Incluir un número suficiente de movimientos de calentamiento (actividades de elevación del pulso de intensidad moderada) a todo lo largo del enfriamiento. Esto ayudará a mantener una temperatura confortable durante todo el componente.
- Si se utilizan estiramientos estáticos, asegurarse de que se intercalen entre series de movimientos que eleven el pulso. Esto asegurará que el cuerpo se mantiene suficientemente caliente para estirar.
- Incorporar, cuando sea posible, una mayor proporción de estiramientos de rango de movilidad completo (estiramientos de movimiento) para mantener la flexibilidad. Esto ayudará a mantener una temperatura confortable.
- Incluir solamente estiramientos de desarrollo si la temperatura de la piscina es suficientemente caliente, y sólo si se puede mantener una posición estable.
- Incluir solamente ejercicios de relajación específicos si la temperatura de la piscina es suficientemente caliente.

- Para la removilización, utilizar ejercicios de rango de movimiento mayor que requieran unas palancas más largas para arrastrar el agua. Esto ayudará a mantener el calentamiento.

pués de una sesión de entrenamiento en tierra. Los grupos con mejor forma física pueden también enfriar mucho más rápidamente en el agua porque las propiedades de ésta ayudan al proceso global de enfriamiento.

¿Cómo debe estructurarse el enfriamiento para una sesión en el agua?

El componente de enfriamiento debe estructurarse en cuatro fases.

1. Ejercicios de enfriamiento/descenso del pulso.
2. Estiramientos post sesión de entrenamiento: de mantenimiento y de desarrollo.
3. Relajación.
4. Removilización.

Las adaptaciones necesarias del contenido e intensidad de cada fase, para diferentes niveles de puesta en forma y distintos entornos, se han expuesto a lo largo de este capítulo.

Ejercicios de estiramiento

> **Nota**
>
> Las posiciones que se ilustran son apropiadas para los estiramientos preparatorios y post entrenamiento. La posición de comienzo e instrucciones se proporcionan tanto para los estiramientos de movimiento como estáticos.

Ejercicio 1 • Estiramiento de la cara posterior del muslo

Ejercicio 1	**Estiramiento de la cara posterior del muslo**

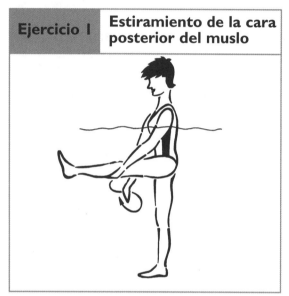

> **Nota**
>
> Utilizar un movimiento de remo del brazo, o apoyarlo sobre el borde de la piscina para ayudar a equilibrarse.

Objetivo

Este ejercicio elonga y estira los músculos flexores de la pierna –en la cara posterior del muslo–, y también los músculos de las nalgas (los glúteos).

Posición de comienzo e instrucciones

Equilibrarse sobre una pierna. Permitir que la pierna contraria flote hacia la superficie del agua. Utilizar la mano para sostener la pierna y alcanzar un mayor rango de movimiento. Para realizar un estiramiento de movimiento, permitir a la pierna flotar hasta un punto en el que se sienta una tensión media, liberar el estiramiento y repetir. Alternativamente, saltar suavemente de una pierna a otra, permitiendo que cada pierna, a su vez, flote a través del agua hacia la superficie para conseguir un rango de movimiento progresivamente mayor.

Puntos de entrenamiento

- Mantener sin bloquear la articulación de la rodilla que soporta el peso.
- Levantar la pierna solamente hasta un punto en el que se sienta una tensión media en la cara posterior del muslo.
- Mantener el movimiento de remo del brazo bajo el agua con el codo ligeramente flexionado.
- Mantener las caderas dirigidas hacia delante y evitar el arqueamiento de la región lumbar.
- Procurar mantener extendida la articulación de la rodilla de la pierna estirada, pero sin bloquear.

Progresiones

- Comenzar con un rango de movimiento pequeño sin levantar la pierna demasiado.
- Progresar levantando la pierna más arriba y más cerca de la superficie del agua.
- A personas con mayor flexibilidad puede resultarles confortable elevar la pierna hasta fuera del agua.
- La gente muy flexible puede preferir descansar la pierna sobre la pared de la piscina o sobre el canalillo de desagüe y flexionar el cuerpo hacia delante, por encima de la pierna, para conseguir un mayor estiramiento.

Ejercicio 2 • Estiramiento de la cara anterior del muslo

Ejercicio 2	Estiramiento de la cara anterior del muslo

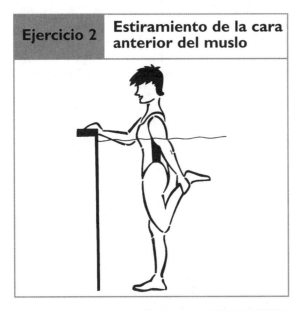

Nota

Utilizar un movimiento de remo del brazo, o apoyarlo sobre el borde de la piscina para ayudar a equilibrarse.

Objetivo

Este ejercicio elonga y estira los músculos cuádriceps de la cara anterior del muslo. Si las caderas se basculan hacia delante, se estirarán también los músculos flexores de la cadera (el psoas ilíaco).

Posición de comienzo e instrucciones

– Equilibrarse sobre una pierna. Elevar el talón de la pierna contraria hacia la altura de las nalgas. Utilizar la mano para sostener la pierna y alcanzar un rango de movimiento mayor. Para realizar un estiramiento de movimiento, las piernas pueden flotar alternativamente hacia las nalgas, consiguiendo un rango de movimiento más completo cada vez. Una pierna puede estirarse a un tiempo elevándola hacia las nalgas, deshacer el estiramiento y repetir.

Puntos de entrenamiento

– Mantener sin bloquear la articulación de la rodilla de soporte.
– Levantar la pierna solamente hasta un punto en el que se sienta una tensión media en la cara anterior del muslo: no sobreflexionar la rodilla.
– Mantener el brazo remando bajo el agua con el codo ligeramente flexionado.
– Mantener las caderas dirigidas hacia delante y evitar el arqueamiento de la región lumbar contrayendo los músculos abdominales.
– Levantar el talón hacia el centro de la nalga. Evitar llevar el talón hacia fuera de las nalgas porque estresaría a los ligamentos de la cara interna de la rodilla.
– Bascular las caderas ligeramente hacia delante.
– Mantener ambas rodillas alineadas una con otra.

Progresiones

– Comenzar con un rango de movimiento pequeño sin levantar la pierna demasiado.
– Mantener la rodilla de la pierna estirada ligeramente por delante de la rodilla contraria para disminuir el estiramiento.
– Progresivamente, levantar el talón más cerca de las nalgas para conseguir un rango de movimiento mayor.
– Bascular las caderas hacia delante para incrementar ligeramente el estiramiento.
– Llevar la rodilla de la pierna estirada ligeramente hacia atrás, de modo que se coloque al lado pero ligeramente por detrás de la rodilla opuesta para incrementar el estiramiento.

Ejercicio 3 • Estiramiento de la pantorrilla

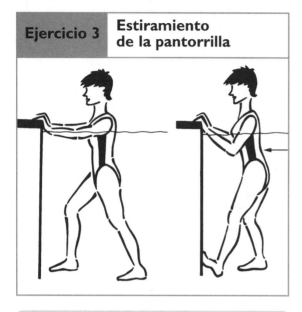

Ejercicio 3	Estiramiento de la pantorrilla

Nota

Mantener el talón de la pierna estirada sobre el suelo de la piscina y elevar la punta del pie hacia arriba, colocando la planta del antepié contra la pared de la piscina.

Objetivo

Este ejercicio elonga y estira los músculos gemelos y sóleo de la cara posterior de la pierna.

Posición de comienzo e instrucciones

Sujetarse a la pared de la piscina con ambas manos. Mantener un pie en el suelo de la piscina para equilibrarse.

Mantener el talón de la pierna contraria sobre el suelo de la piscina y levantar la planta del antepié del suelo y apoyarla contra la pared. Utilizar los brazos para acercar el cuerpo a la pared y conseguir un mayor estiramiento de los músculos de la pantorrilla. La posición ilustrada no es muy apropiada para realizar un estiramiento en movimiento. Moverse hacia dentro y hacia fuera de la posición tendrá poco efecto de calentamiento sobre el músculo. Por lo tanto, un estiramiento estático en esta posición es más apropiado y más rápido. Un estiramiento en movimiento alternativo es realizar Pasos adelante y atrás muy lentos y controlados (ilustrado en el Capítulo 6) que avance progresivamente a un rango de movimiento mayor y estimulará al talón de la pierna atrasada a extenderse suavemente, hacia el suelo de la piscina. Tener cuidado de no forzar el talón hacia abajo, y el ejercicio debe realizarse a un nivel de agua suficientemente profundo para maximizar el soporte que proporciona el agua.

Puntos de entrenamiento

– Mantener sin bloquear la articulación de la rodilla de ambas piernas.
– Elevar la planta del antepié solamente hasta un punto en el que se sienta una tensión media en la pantorrilla.
– Mantener las caderas dirigidas hacia delante y evitar el arqueamiento de la región lumbar contrayendo los músculos de las nalgas.

Progresiones

– Para un rango de movimiento más pequeño, colocar el pie a una corta distancia de la pared sin facilitar que el cuerpo se acerque mucho a ella.
– Levantar la punta del pie más arriba para conseguir un rango de movimiento mayor.
– Utilizar los brazos para llevar el cuerpo más cerca de la pared con el fin de conseguir un rango de movimiento mayor.

Ejercicio 4 • Estiramiento de la cara interna del muslo

Ejercicio 4	Estiramiento de la cara interna del muslo

Nota

Utilizar un movimiento de remo del brazo, o apoyarse sobre el borde de la piscina para ayudar a equilibrarse.

Objetivo

Este ejercicio elonga y estira los músculos aductores en la cara interna del muslo.

Posición de comienzo e instrucciones

Equilibrarse sobre una pierna. Permitir a la otra pierna elevarse y flotar hacia el costado del cuerpo.

Utilizar la mano para girar la rodilla más hacia fuera. Para realizarlo como un estiramiento en movimiento, moverse suavemente hacia dentro y hacia fuera de la posición unas cuantas veces, pero sólo hasta un punto en el que se experimente una tensión media. Alternativamente, realizar una versión muy lenta y de baja intensidad del ejercicio Patadas laterales ilustrado en el Capítulo 8, para mover los músculos aductores a través de su rango de movimiento.

Puntos de entrenamiento

– Mantener sin bloquear la articulación de la rodilla de la pierna que soporta el peso.
– Levantar la pierna solamente hasta un punto en el que se sienta una tensión media en la cara interna del muslo e ingle.
– Mantener las caderas dirigidas hacia delante y evitar el arqueamiento de la región lumbar contrayendo los músculos de las nalgas.
– Mantener el brazo que rema por debajo del agua y el codo suelto.

Progresiones

– Comenzar con un rango de movimiento más pequeño levantando la pierna a una altura más baja y sin girar la pierna hacia fuera en exceso.
– Progresar levantando la rodilla más arriba y rotando más la cadera hacia fuera para conseguir un rango de movimiento mayor.
– Realizar el estiramiento de cara al borde de la piscina, apoyar un pie en el canalillo de la piscina o contra la pared, y facilitar que el cuerpo se acerque más a la pared, incrementará el estiramiento para aquellos que son muy flexibles.

Ejercicio 5 • Estiramiento lateral

Ejercicio 5	Estiramiento lateral

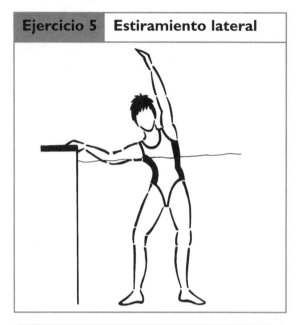

Nota

No es tan seguro realizar la posición ilustrada como un estiramiento en movimiento porque el brazo y los músculos que se están estirando pueden colocarse fuera del agua, y se verán afectados por la gravedad. Además, moverse en esta posición tendrá poco efecto en el mantenimiento de una temperatura confortable. Es más seguro realizarlo estáticamente. La única excepción sería para aquéllos con suficiente conciencia corporal como para mantener el control necesario que asegure que no se excede el rango de movimiento y no se produce un estiramiento balístico.

Objetivo

Este ejercicio elonga y estira los músculos laterales del abdomen y de la espalda (oblicuos y dorsal ancho).

Posición de comienzo e instrucciones

De pie al lado del borde de la piscina, con los pies separados una distancia equivalente a 1,5 veces la distancia entre las caderas. Sujetarse al borde de la piscina con la mano más próxima a la pared. Levantar el otro brazo hacia arriba y flexionarse ligeramente hacia el costado.

Puntos de entrenamiento

– Mantener la articulación de la rodilla de ambas piernas ligeramente flexionadas.
– Centrarse en llevar el peso hacia arriba, y estirar hasta un punto en el que se sienta una tensión media en los costados del tronco.
– Mantener las caderas dirigidas hacia delante y evitar el arqueamiento de la región lumbar manteniendo los músculos de las nalgas contraídos.
– Cuando se flexiona lateralmente, mover el cuerpo en una línea recta y no inclinarse demasiado hacia delante o hacia atrás.
– Elevar la caja torácica hacia arriba y crear un hueco entre la pelvis y las costillas antes de flexionarse lateralmente.

Progresiones

– Comenzar solamente alzando el brazo hacia arriba y sin flexionarlo por encima del costado.
– Progresar elevando el brazo más alto y flexionando ligeramente más para conseguir un rango de movimiento mayor.
– Aquéllos con mayor flexibilidad pueden alcanzar y tocar el borde de la piscina con el brazo que se está estirando hacia arriba, pero debe mantenerse el alineamiento correcto de la columna vertebral.

Ejercicio 6 • Estiramiento de la cara posterior del brazo

Ejercicio 6	Estiramiento de la cara posterior del brazo

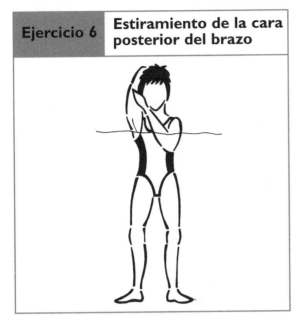

Objetivo

Este ejercicio elonga y estira el músculo tríceps de la cara posterior del brazo.

Posición de comienzo e instrucciones

Adoptar una posición de pies ligeramente separados. Colocar una mano sobre el hombro o en el centro de la espalda, y utilizar el brazo contrario para empujar al que está elevado y estirarlo más allá. La posición ilustrada es menos efectiva para calentar los músculos cuando se realiza como un estiramiento en movimiento. Para un más efectivo estiramiento de esta clase, realizar movimientos lentos de flexión y de estiramiento del codo, con los brazos a la altura de los hombros, los brazos bajo el agua y las palmas de las manos moviéndose hacia fuera del pecho. Permitir que la flotabilidad del agua ayude al movimiento.

Puntos de entrenamiento

- Mantener la articulación de la rodilla de ambas piernas ligeramente flexionadas.
- Mantener las caderas dirigidas hacia delante y evitar el arqueamiento de la región lumbar contrayendo los músculos de las nalgas.
- Estirar solamente hasta un punto en el que se sienta una tensión media.

Progresiones

- Comenzar con la mano sobre el hombro. Llevar este brazo ligeramente hacia atrás utilizando el otro brazo.
- Progresar colocando la palma de la mano en el centro de la espalda y utilizar el otro brazo para llevar más allá la posición.
- Progresar más llevando el otro brazo por detrás de la espalda en una posición de «medio Nelson» e intentar alcanzar con los dedos el brazo estirado. Esto estirará la porción anterior del músculo deltoides del otro brazo.

Ejercicio 7 • Estiramiento del pecho y del centro de la espalda

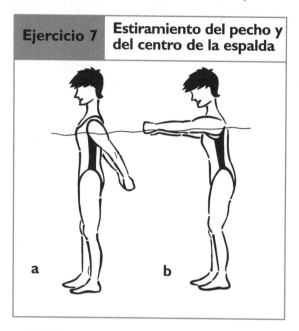

Ejercicio 7	Estiramiento del pecho y del centro de la espalda

Objetivo

La posición (a) elonga y estira los músculos del pecho (los pectorales). La posición (b) estira los músculos del centro de la espalda (los trapecios).

Posición de comienzo e instrucciones

Adoptar una posición de los pies ligeramente separados. Para realizarlo como un estiramiento de movimiento, permitir que los brazos floten hacia fuera de los costados del cuerpo y hacia la superficie de la piscina. Mover los brazos lentamente hacia delante a través del agua, haciendo una ligera flexión anterior de los hombros y del cuello para sentir una tensión media en el centro de la espalda y en la nuca. Invertir el movimiento, llevando los brazos hacia atrás a través del agua tan lejos como sea posible, levantando el pecho hacia arriba y hacia delante para estirar los músculos del pecho. Para realizarlo como un estiramiento estático, parar el movimiento y mantenerlo.

Puntos de entrenamiento

– Mantener las rodillas y los codos ligeramente flexionados.
– Mantener el movimiento lento y controlado y permitir que los brazos se desplacen a través del agua.
– Mantener los brazos bajo del agua.
– Mantener las caderas dirigidas hacia delante y evitar el arqueamiento de la región lumbar contrayendo los músculos de las nalgas.

Progresiones

– Comenzar con un rango de movimiento pequeño.
– Mover los brazos a través de un rango de movimiento progresivamente mayor.
– Llevar los brazos por delante, rodeando el cuerpo, hasta tocarse las manos por detrás de la espalda (abrazándose a sí mismo) incrementará el estiramiento del trapecio.
– Llevar los brazos más hacia atrás, permitir que las manos toquen las nalgas, y aproximar los omoplatos juntos, incrementará el estiramiento de los pectorales.

EL DISEÑO DEL PROGRAMA DE ENTRENAMIENTO CARDIOVASCULAR

¿Cómo debe estructurarse una sesión completa?

Existen diferentes aproximaciones al entrenamiento cardiovascular en el agua. Caminar en el agua, el entrenamiento de step en el agua y entrenar en agua profunda son algunas de ellas. La estructura de estas sesiones específicas deben seguir los mismos formatos independientemente de la aproximación que se adopte. Un calentamiento y estiramiento deben preceder a la sesión de entrenamiento principal, y los ejercicios de vuelta a la calma deberían concluirla. Una estructura apropiada se reseña en la tabla 8.1.

Sin embargo, los ejercicios seleccionados necesitarán adaptarse a cada aproximación diferente.

Para mejorar la puesta en forma del corazón, pulmones y sistema circulatorio, las actividades seleccionadas para la sesión de entrenamiento principal deben realizarse a un nivel más alto de intensidad y generar una sensación de fatiga respiratoria de tipo medio.

Este capítulo indica cómo estructurar un componente específico para conseguir un entrenamiento cardiovascular seguro y efectivo en una sesión de ejercicio en el agua. Además, se ilustran varios ejercicios que pueden realizarse cuando se ejercita en agua profunda. Un rango de ejercicios para el entrenamiento de step en el agua se ilustra en el Capítulo 9.

Tabla 8.1	La estructura de una sesión para entrenar la puesta en forma cardiovascular

Para entrenar específicamente la mejora de la puesta en forma cardiovascular, la sesión debe comprender los siguientes componentes.

Calentamiento
- Movilidad y actividades de elevación del pulso.
- Estiramientos preparatorios.

Sesión principal (1): entrenamiento cardiovascular (esencial)
- Recalentamiento para elevar la intensidad.
- Mantenimiento de la intensidad a un nivel adecuado.
- Vuelta a la calma para disminuir la intensidad y estimular el retorno venoso.

Sesión principal (2): entrenamiento de fuerza y resistencia musculares (opcional)
- Ejercicios específicos de tonificación para los músculos en los que no se ha centrado la sesión principal.

Enfriamiento o vuelta a la calma
- Estiramientos post entrenamiento.
- Actividades de relajación (opcional).
- Removilización.

Nota: si se incluyen ejercicios de fuerza y resistencia muscular, la sesión seguirá el formato tradicional y se entrenarán todos los componentes de la puesta en forma.

¿Qué actividades son apropiadas para recalentar el cuerpo e incrementar la intensidad del entrenamiento cardiovascular?

El componente de recalentamiento debe comenzar con versiones menos intensas de las actividades que se van a realizar en el componente principal. La intensidad de cada ejercicio necesitará entonces avanzar progresivamente al nivel deseado. Esto se puede lograr comenzando con movimientos relativamente más pequeños e incrementando gradualmente la estructura del movimiento. Mover el centro de gravedad/flotabilidad progresivamente, hacia arriba, hacia abajo, o en desplazamiento, son métodos de aumentar la intensidad para mejorar la puesta en forma cardiovascular. Incrementar la longitud de las palancas que se mueven (los brazos y las piernas), la velocidad del movimiento y la fuerza ejercida contra el agua, es también muy efectivo.

¿Qué factores afectarán a la proporción con que puede incrementarse la intensidad?

La proporción a la que la intensidad puede progresar dependerá fundamentalmente de la puesta en forma de los participantes. Por lo general, los que estén en baja forma y los grupos especiales necesitarán algo más de tiempo del que requerirán los grupos en mejor forma. Sin embargo, para todos ellos, la intensidad puede desarrollarse a un ritmo ligeramente más rápido del que sería el adecuado en tierra. Esto es debido a los efectos de la presión hidrostática sobre el organismo. Esta presión estimula la circulación de la sangre y tiene un efecto de disminución sobre el latido cardíaco. Por lo tanto, tiende a favorecer una utilización más efectiva del sistema energético aeróbico.

La graduación progresiva de este componente también dependerá de la intensidad mantenida durante el componente de estiramiento preparatorio. Si el cuerpo se mantiene completamente activo, y la intensidad se mantiene a un nivel razonable a todo lo largo de este componente, entonces es improbable que se necesite emplear mucho tiempo en el recalentamiento. Por lo tanto, la intensidad puede elevarse a un nivel más alto y a un ritmo ligeramente más rápido.

¿Qué actividades son apropiadas para mantener la intensidad?

Son apropiados aquí los ejercicios que requieren utilizar los grupos musculares más grandes manteniendo una intensidad constante, con un estado medio de respiración jadeante. Generalmente, el consumo de oxígeno es más alto durante los movimientos de traslación, debido al desplazamiento del centro de flotabilidad y a la resistencia del cuerpo a través del agua. El incremento de resistencia a los movimientos provocará una mayor demanda sobre los sistemas musculares cuando se genera movimiento a través del agua. Esto, a su vez, exigirá mayores demandas sobre el sistema cardiovascular para que aporte más oxígeno. La mayoría de las actividades ilustradas al final de este capítulo implican movilizaciones a través del agua, de modo que son muy efectivas para mantener la intensidad. Además, las Patadas con desplazamiento y las Sentadillas laterales con desplazamiento, como se ilustran en el Capítulo 6, también pueden ser efectivas si se realizan a una intensidad más alta.

Los movimientos que requieren que el cuerpo se eleve fuera del agua, tales como Saltos con piernas flexionadas y Salto de la rana (ilustrados al final de este capítulo) serán efectivos. Sin embargo, también son muy exigentes y no pueden ser realizados a una intensidad alta durante un tiempo prolongado. Por lo tanto, es útil combinar estos movimientos más explosivos con movimientos de desplazamiento a través del agua y otros que utilicen los brazos intensamente bajo el agua, tales como Empujón al agua (ilustrado al final del Capítulo 6).

¿Cómo afectarán los niveles de puesta en forma al mantenimiento de la intensidad?

La intensidad, y el tiempo que se puede mantener, dependerán mucho del nivel de puesta en forma de los participantes. Los que estén en baja forma y los grupos especiales necesitarán trabajar a una intensidad menor y durante un tiempo global más corto que los que se encuentren en mejor forma física. Éstos deben realizar sus ejercicios de intensidad más alta a intervalos menos frecuentes a todo lo largo del componente. Lo cual les permitirá recuperarse y sentirse cómodos durante toda la sesión de entrenamiento.

Un grupo en buena forma física tendrá un sistema cardiovascular más efectivo. Por lo tanto, serán capaces de trabajar a una intensidad más alta durante más tiempo, de modo que todas las actividades de alta intensidad pueden realizarlas a intervalos más frecuentes y, comparativamente, puede emplearse más tiempo realizando cada actividad. La duración del componente completo también puede ser ligeramente más larga.

Es momento de reiterar en este punto que una actividad que resulta fácil para un grupo en mejor forma física puede ser muy intensa para otro en baja forma o un grupo especial. Por lo tanto, debe tenerse singular consideración en la selección de la intensidad para los niveles más bajos de puesta en forma. Es aconsejable excluir los ejercicios de alta intensidad, tales como aquellos que elevan el cuerpo fuera del agua de una manera explosiva, cuando se trata de estos grupos. Estas actividades demandan un gran nivel técnico y son también muy exigentes. Sin embargo, un rango de progresiones se detalla en todos los ejercicios ilustrados al final de este capítulo. Por lo tanto, puede ser apropiado ofrecer una versión modificada de las actividades más intensas. Como norma, la intensidad de la mayoría de los movimientos puede reducirse realizando el ejercicio con palancas más cortas, moviéndose a un ritmo más lento, ejerciendo menos energía y desplazándose ligeramente menos.

¿Cómo reconocer la intensidad de la actividad?

Existen varios modos de monitorizar la intensidad de una actividad. Monitorizar el latido cardíaco es un método. Mantener el pulso entre el 55% y el 90% de su ritmo máximo por minuto se sugiere como un rango de entrenamiento adecuado. El ritmo cardíaco máximo individual puede estimarse restando la edad a 220. Por ejemplo,

Tabla 8.2	Latido cardíaco máximo y zona de entrenamiento para una persona de 30 años

220 – 30 (edad) = 190 latidos por minuto (latido cardíaco máximo)
10% de este máximo = 19 lpm (aprox.)

Para calcular la zona de entrenamiento, multiplicar 19 (10% del latido cardíaco máximo) por 5,5 (55%) y 9,0 (90%)

55% de este máximo = 104 lpm (aprox.)
(Cálculo: 10% del latido cardíaco máximo x 5,5)

90% de este máximo = 171 lpm (aprox.)
(Cálculo: 10% del latido cardíaco máximo x 9,0)

Por lo tanto, la zona de entrenamiento para una persona de 30 años debería estar entre 104 y 171 lpm. Esto es, debe trabajar entre este rango en la sesión de entrenamiento principal para mejorar su puesta en forma cardiovascular.

en una persona de 30 años, su latido cardíaco máximo debe ser de 190 latidos por minuto. Esto se reseña en la tabla 8.2.

Sin embargo, registrar la monitorización del latido cardíaco no es fácil. Es aún más complicado cuando se ejercita en el agua. En primer lugar, la turbulencia del agua hace difícil obtener una lectura segura cuando se toma el pulso manualmente. En segundo lugar, las propiedades del agua tienen un efecto de bajada del latido cardíaco. Por lo tanto, el registro obtenido puede no ser correcto. Dos métodos alternativos para monitorizar la intensidad son el test del habla y el rango de fatiga percibida.

Test del habla

Trabajar a un nivel en el que uno puede respirar confortablemente, rítmicamente y mantener una conversación mientras se ejercita, es sugestivo de una intensidad adecuada. Una norma para utilizar el test del habla se proporciona en la tabla 8.3.

Rango de fatiga percibida

Alternativamente, Borg (1982) estudió y desarrolló la relación de las categorías de la escala RFP. Ésta se reseña en la tabla 8.4. La escala proporciona un rango de niveles de intensidad de 0 a 10.

Tabla 8.3	Utilización del test del habla para monitorizar la intensidad	
Nivel de intensidad	Respuesta del test del habla mientras se realiza un ejercicio	Acción
Demasiado alta	Si solamente pueden ser emitidas una o unas pocas palabras	Reducir la intensidad inmediatamente
Demasiado baja	Si se pueden decir varias frases con demasiada comodidad	Incrementar la intensidad
Adecuada	Si aparece una respiración medianamente dificultosa al acabar de decir un par de frases	Mantener este nivel de intensidad

Tabla 8.4	Utilización del rango de fatiga percibida para monitorizar la intensidad	
Escala	Intensidad	Expresión verbal para describir la intensidad percibida de la actividad
0	Ninguna en absoluto	
0,5	Extremadamente ligera	Simplemente se nota
1	Muy ligera	
2	Ligera	Débil
3	Moderada	
4	Algo fuerte	
5	Fuerte	Fuerte
6		
7	Muy fuerte	
8		
9		
10	Extremadamente fuerte	Casi máxima
	Máxima	

Una expresión verbal fácil de recordar se sugiere para describir cómo la intensidad es percibida por el alumno. Cuando la actividad se percibe como «fuerte» (un rango entre 4 y 7 en la escala), Borg sugiere que corresponde a una intensidad apropiada para mejorar la puesta en forma cardiovascular.

La monitorización de la intensidad durante el ejercicio en el agua es otra área en la que se necesitan mayores investigaciones y más específicas. La seguridad de las aproximaciones antedichas es cuestionable. Por lo tanto, deben utilizarse solamente para proporcionar una orientación acerca de la intensidad a la que una persona está trabajando. Quizás, es aconsejable utilizar una combinación de métodos y mantenerse vigilante sobre los signos de sobrefatiga, tales como la dificultad respiratoria y la excesiva palidez o enrojecimiento de la piel.

¿Cuándo puede ser necesario detener el ejercicio?

El ejercicio debe ser detenido, y es recomendable consultar al médico, si:
- se pierde la coordinación normal mientras se está ejercitando,
- aparecen mareos durante el ejercicio,
- se experimentan dificultades respiratorias,
- se experimenta presión en el pecho,
- se experimenta cualquier otra clase de dolor.

¿Qué tipos de actividades son apropiadas para enfriar y disminuir la intensidad?

Los ejercicios que ralentizan el latido cardíaco y el ritmo respiratorio progresivamente son los apropiados. Comenzando con las actividades utilizadas para mantener la intensidad, y haciendo los movimientos progresivamente menos intensos, se conseguirá el efecto deseado. Esto se puede lograr reduciendo el número de movimientos de salto y desplazamiento, moviéndose a un ritmo más lento, ejerciendo menos energía y utilizando palancas más cortas.

¿Qué factores afectarán a la intensidad y duración de la vuelta a la calma?

La presión hidrostática mejora la circulación de la sangre por el organismo. El latido cardíaco de quien se ejercita probablemente será más bajo, y el retorno de la sangre venosa al corazón mejorará. Habrá menos riesgo de estancamiento sanguíneo en las extremidades inferiores cuando se detiene el ejercicio. Por lo tanto, se necesitará una duración menor para bajar el latido cardíaco y favorecer el retorno venoso. Adicionalmente, la intensidad puede reducirse a un ritmo ligeramente más rápido del que sería adecuado en tierra. Sin embargo, esto vendrá también determinado por el nivel de puesta en forma de los participantes.

Un grupo en baja forma necesita hacer una vuelta a la calma ligeramente más larga, incluso aunque no hayan trabajado a una elevada intensidad en la sesión principal. Esto es para dar tiempo suficiente a su organismo para recuperarse. Alternativamente, un grupo con mejor puesta en forma generalmente se recuperará a un ritmo más rápido: serán capaces de enfriar más rápidamente.

¿Cómo puede adaptarse el programa para trabajar en agua profunda?

Cuando se ejercita en agua profunda, los efectos de las propiedades del agua serán mayores. Todos los ejercicios ilustrados al final de este capítulo pueden adaptarse para ser utilizados en una sesión en agua profunda. Los principios que se reseñan a continuación deben ser aplicados para asegurar que el programa es realizable.

> **Nota**
>
> El entrenamiento en agua profunda NO debe aplicarse a ciertos grupos, especialmente mujeres embarazadas o no nadadores.

– Los movimientos necesitarán ser mucho más lentos.

– Será necesario más tiempo para los cambios direccionales.

– Los movimientos deben repetirse durante más tiempo (menos cambios de movimiento).

– La mayoría de los ejercicios necesitarán realizarse en un estado de suspensión.

– Los movimientos de rebote serán muy intensos y requerirán mayor esfuerzo para elevar el cuerpo fuera del agua. Deben ser realizados solamente por quienes se encuentren en buena forma y tengan suficiente técnica para realizarlos.

– Los cinturones de flotabilidad serán necesarios para ayudar a la flotación, aunque los grupos con mejor puesta en forma pueden progresar realizando algunos ejercicios sin este equipamiento.

– Serán necesarios movimientos de propulsión más fuertes para generar desplazamiento.

– Los movimientos de desplazamiento también serán más intensos.

Resumen de los efectos del agua en el componente cardiovascular

La **Presión hidrostática** favorece la circulación de la sangre por el organismo y tiene un efecto de disminución del latido cardíaco. También ayuda al retorno de la sangre venosa al corazón. Por lo tanto, el recalentamiento y la vuelta a la calma puede subir y bajar, respectivamente, a un ritmo ligeramente más rápido.

La **Flotabilidad** reduce las fuerzas de impacto sobre el cuerpo y soporta el peso corporal. Por lo tanto, es más seguro incluir una proporción más alta de movimientos de salto y brincos, siempre que la profundidad del agua sea la apropiada.

La **Resistencia** incrementa la intensidad de los movimientos.

• Utilizar los brazos bajo el agua estimulará de manera efectiva la puesta en forma cardiovascular.

• Todos los movimientos necesitan ser realizados a un ritmo más lento.

• Será necesario más tiempo para los cambios de dirección.

Ejercicios para el componente cardiovascular

La mayoría de los ejercicios que se ilustran pueden utilizarse para incrementar, mantener, o disminuir la intensidad. También pueden ser modificados para adaptarlos a diferentes niveles de puesta en forma. Revisar las progresiones que se sugieren para asegurarse de que la intensidad seleccionada es la adecuada.

Ejercicio 1 • Caballito de balancín

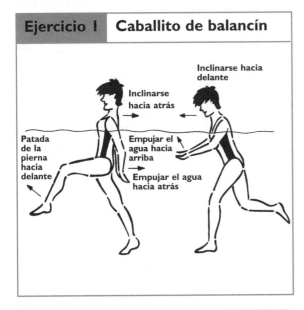

Ejercicio I	Caballito de balancín

Nota

Si se desea desplazamiento, habrá que empujar el agua en sentido contrario a la dirección de traslación deseada. Para dirigirse hacia delante, el agua debe ser empujada hacia atrás, y viceversa.

Objetivo

Este ejercicio elevará y mantendrá el latido cardíaco. Si se realiza a una intensidad más baja, puede utilizarse en el calentamiento como ejercicio de elevación del pulso.

Posición de comienzo e instrucciones

Adoptar una posición de pies separados en el que uno esté colocado delante del otro. Balancearse hacia delante llevando el peso corporal sobre la pierna adelantada, y flexionar el talón de la pierna que se mueve hacia las nalgas. Invertir la acción balanceándose hacia atrás sobre la pierna atrasada, extendiendo la rodilla, y dando una patada al agua con la otra pierna. Cuando el cuerpo se balancea hacia delante, empujar el agua hacia atrás con los brazos; cuando se balancea hacia atrás, empujar el agua hacia delante. Estos movimientos propulsivos opuestos evitarán desplazamientos indeseados.

Puntos de entrenamiento

– Asegurarse de que los talones bajan hasta el suelo para evitar calambres en los músculos de la pantorrilla.
– Mantener sin bloquear la articulación de la rodilla que soporta el peso.
– Mantener las caderas dirigidas hacia delante y los abdominales contraídos.
– Mantener los codos sin bloquear y los brazos bajo el agua.

Progresiones

– Comenzar con un brazo de palanca más pequeño, manteniendo las rodillas flexionadas para moverse a través del agua.
– Progresar extendiendo y contrayendo las piernas para incrementar el brazo de palanca.
– Inicialmente, dar pequeños pasos; progresar dando zancadas más grandes.
– Ejercer más fuerza con ambos brazos y piernas para empujar y dar patadas al agua.
– Desplazarse a través del agua.

Ejercicio 2 • Patadas laterales

Ejercicio 2	Patadas laterales

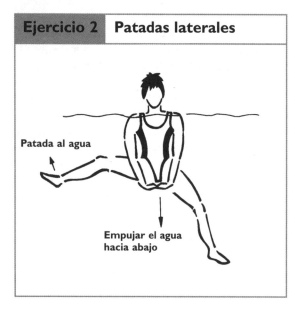

Patada al agua

Empujar el agua
hacia abajo

Objetivo

Este ejercicio elevará y mantendrá el latido cardíaco. Si se realiza a una intensidad más baja, puede utilizarse en el calentamiento como un ejercicio de elevación del pulso.

Posición de comienzo e instrucciones

Adoptar una posición con una amplia separación de las piernas. Balancear el peso corporal sobre una pierna y elevar la rodilla de la otra. A continuación, balancearse al otro lado llevando el peso sobre la otra pierna y levantando la otra rodilla. Los brazos deben utilizarse en una acción de bombeo, empujando el agua hacia abajo cada vez que se transfiere el peso.

Puntos de entrenamiento

– Mantener sin bloquear la articulación de la rodilla que soporta el peso.
– Tener cuidado de no bloquear la rodilla cuando la pierna se extiende lateralmente.
– Mantener los codos ligeramente flexionados.
– Mantener los brazos bajo el agua para maximizar la utilización de la resistencia del agua.
– Mantener las caderas dirigidas hacia delante.

Progresiones

– Comenzar justo elevando la rodilla a la superficie del agua, y progresar dando una patada con la punta del pie fuera del agua.
– Comenzar dando pequeños saltos a cada lado y, progresivamente, hacerlos más grandes.
– Ejercer más fuerza con los brazos y piernas para empujar y dar patadas al agua.
– Progresar más allá extendiendo los brazos y empujando el agua en la dirección opuesta de la pierna que da la patada: esto modificará la apariencia del movimiento.

Ejercicio 3 • Salto de la rana

Ejercicio 3	Salto de la rana

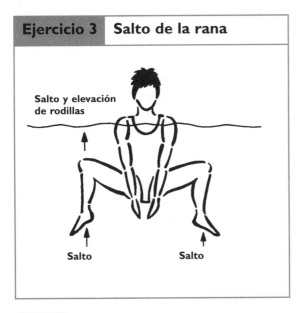

Objetivo

Éste es un ejercicio de alta intensidad que debe utilizarse específicamente en la sesión de entrenamiento principal. Puede combinarse con otros ejercicios de moderada a alta intensidad para mejorar la puesta en forma cardiovascular.

Posición de comienzo e instrucciones

Adoptar una posición con una amplia separación de los pies. Flexionar ligeramente las rodillas y empujar desde los músculos del muslo para generar un movimiento hacia arriba a través del agua. Las rodillas deben moverse hacia las axilas. Utilizar los brazos para empujar el agua hacia abajo. Esto ayudará a alcanzar la altura del movimiento.

Puntos de entrenamiento

– Mantener sin bloquear la articulación de la rodilla.
– Asegurarse de que los talones llegan hasta el suelo cuando se aterriza.
– Mantener los codos ligeramente flexionados a lo largo del movimiento.
– Mantener los brazos bajo el agua para maximizar la resistencia del agua.
– Mantener las caderas dirigidas hacia delante.

Progresiones

– Comenzar con un pequeño salto empujando con menos fuerza desde los músculos de los muslos.
– Progresar a un salto más grande ejerciendo una fuerza mayor para saltar a través del agua.
– Utilizar los brazos con más fuerza para incrementar la altura del salto.
– Hacer el ejercicio desplazándose por el agua.

Ejercicio 4 • Saltos con piernas flexionadas

Ejercicio 4	Saltos con piernas flexionadas

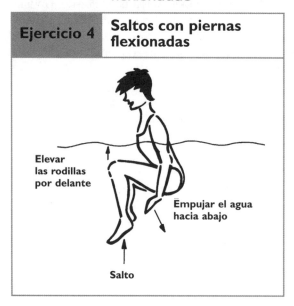

Elevar las rodillas por delante

Empujar el agua hacia abajo

Salto

Objetivo

Ésta es una variación del Salto de la rana. Es otro ejercicio de alta intensidad que debe utilizarse específicamente en la sesión principal. Puede combinarse con otros ejercicios de una intensidad más moderada para mejorar la puesta en forma cardiovascular.

Posición de comienzo e instrucciones

Adoptar una posición de piernas juntas. Flexionar las rodillas y empujar desde los músculos de los muslos para generar un movimiento hacia arriba a través del agua. Las rodillas deben moverse por delante del pecho. Los brazos pueden utilizarse para empujar hacia abajo a través del agua y ayudar a alcanzar la altura del movimiento.

Puntos de entrenamiento

– Mantener sin bloquear la articulación de la rodilla.
– Asegurarse de que los talones llegan hasta el suelo cuando se aterriza.
– Mantener los codos ligeramente flexionados a lo largo del movimiento.
– Mantener los brazos bajo el agua para maximizar la utilización de la resistencia del agua.
– Mantener las caderas dirigidas hacia delante.

Progresiones

– Comenzar con un pequeño salto con media flexión para empujar menos forzadamente desde los músculos del muslo.
– Progresar a una posición de flexión completa mayor ejerciendo más fuerza para saltar a través del agua.
– Utilizar los brazos con mayor fuerza para incrementar la altura del salto y la intensidad global del movimiento.
– Desplazarse en el movimiento.

Ejercicio 5 • Saltos en carpa

Ejercicio 5	Saltos en carpa

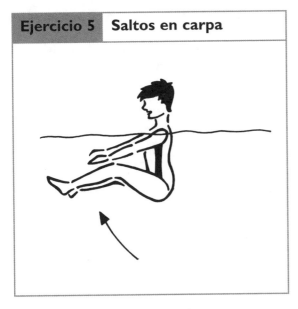

Objetivo

Ésta es una variación de los Saltos con piernas flexionadas. Es un ejercicio de muy alta intensidad que debe utilizarse específicamente en la sesión principal. También puede combinarse con otros ejercicios de una intensidad más moderada para mejorar la puesta en forma cardiovascular.

Posición de comienzo e instrucciones

Adoptar una posición de pies juntos. Flexionar las rodillas y empujar con los músculos del muslo para generar un movimiento hacia arriba a través del agua. Las rodillas deben moverse por delante del pecho y las piernas pueden permanecer extendidas. Los brazos pueden utilizarse para empujar hacia abajo a través del agua para ayudar a alcanzar la altura del movimiento, y pueden llevarse hacia los pies.

Puntos de entrenamiento

– Mantener sin bloquear la articulación de la rodilla.
– Asegurarse de que los talones llegan hasta el suelo cuando se aterriza.
– Mantener los codos ligeramente flexionados a todo lo largo del movimiento.
– Mantener los brazos bajo el agua para maximizar la utilización de la resistencia del agua.
– Mantener las caderas dirigidas hacia delante.

Progresiones

– Comenzar con un salto más pequeño empujando con menos fuerza con los músculos del muslo.
– Progresar a un salto más grande ejerciendo una mayor fuerza a través del agua.
– Utilizar los brazos con más fuerza para incrementar la altura del salto y la intensidad global del movimiento.
– Extender las rodillas hacia delante para incrementar la intensidad.

Ejercicio 6 • Gacelas

Ejercicio 6	Gacelas

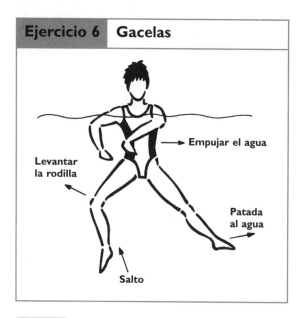

Objetivo

Este ejercicio ayudará con la elevación y el mantenimiento de la intensidad. Es un ejercicio de intensidad moderada que, si se combina con otros de mayor intensidad, mejorará la puesta en forma cardiovascular.

Posición de comienzo e instrucciones

Adoptar una posición de estrecha separación de los pies. Flexionar las rodillas y empujar con los músculos del muslo para generar un movimiento de desplazamiento hacia arriba y lateral a través del agua. Las piernas deben moverse en un movimiento de zancada. Los brazos pueden utilizarse para empujar el agua y conseguir el movimiento en la dirección deseada hacia los lados.

Puntos de entrenamiento

– Mantener sin bloquear la articulación de la rodilla.
– Asegurarse de que los talones llegan hasta el suelo cuando se aterriza.
– Utilizar los brazos para empujar a través del agua.
– Mantener los codos ligeramente flexionados durante todo el movimiento.
– Mantener las caderas dirigidas hacia delante.
– Empujar con fuerza desde los muslos.

Progresiones

– Comenzar con un paso pequeño empujando con menos fuerza desde los músculos del muslo.
– Progresar a un paso más grande ejerciendo una fuerza mayor desde los muslos.
– Utilizar los brazos con mayor fuerza para incrementar la altura y desplazamiento del movimiento.
– Adaptar a una sentadilla lateral para reducir el impacto.

Ejercicio 7 • Saltos abriendo y cerrando piernas

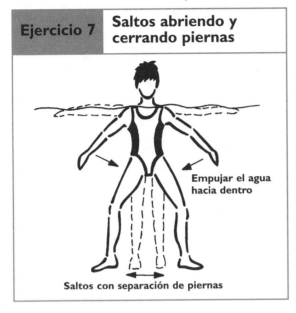

Ejercicio 7	Saltos abriendo y cerrando piernas

Empujar el agua hacia dentro

Saltos con separación de piernas

Objetivo

Éste es un ejercicio de moderada intensidad que puede utilizarse para elevar y mantener el latido cardíaco. Si se realiza a una intensidad más baja puede utilizarse dentro del calentamiento como un ejercicio elevador del pulso. Si se realiza a un ritmo más lento y a través de un rango de movimiento más completo, puede contribuir a movilizar los hombros y las caderas dentro del calentamiento.

Posición de comienzo e instrucciones

Adoptar una posición de los pies ligeramente separados. Flexionar las rodillas y empujar desde los músculos del muslo para saltar con las piernas a una posición de mayor apertura. Los brazos pueden utilizarse para empujar a través del agua y alcanzar una mayor altura y un movimiento fuera del agua.

Puntos de entrenamiento

– Mantener sin bloquear la articulación de la rodilla.
– Asegurarse de que los talones llegan hasta el suelo cuando se aterriza.
– Asegurarse de que las rodillas se desplazan en línea con la punta de los pies y sobre los tobillos.
– Mantener los codos ligeramente flexionados a todo lo largo del movimiento y las manos en forma de copa.
– Mantener las caderas dirigidas hacia delante y los abdominales contraídos.

Progresiones

– Comenzar con poco rebote hacia fuera del agua.
– Progresar ejerciendo una fuerza mayor desde los muslos y brazos para saltar más fuera del agua.
– Desplazar el movimiento hacia delante utilizando el movimiento de los brazos para empujar el agua hacia delante.
– Desplazar el movimiento hacia atrás empujando el agua hacia delante con ambos brazos.

Ejercicio 8 • Chapoteo

Ejercicio 8	Chapoteo

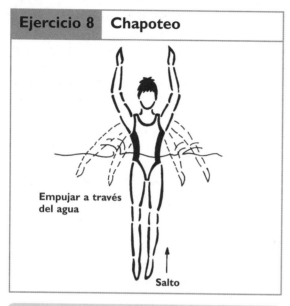

Empujar a través del agua

Salto

Nota

Para los participantes que no desean chapotear el agua por encima de la cabeza, permitirles levantar los brazos por delante del cuerpo y, si es necesario, mantener los brazos más abajo; incluso dentro del agua. Además, debe tenerse cuidado de controlar los movimientos de los brazos. Los movimientos incontrolados de éstos cruzando la superficie pueden conducir a una lesión de hombro.

Objetivo

Este ejercicio elevará y mantendrá el latido cardíaco. Puede ser tanto un ejercicio de moderada como de alta intensidad, dependiendo de la altura de los saltos y del lugar de la sesión de entrenamiento en el que está incluido.

Posición de comienzo e instrucciones

Adoptar una posición de los pies ligeramente separados. Flexionar las rodillas y empujar con los músculos de los muslos para saltar fuera del agua. Utilizar los brazos para empujar a través del agua y alcanzar mayor altura y desplazamiento fuera del agua. Cuando el cuerpo se eleva fuera del agua, los brazos pueden estar elevados y chapotear el agua desde el aire.

Puntos de entrenamiento

– Mantener sin bloquear la articulación de la rodilla.
– Asegurarse de que los talones llegan al suelo cuando se aterriza.
– Mantener los codos ligeramente flexionados a todo lo largo del movimiento y las manos en forma de copa para empujar a través del agua.
– Mantener las caderas dirigidas hacia delante.

Progresiones

– Comenzar con un pequeño salto y un poco de rebote hacia fuera del agua.
– Progresar a un salto más grande fuera del agua ejerciendo una mayor fuerza con los muslos y utilizando fuertemente los brazos.
– Añadir un cuarto, media o vuelta completa cuando se sale del agua para incrementar más la intensidad y la dificultad.

Ejercicio 9 • Caminar por el agua

Ejercicio 9	Caminar por el agua

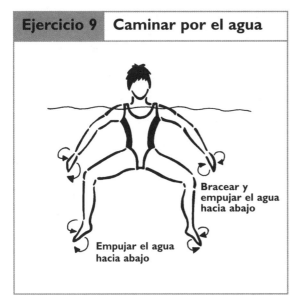

Bracear y empujar el agua hacia abajo

Empujar el agua hacia abajo

Objetivo

Este ejercicio mantendrá el latido cardíaco. Se realiza en un estado de suspensión y, por lo tanto, requiere un mayor esfuerzo para ayudar a la flotación. Es un ejercicio de alta intensidad.

Posición de comienzo e instrucciones

Suspender el cuerpo de modo que las piernas no estén en contacto con el suelo de la piscina. Utilizar las manos para empujar el agua hacia abajo para ayudar a la flotación. Utilizar las piernas para empujar el agua hacia abajo para ayudar aún más a mantener el estado de suspensión.

Puntos de entrenamiento

– Mantener sin bloquear la articulación de la rodilla.
– Mantener los codos ligeramente flexionados y los brazos bajo el agua, nivelados con las caderas.
– Mantener las caderas dirigidas hacia delante.

Progresiones

– Comenzar con una pequeña acción de pedaleo de las piernas y progresar a otra acción de pedaleo mayor.
– Ejercer mayor fuerza con los muslos y brazos.
– Utilizar equipamiento de flotación para ayudar a la suspensión de modo que pueda emplearse más esfuerzo para realizar movimientos de las piernas a través de un rango mayor.
– Realizarlo en agua profunda empujando el cuerpo fuera del agua.

Ejercicio 10 • Trote en el agua

Ejercicio 10	Trote en el agua

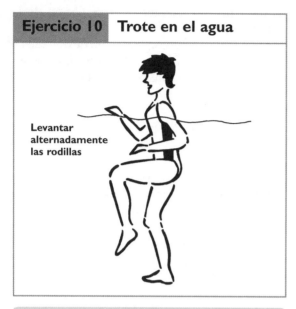

Levantar
alternadamente
las rodillas

Nota

Para desplazarse hacia delante, empujar el agua hacia atrás. Para desplazarse hacia atrás, empujar el agua hacia delante.

Objetivo

Este ejercicio ayuda principalmente a elevar y mantener el latido cardíaco.

Posición de comienzo e instrucciones

Adoptar una posición de los pies ligeramente separados. Comenzar trotando con las piernas en el agua.

Puntos de entrenamiento

– Mantener sin bloquear la articulación de la rodilla.
– Mantener los codos ligeramente flexionados si los brazos se utilizan a lo largo de todo el movimiento.
– Mantener las caderas dirigidas hacia delante.
– Asegurarse de que los talones llegan hasta abajo.

Progresiones

– Comenzar con un trote más ligero.
– Progresar levantando las rodillas más arriba y por delante del cuerpo.
– Rebotar el cuerpo fuera del agua en cada zancada.
– Trotar a un ritmo ligeramente más rápido.
– Empujar con más fuerza con los muslos.
– Utilizar los brazos para empujar hacia abajo a través del agua para aumentar el número de músculos que trabajan.
– Añadir desplazamiento.

Ejercicio 11 • Péndulo

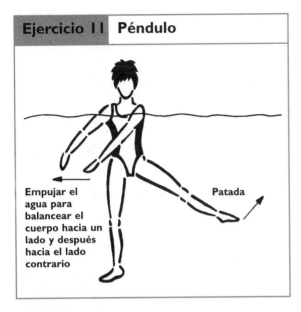

Ejercicio 11	Péndulo

Empujar el agua para balancear el cuerpo hacia un lado y después hacia el lado contrario

Patada

Objetivo

Este ejercicio ayuda principalmente a elevar y mantener el latido cardíaco.

Posición de comienzo e instrucciones

Adoptar una posición de los pies ligeramente separados. Saltar sobre una pierna, basculando la otra lateralmente hacia fuera, y cruzar ambos brazos por delante del cuerpo hacia el lado contrario de la pierna que bascula. Repetir saltando sobre la otra pierna y moviendo los brazos en la dirección opuesta.

Puntos de entrenamiento

– Mantener sin bloquear la articulación de la rodilla.
– Mantener los codos ligeramente flexionados y las manos en forma de copa.
– Mantener las caderas dirigidas hacia delante.
– Asegurarse de que los talones descienden hasta abajo.

Progresiones

– Comenzar con un pequeño salto y una basculación baja de la otra pierna.
– Progresar saltando ligeramente más arriba y movimientos más altos de la pierna.
– Sacar el cuerpo fuera del agua en cada zancada.
– Moverse a un ritmo ligeramente más rápido.
– Empujar el agua con más fuerza con los brazos.
– Utilizar los brazos para empujar hacia abajo a través del agua con el fin de aumentar el número de músculos que trabajan.
– Añadir desplazamiento.

Ejercicio 12 • Saltos de ballet

Ejercicio 12	Saltos de ballet

Objetivo

Este ejercicio puede combinarse con otros ejercicios de una intensidad más moderada para mejorar la puesta en forma cardiovascular.

Posición de comienzo e instrucciones

Adoptar una posición de los pies ligeramente separados. Flexionar las rodillas y empujar con los músculos de los muslos para crear un movimiento hacia arriba a través del agua. Cruzar las piernas entre sí en la fase de subida del movimiento. Los brazos pueden utilizarse para ayudar a elevar el cuerpo fuera del agua. Éstos también pueden ser colocados en una posición de bailarín.

Puntos de entrenamiento

- Mantener sin bloquear la articulación de la rodilla.
- Asegurarse de que los talones llegan hasta abajo cuando se aterriza.
- Mantener los abdominales contraídos.
- Mantener las caderas dirigidas hacia delante.

Progresiones

- Comenzar con un salto más pequeño empujando con menos fuerza con los músculos de los muslos.
- Progresar a un salto más grande ejerciendo una fuerza mayor.
- Utilizar los brazos con más fuerza para aumentar la altura del salto y la intensidad global del movimiento.
- Intentar aumentar el número de cruces de piernas que se realizan en el aire.

Ejercicio 13 • Lanzamientos a canasta

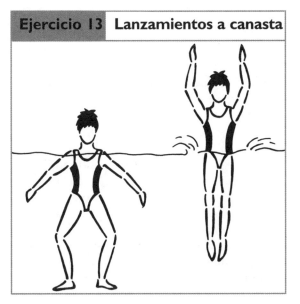

Ejercicio 13	Lanzamientos a canasta

Objetivo

Este ejercicio puede ser combinado con otros ejercicios de una intensidad más moderada para mejorar la puesta en forma cardiovascular.

Posición de comienzo e instrucciones

Adoptar una posición de los pies ligeramente separados. Flexionar las rodillas y empujar con los músculos de los muslos para crear un movimiento hacia arriba y saltar fuera del agua. Los brazos se levantan fuera del agua como si se fuera a encestar con un balón de baloncesto.

Puntos de entrenamiento

– Mantener sin bloquear la articulación de la rodilla.
– Asegurarse de que los talones llegan hasta abajo cuando se aterriza.
– Mantener los codos ligeramente flexionados a todo lo largo del movimiento.
– Mantener los abdominales contraídos.
– Mantener las caderas dirigidas hacia delante.

Progresiones

– Comenzar con un salto más pequeño empujando con menos fuerza con los músculos de los muslos.
– Progresar a un salto más grande ejerciendo una fuerza mayor.

EL DISEÑO DEL PROGRAMA DE ENTRENAMIENTO CON STEP

9

¿Por qué el step en el agua?

El entrenamiento con step en el agua es un modo alternativo y efectivo de entrenar para mejorar la puesta en forma cardiovascular. Puede añadir variedad a quienes se ejercitan regularmente en el agua y atraer el interés de nuevos participantes. Idealmente, se debe poseer una técnica razonable y capacidad de manipulación del agua y así moverse eficazmente alrededor del step. Sin embargo, la mayor parte de los movimientos pueden adaptarse para que sean apropiados para, y realizables por, la mayoría de los que se ejerciten.

¿Cómo debe estructurarse un programa de step en el agua?

El programa de step en el agua debe seguir el mismo diseño estructural que cualquier otro programa dirigido a la puesta en forma cardiovascular. Esto se reseña en la tabla 9.1.

Idealmente, el step debería utilizarse en todos los componentes de la sesión para evitar cualquier interrupción innecesaria del transcurso de la clase. Sin embargo, es perfectamente válido utilizar el step solamente en la sesión de entrenamiento principal. Una ventaja de incluir su uso en el calentamiento es orientar a los participantes a su ubicación. Además, los esquemas de movimiento que se utilizarán en la sesión principal pueden introducirse a una intensidad más baja, lo cual permite utilizar cualquier ayuda técnica específica en el agua. También es factible retirar los steps de la piscina antes de cualquier actividad de fuerza y resistencia muscular o de enfriamiento, pero esto necesita realizarse con efectividad de modo que los participantes no se enfríen en exceso.

Tabla 9.1	La estructura de un programa de entrenamiento de step en el agua

La sesión debe comprender los siguientes componentes:

Calentamiento
- Movilidad y actividades de elevación del pulso.
- Estiramientos preparatorios.

Sesión principal (1): entrenamiento cardiovascular
- Recalentamiento para elevar la intensidad.
- Mantenimiento de la intensidad a un nivel adecuado.
- Disminuir parcialmente la intensidad para estimular el retorno venoso.

Sesión principal (2): entrenamiento de fuerza y resistencia muscular (opcional)
- Ejercicios específicos de tonificación para los músculos en los que no se ha centrado la sesión principal.

Enfriamiento o vuelta a la calma
- Estiramientos post entrenamiento.
- Actividades de relajación (opcional).
- Removilización.

Nota: si se incluyen ejercicios de fuerza y resistencia muscular, la sesión seguirá el formato tradicional y se entrenarán todos los componentes de la puesta en forma.

¿Cómo afectará el agua al entrenamiento de step?

La flotabilidad reducirá la mayoría de las fuerzas de impacto. Por lo tanto, son mucho más seguros una gran proporción de movimientos de salto sobre, dentro, fuera y alrededor del step. Cuando se practican actividades de step en suelo, es necesario limitarlas debido a que son de muy alto impacto y colocan mayor estrés sobre las articulaciones.

La resistencia que el agua proporciona a todos los movimientos requerirá mucho más esfuerzo para llevarlos a cabo. Por lo tanto, puede ser necesaria una mayor proporción de movimientos propulsivos de los brazos sobre y alrededor del step. La resistencia también añadirá intensidad tanto a los movimientos de los brazos como de las piernas, mejorando su resistencia muscular. El uso de guantes de agua es recomendable en un programa de entrenamiento con step, para mejorar la efectividad de los movimientos de propulsión y para optimizar los beneficios musculares.

¿Cuál es la profundidad del agua adecuada para el entrenamiento con step?

Idealmente, el agua debería quedar a la altura del pecho cuando se está de pie en el suelo de la piscina, y justo por debajo del abdomen cuando se está encima del step. Esta profundidad del agua optimizará la utilización de los brazos en el programa. Si el nivel del agua es más superficial, es aconsejable incluir un componente de fuerza y resistencia muscular que se centre específicamente en la parte superior del cuerpo, la cual habrá recibido comparativamente menos cantidad de trabajo.

¿Qué actividades son apropiadas para el entrenamiento de step en el agua?

Hay cinco modos diferentes de realizar movimientos en un programa de entrenamiento con step. Los ejercicios específicos se ilustran y explican al final de este capítulo.

• **Movimientos en el suelo sin utilizar el step**
Los movimientos en el suelo pueden emplearse como transitorios entre esquemas diferentes de step. La mayoría de los ejercicios cardiovasculares ilustrados al final del Capítulo 8, y los ejercicios de calentamiento ilustrados al final del Capítulo 6, pueden utilizarse. Algunos de estos ejercicios también pueden ser adaptados y realizados en uno o más de las otras variantes que se relacionan más abajo.

• **Básico sobre step**
Adaptar la forma básica de cada movimiento de modo que un esquema básico de step se realiza para moverse encima y fuera del step. Por ejemplo: el trote deriva a carrera hacia arriba y abajo.

• **Rebote sobre step**
Realizar cada movimiento sobre y fuera del step con el cuerpo elevándose y rebotando fuera del agua. Por ejemplo: los saltos abriendo y cerrando piernas derivan a zancadas laterales.

• **Neutro sobre step**
El cuerpo mantiene una posición neutra sólo con la cabeza fuera del agua, y todos los movimientos tocan ligeramente el step. El cuerpo permanece bajo del agua cuando se ejecuta cada movimiento. Por ejemplo: los Pasos adelante y atrás derivan a Pasos de esquí.

• **Suspensión/flotabilidad sobre el step**
El cuerpo se suspende en un estado de flotabilidad sobre el step, y el esquema de movimiento se ejecuta sin contactar los pies en el suelo o el step. Por ejemplo: Caminar en el agua deriva a Pasos en el agua.

Ejercicios de entrenamiento de step en el agua

Ejercicio 1 • Saltos con piernas abiertas (con rebote)

Ejercicio I	Saltos con piernas abiertas (con rebote)

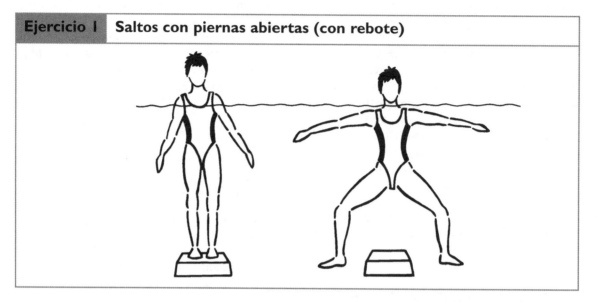

Objetivo

Este ejercicio elevará y mantendrá el latido cardíaco.

Posición de comienzo e instrucciones

De pie sobre el step. Saltar con las piernas a cada lado, quedando separadas fuera del step en el aterrizaje. Dejar que los brazos se muevan hacia los lados y se eleven hacia la superficie del agua. Empujar con los muslos para juntar las piernas y volver a colocar los pies sobre el step. Utilizar los brazos para empujar hacia abajo el agua para ayudar al movimiento de subida al step.

Puntos de entrenamiento

– Asegurarse de que los pies están colocados en el centro del step.
– Asegurarse de que los talones descienden hasta abajo.

– Mantener las rodillas alineadas con la punta del pie y por encima del tobillo.
– Mantener los codos ligeramente flexionados y las manos en forma de copa.
– Mantener las caderas dirigidas hacia delante.

Progresiones

– Permitir que la flotabilidad ayude mínimamente al movimiento y rebote.
– Rebotar con más fuerza empujando fuertemente con los muslos y ejerciendo un mayor esfuerzo con los brazos.
– Realizar el movimiento con una media vuelta.
– Realizar el movimiento con un cuarto de vuelta y seleccionar otro movimiento (Pasos de esquí) transitorio antes de volver a la posición original de comienzo.
– **Neutralizar** el movimiento comenzando con las piernas separadas en el step, y llevándolas adentro y afuera para tocar el step.

Ejercicio 2 • Saltos de esquí (con rebote)

Ejercicio 2	Saltos de esquí (con rebote)

Objetivo

Éste es un ejercicio de alta intensidad que debe utilizarse específicamente en la sesión principal del entrenamiento.

Posición de comienzo e instrucciones

De pie, a un lado del step. Adoptar una posición de los pies ligeramente separados. Flexionar las rodillas y empujar con los músculos de los muslos para crear un movimiento lateral y hacia arriba a través del agua sobre el step. Los brazos pueden utilizarse para empujar el agua hacia abajo y hacia fuera de la dirección de desplazamiento deseada. Repetir la acción, saltando desde el step al suelo de la piscina, aterrizando al otro lado del step.

Puntos de entrenamiento

- Mantener sin bloquear la articulación de la rodilla.
- Asegurarse de que los talones llegan hasta abajo cuando se aterriza.
- Asegurarse de que todo el pie aterriza sobre el step.
- Mantener los codos ligeramente flexionados.

Nota coreográfica

Realizar varias repeticiones de un movimiento en el suelo, como los Pasos adelante y atrás, antes de rebotar hacia el otro lado.

- Mantener los brazos bajo el agua.
- Mantener las caderas dirigidas hacia delante.

Progresiones

- Comenzar con un salto pequeño sin empujar con mucha fuerza con los músculos de los muslos.
- Progresar a un salto más grande y rebotar empujando con más fuerza con los muslos.
- Ejercer mayor fuerza con los brazos para aumentar al altura del salto.
- **Neutralizar** el movimiento comenzando sobre el step con las rodillas flexionadas y el cuerpo bajo el agua. Saltar con las piernas alternadamente a los lados del step, manteniendo el cuerpo descendido y permitiendo que los pies toquen ligeramente el step a medio camino de la secuencia.
- **Rebotar** por completo a uno y otro lado del step.

Ejercicio 3 • Sentadillas de potencia (básico)

Ejercicio 3	Sentadillas de potencia (básico)

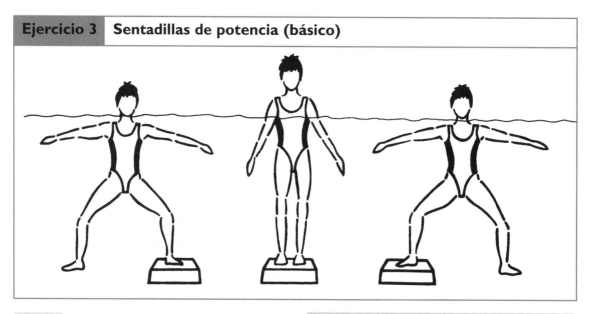

Objetivo

Este ejercicio elevará y mantendrá el latido cardíaco.

Posición de comienzo e instrucciones

De pie sobre el step. Comenzar llevando una pierna hacia un lado fuera del step en una posición de sentadilla. La otra pierna debe permanecer en contacto con el step. Empujar con el muslo, y con los brazos a través del agua, para colocar el cuerpo de nuevo sobre el step en la posición de comienzo. Repetir moviéndose hacia el otro lado.

Puntos de entrenamiento

- Realizar la sentadilla con las piernas en un rango de movimiento confortable.
- Asegurarse de que las rodillas se mueven en línea con la punta de los pies y por encima del tobillo.
- No permitir que las rodillas roten hacia dentro.
- Mantener las caderas dirigidas hacia delante y evitar el arqueamiento de la región lumbar.

Nota

Será necesario un movimiento propulsivo fuerte de los brazos para empujar el cuerpo sobre el step.

- Evitar bloquear las rodillas cuando las piernas se extienden.
- Mantener los codos sin bloquear.

Progresiones

- Comenzar con un movimiento pequeño y lento.
- Moverse progresivamente a un ritmo ligeramente más rápido y hacer el movimiento más grande.
- Empujar con más fuerza contra el agua para volver sobre el step, y empujar también con más fuerza a través de los muslos.
- **Rebotar** el movimiento saltando con las piernas alternadamente fuera del step, manteniendo el peso del cuerpo sobre el step, en lugar de transferirlo hacia la pierna que hace la sentadilla.
- **Neutralizar** el movimiento manteniendo el cuerpo bajo el agua y saltando con las piernas como se acaba de describir para los rebotes.

Ejercicio 4 • Pasos de esquí (neutro)

Ejercicio 4	Pasos de esquí (neutro)

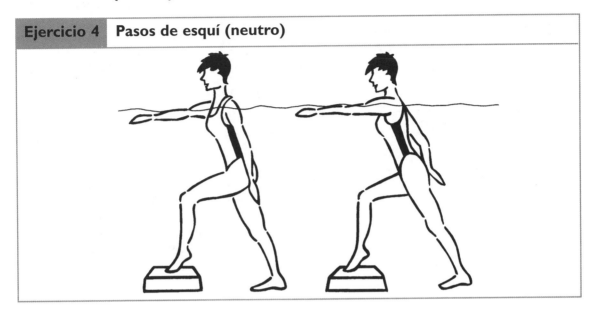

Objetivo

Este ejercicio elevará y mantendrá el latido cardíaco.

Posición de comienzo e instrucciones

De pie, con una posición de los pies ligeramente separados, frente al step. Neutralizar la posición del cuerpo de modo que permanezca bajo el agua. Comenzar dando un paso con las piernas alternadamente hacia atrás y hacia delante, tocando el step ligeramente con el tercio anterior del pie.

Puntos de entrenamiento

– Debe tenerse cuidado de no forzar el talón de la pierna atrasada en el suelo, a menos que resulte confortable.
– Mantener las caderas dirigidas hacia delante.
– Mantener las rodillas y los codos sin bloquear.

Progresiones

– Comenzar con pasos pequeños y aumentar a un rango de movimiento mayor incrementando la longitud de la zancada.
– Moverse a un ritmo progresivamente más rápido.
– Ejercer una mayor fuerza contra el agua con los brazos y las piernas.
– Utilizar los brazos en oposición a las piernas, para ayudar a equilibrarse.
– **Rebotar** el movimiento elevando el cuerpo fuera del agua en cada zancada.
– **Suspender** el movimiento sobre el step, y no permitir que los pies contacten con el suelo o el step.

Ejercicio 5 • Pasos en el agua (en suspensión)

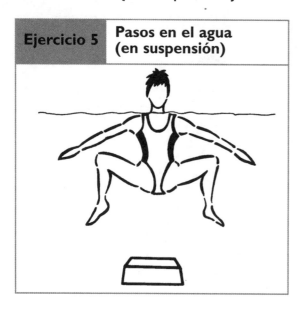

Ejercicio 5	Pasos en el agua (en suspensión)

Objetivo

Este ejercicio mantendrá el latido cardíaco.

Posición de comienzo e instrucciones

Suspender el cuerpo sobre el step de modo que las piernas no estén en contacto con el suelo de la piscina. Utilizar las manos y las piernas para empujar el agua hacia abajo y mantener el cuerpo suspendido.

Puntos de entrenamiento

– Mantener sin bloquear la articulación de la rodilla.
– Mantener los codos ligeramente flexionados y los brazos bajo el agua, nivelados con las caderas.
– Mantener las caderas dirigidas hacia delante.

Progresiones

– Comenzar con una pequeña acción de pedaleo de las piernas y progresar a un pedaleo mayor.
– Ejercer una mayor fuerza a través de los muslos y los brazos.
– **Neutralizar** el movimiento manteniendo el cuerpo suspendido, pero tocando ligeramente el suelo de la piscina con los pies y a continuación elevarlos hacia las axilas.
– Incrementar la velocidad del movimiento en una posición neutra.

Ejercicio 6 • Empujón hacia arriba (básico)

Ejercicio 6	Empujón hacia arriba (básico)

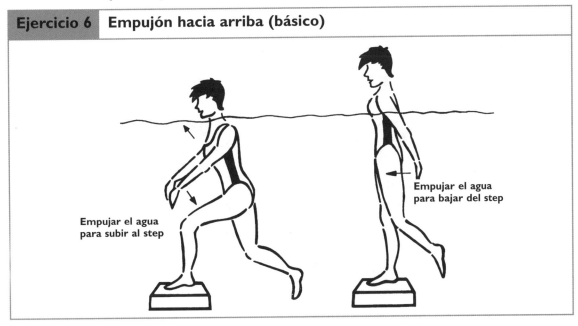

Empujar el agua para subir al step

Empujar el agua para bajar del step

Objetivo

Este ejercicio elevará y mantendrá el latido cardíaco.

Posición de comienzo e instrucciones

Trotar en el lugar. Subir al step, empujando el agua hacia atrás. Bajar del step, empujando el agua hacia delante.

Puntos de entrenamiento

– Mantener sin bloquear la articulación de la rodilla.
– Mantener los codos ligeramente flexionados.
– Mantener las caderas dirigidas hacia delante.
– Asegurarse de que los talones llegan hasta abajo al aterrizar.

Nota coreográfica

Subir al step y bajar por el otro lado dando la espalda al step. Trotar en el sitio. Realizar un Chapoteo con una media vuelta y trotar en el sitio (contando hasta 16). Repetir la secuencia al otro lado del step. (Total, contando hasta 32.)

Progresiones

– Comenzar con un ligero trote sobre y fuera del step.
– Progresar levantando las rodillas más arriba y trotar ligeramente más lejos del step.
– Subir a un ritmo ligeramente más rápido.

Ejercicio 7 • Arrancadas de potencia (con rebote)

Ejercicio 7	Arrancadas de potencia (con rebote)

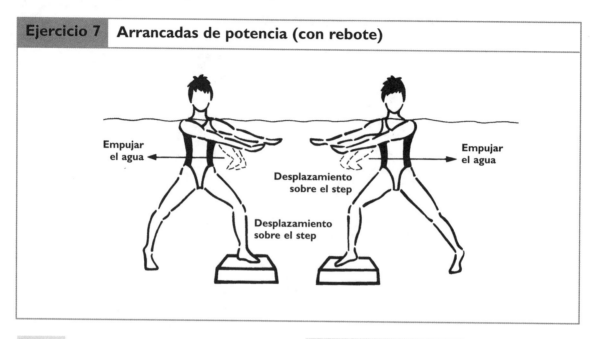

Empujar el agua

Desplazamiento sobre el step

Desplazamiento sobre el step

Empujar el agua

Objetivo

Este ejercicio mantendrá el latido cardíaco.

Posición de comienzo e instrucciones

De pie, a un lado del step, con un pie sobre él y el otro sobre el suelo. Empujar con el muslo de la pierna que está sobre el step y rebotar, elevando el cuerpo fuera del agua de modo que el peso corporal se mueva hacia el otro lado del step y el pie contrario esté ahora sobre el step. Repetir y volver a la posición de comienzo. Inicialmente, empujar el agua hacia el cuerpo y contraria a la dirección del desplazamiento. Cuando el cuerpo se eleve fuera del agua, continuar empujando el agua en sentido contrario a la dirección de desplazamiento.

Puntos de entrenamiento

– Mantener sin bloquear la articulación de la rodilla.
– Asegurarse de que el pie aterriza en el centro del step.
– Mantener los codos sin bloquear.
– Mantener las caderas dirigidas hacia delante.

Progresiones

– Comenzar con una pequeña arrancada y rebote.
– Progresar rebotando más alto.
– Moverse a un ritmo ligeramente más rápido.
– **Neutralizar** el movimiento manteniendo el cuerpo bajo el agua y tocando ligeramente el step con los pies.

EL DISEÑO DE UN PROGRAMA DE ENTRENAMIENTO PARA LA FUERZA Y RESISTENCIA MUSCULARES

10

Las actividades específicas de fuerza y resistencia musculares pueden incluirse como una segunda sesión de entrenamiento principal en la mayoría de los programas. Una estructura apropiada de sesión se muestra en la tabla 8.1 de la página 105. Sin embargo, también es posible dedicar una sesión completa a estos dos componentes de la puesta en forma. Una estructura apropiada para este tipo específico de programa se reseña en la tabla 10.1.

Este capítulo proporciona las normas para estructurar el componente de fuerza y resistencia muscular, como una sesión secundaria o como principal. También ilustra ejercicios para los grupos musculares principales. Los beneficios de entrenar para mejorar la fuerza y resistencia muscular se expusieron en el Capítulo 2.

¿Qué actividades son apropiadas para mejorar la fuerza y resistencia musculares?

Son apropiadas las actividades que requieren que los músculos se contraigan y trabajen a través de un rango de movimiento completo. Algunos ejercicios adecuados se reseñan en la tabla 10.2 de la página 135; otros se ilustran al final de este capítulo. Para mejorar la resistencia muscular, será necesario trabajar los músculos durante más tiempo (mayor número de repeticiones) con menor resistencia al movimiento. Para mejorar la fuerza muscular, será necesario generar mayor resistencia al movimiento de modo que puedan realizarse menos repeticiones de la actividad.

Tabla 10.1	Estructura de una sesión para la fuerza y resistencia musculares

Calentamiento
- Movilidad y actividades de elevación del pulso.
- Estiramientos preparatorios.
- Recalentamiento.

Entrenamiento de la fuerza y resistencia musculares
- Ejercicios de tonificación específicos dirigidos a todos los grandes grupos musculares para conseguir una aproximación corporal equilibrada y global.

Enfriamiento o vuelta a la calma
- Ejercicios de enfriamiento.
- Estiramientos post entrenamiento.
- Actividades de relajación (opcional).
- Removilización.

Nota: es seguro y efectivo incluir ejercicios de entrenamiento cardiovascular entre el trabajo de tonificación. Sin embargo, la intensidad del recalentamiento necesitará incrementarse a un nivel ligeramente más elevado. La intensidad del enfriamiento también necesitará comenzar a una intensidad ligeramente más alta.

El agua proporciona una resistencia natural a todos los movimientos, y los músculos tendrán que trabajar más duro para superarla. La resistencia, bien aplicada, puede ser suficiente para estimular a un grupo en baja forma y mejorar su fuerza muscular. Sin embargo, para la mayoría de los participantes será relativamente fácil de superar y las principales mejoras serán para la resistencia muscular. Para añadir más carga de trabajo y estimular a un grupo en mejor forma física, puede utilizarse equipamiento de flotabilidad para incrementar el área de superficie. Trabajar con palancas más largas y moverse a un ritmo ligeramente más rápido, también hará que las actividades sean más intensas.

Resumen del entrenamiento para mejorar la fuerza y resistencia musculares

Para mejorar la resistencia muscular: realizar más repeticiones del ejercicio.

Para mejorar la fuerza muscular: generar mayor resistencia al movimiento.

Añadir resistencia:

- incrementando el rango de movimiento
- incrementando la velocidad del ejercicio
- incrementando el área de superficie movilizada
- incrementando los brazos de palanca

Hacer el componente más duro:

- incrementando el tiempo del componente
- incluyendo más ejercicios
- trabajando el mismo músculo más veces (series múltiples)
- trabajar más músculos

Nota: tanto la mejora de la fuerza como de la resistencia dependerán del número de repeticiones que uno sea capaz de realizar. Los rangos más bajos de repeticiones (1-10) mejorarán principalmente la fuerza. Los rangos más altos de repeticiones (15-30) mejorarán principalmente la resistencia. Los rangos intermedios de repeticiones (10-15) mejorarán ambas en algún grado.

¿Cómo afectará el ejercicio en el agua a la estructura del componente?

El agua proporciona una fuerza constante y multidimensional a todos los movimientos. Los músculos se contraerán de manera diferente cuando se mueven en el agua. La mayor parte del trabajo muscular excéntrico se eliminará y la mayoría de las contracciones musculares serán duales concéntricas, y la excepción será en los ejercicios que utilizan equipamiento de flotabilidad para añadir resistencia (tratado en el Capítulo 1). Trabajará un mayor número de músculos para realizar un ejercicio específico, de modo que ejercitar los músculos en el agua, potencialmente, proporcionará una aproximación más equilibrada.

La temperatura del agua tendrá un efecto de enfriamiento sobre el cuerpo. Por lo tanto, para mantenerse caliente será necesario realizar algunos ejercicios elevadores del pulso entre los de fuerza y resistencia muscular. Alternar el trabajo de la parte superior e inferior del cuerpo es otro modo efectivo de mantener una temperatura confortable.

La flotabilidad del agua requiere seleccionar cuidadosamente las posiciones de los ejercicios para asegurar que el cuerpo permanece estable. Puede ser necesario realizar movimientos propulsivos de los brazos para lograrlo y evitar perder el equilibrio.

Nota

Si un componente de entrenamiento cardiovascular precede al entrenamiento de fuerza y resistencia muscular, puede que entonces no sea necesario centrarse de nuevo en ciertos músculos. Los que no se utilizan en el componente precedente deben tener prioridad.

Nota para la tabla 10.2

Esta tabla está diseñada para simplificar las acciones de los músculos principales.

Tabla 10.2	Acciones articulares cuando los grupos musculares principales se contraen concéntricamente			
Músculo	Posición anatómica	Articulaciones implicadas	Acción primaria cuando se contrae concéntricamente	Ejercicio
Gemelos	Músculo de la pantorrilla	Rodilla y tobillo	Flexión plantar, dirigiendo hacia la arriba la punta del pie	Elevarse sobre la punta del pie
Sóleo	Músculo de la pantorrilla	Tobillo	Como el anterior, con la rodilla flexionada	Como el anterior, con las rodillas flexionadas
Tibial anterior	Delante de la espinilla	Tobillo	Dorsiflexión del tobillo	Elevar la punta del pie
Flexores de la pierna	Cara posterior del muslo	Rodilla y cadera	Flexión de la rodilla	Levantar los talones hacia las nalgas
Cuádriceps	Cara anterior del muslo	Rodilla y cadera	Extensión de la rodilla	Estirar la rodilla (Sentadillas)
Glúteo mayor	Nalgas	Cadera	Extensión de la cadera	Levantar la pierna estirada hacia fuera por detrás del cuerpo
Psoas ilíaco (flexor de la cadera)	Parte anterior de la cadera	Cadera	Flexión de la cadera	Llevar las rodillas al pecho
Abductores	Cara externa del muslo y cadera	Cadera	Abducción de la pierna	Separar lateralmente la pierna
Aductores	Cara interna del muslo	Cadera	Aducción de la cadera	Cruzar la pierna por delante del cuerpo
Recto anterior del abdomen	Abdominales (anterior)	Columna vertebral	Flexión de la columna vertebral	Flexionar la columna hacia delante
Espinales	Parte posterior de la columna	Columna vertebral	Extensión de la columna vertebral	Estirar la columna
Oblicuos	Parte lateral del abdomen	Columna vertebral	Flexión lateral y rotación de la columna vertebral	Torsionar y flexionar el tronco a los lados
Pectorales	Parte anterior del pecho	Hombro	Aducción y flexión horizontal del brazo	Cruzar los brazos por delante (Abrazos de oso)
Trapecio	Parte superior y media de la espalda	Cintura escapular	Extensión del cuello Elevación del hombro Retracción de la escápula	Mantener la cabeza erguida Levantar y bajar los hombros Aproximar los omoplatos
Dorsal ancho	Parte lateral de la espalda	Hombro	Aducción del hombro	Tirar de los brazos hacia abajo (Dominadas)
Deltoides	Parte superior del hombro	Hombro	Abducción del hombro	Levantar los brazos lateralmente
Bíceps	Cara anterior del brazo	Codo y hombro	Flexión del codo	Flexionar el codo
Tríceps	Cara posterior del brazo	Codo y hombro	Extensión del codo	Estirar el codo (Fondos)

Ejercicios para mejorar la fuerza y resistencia musculares

Ejercicio 1 • Sirenas

Ejercicio 1	Sirenas

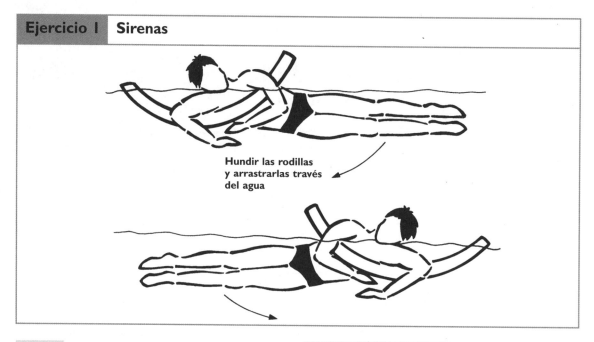

Hundir las rodillas y arrastrarlas través del agua

Objetivo

Este ejercicio trabajará los músculos abdominales de la cara anterior y lateral del abdomen (el recto anterior del abdomen y los oblicuos).

Posición de comienzo e instrucciones

Utilizar un flotador o tubo para mantenerse a flote. Flotar las piernas a un lado del cuerpo. Contraer los músculos abdominales y flexionar las rodillas hacia el pecho. Arrastrar el cuerpo hacia los lados a través del agua y estirar las piernas. Éstas deben quedar flotando al otro lado del cuerpo. Repetir, arrastrando las piernas a través del agua hacia la posición inicial de comienzo.

Puntos de entrenamiento

– Contraer los músculos abdominales.
– Iniciar el ejercicio moviendo el tronco.
– Tener cuidado de no arquear la espalda.

Progresiones

– Comenzar con un movimiento lento y, progresivamente, incrementar la velocidad.
– Realizar el ejercicio sujetándose en el borde de la piscina.
– Realizar el ejercicio flotando libremente, empleando un movimiento de remo del brazo para mantener la flotación.
– Utilizar manguitos de tobillo y guantes acuáticos para incrementar el área de superficie y de arrastre a través del agua.

Ejercicio 2 • Torsiones

Ejercicio 2	Torsiones

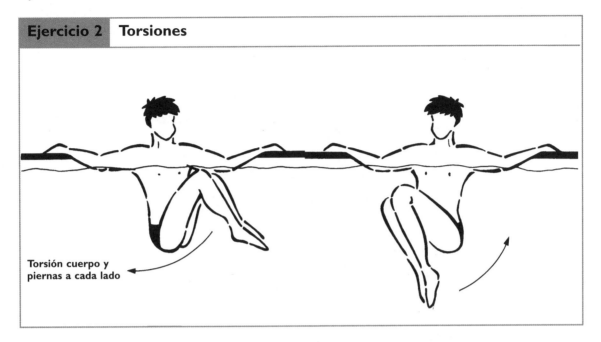

Torsión cuerpo y piernas a cada lado

Objetivo

Este ejercicio trabajará los músculos anterior y laterales del abdomen (el recto anterior y los oblicuos).

Posición de comienzo e instrucciones

Levantar las rodillas hacia el pecho y suspender el cuerpo en el agua utilizando flotadores bajo cada brazo. Girar las rodillas hacia un lado y, a continuación, volver a la posición central. Repetir hacia el otro lado.

Puntos de entrenamiento

– Iniciar el movimiento desde los abdominales.
– Mantener los abdominales contraídos.
– Rotar desde el centro del tronco.
– Tener cuidado de no torsionar la región lumbar.

Progresiones

– Comenzar lentamente y progresar moviéndose a un ritmo ligeramente más rápido.

Ejercicio 3 • Flexión de tronco completa

Ejercicio 3	Flexión de tronco completa

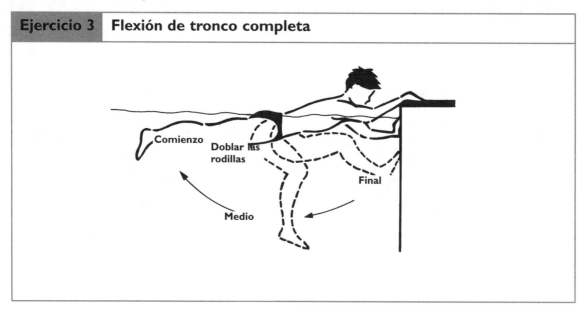

Objetivo

Este ejercicio trabajará los músculos anterior y laterales del abdomen (el recto anterior y los oblicuos).

Posición de comienzo e instrucciones

Tumbarse sobre la parte anterior del cuerpo y apoyarse en el borde de la piscina. Es más fácil para mantener la flotación si una de las manos se sujeta en el bordillo y la otra se coloca unos 30 centímetros más abajo, contra la pared de la piscina. Contraer los músculos abdominales y flexionar las rodillas hacia el pecho. Arrastrar las piernas a través del agua, hasta que los pies puedan tocar la pared de la piscina.

Contraer los abdominales de nuevo y revertir el movimiento. Extender las piernas una vez que las nalgas estén cerca de la superficie del agua.

Puntos de entrenamiento

– Asegurarse de que la región lumbar no se arquea cuando las piernas vuelven a la superficie del agua.
– Mantener el movimiento controlado.
– Mantener los abdominales contraídos.
– Mantener la cabeza alineada con el resto de la columna.

Progresiones

– Realizarlo con flotadores o tubos y extender por completo las piernas de modo que el cuerpo esté tumbado hacia atrás en el agua para incrementar el rango de movimiento. (Esto se combina con movimiento del ejercicio Jalón de cadera, que se ilustra a continuación.)
– Realizar con flotación libre, utilizando movimientos de los brazos para mantenerse a flote.

Ejercicio 4 • Jalón de cadera

Ejercicio 4	Jalón de cadera

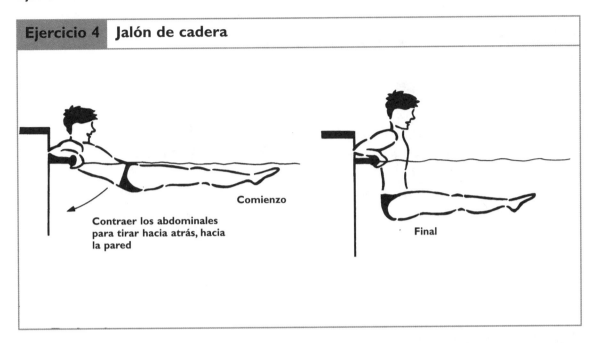

Contraer los abdominales
para tirar hacia atrás, hacia
la pared

Comienzo

Final

Objetivo

Este ejercicio trabajará los músculos anterior y laterales del abdomen (el recto anterior y los oblicuos).

Posición de comienzo e instrucciones

Tumbarse boca arriba sobre la superficie del agua y agarrarse a los bordes (agarres alternativos se ilustran en el Capítulo 1). Permitir que las piernas floten. Contraer los músculos abdominales y empujar las nalgas hacia abajo a través del agua hacia la pared de la piscina. Repetir el movimiento.

Puntos de entrenamiento

- Tener cuidado de no arquear la espalda cuando las piernas se elevan hacia la superficie del agua.
- Contraer los abdominales.
- Relajar los hombros.

Nota

Si se utiliza un manguito de tobillo, los aductores trabajarán primero como motores, contrayéndose excéntricamente cuando las piernas se elevan hacia la superficie del agua, y concéntricamente para empujar las piernas hacia abajo a través del agua y cruzando ligeramente el cuerpo.

Progresiones

- Realizar el ejercicio lentamente y progresar a un ritmo ligeramente más rápido.
- Utilizar un cinturón de flotación alrededor de las caderas para incrementar la resistencia.
- Combinar con Flexión de tronco completa y realizarlo en el centro de la piscina con un flotador, un tubo, o en flotación libre. Nota: serán necesarios fuertes movimientos propulsivos de los brazos para ayudar al movimiento y mantener la flotación.

Ejercicio 5 • Elevaciones laterales de pierna

Ejercicio 5	Elevaciones laterales de pierna

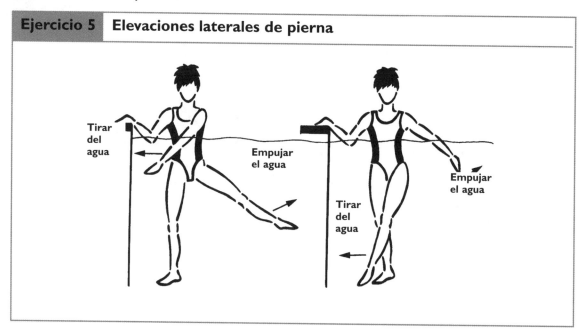

Objetivo

Este ejercicio trabajará los músculos de las caras interna y externa de los muslos (aductores y abductores).

Posición de comienzo e instrucciones

De pie, junto a la pared y apoyándose en el borde de la piscina. Levantar la pierna lateralmente hacia la superficie del agua. Tirar de la pierna hacia atrás y abajo a través del agua y cruzarla ligeramente por delante del cuerpo.

Puntos de entrenamiento

- Mantener la articulación de la rodilla que soporta el peso ligeramente flexionada y no permitir que rote hacia dentro.
- Elevar la pierna solamente hasta una altura cómoda.
- No permitir que la cadera rote hacia fuera y hacia atrás.

Nota

Este ejercicio puede ser realizado en un lado de la piscina utilizando un movimiento propulsivo opuesto del brazo para mantener el equilibrio y la postura correcta.

- Mantener las caderas dirigidas hacia delante.
- Mantener un espacio entre las caderas y la caja torácica.
- Arrastrar el borde del pie a través del agua.
- Mantener el cuerpo erguido.

Progresiones

- Trabajar inicialmente a través de un rango de movimiento pequeño y a un ritmo lento.
- Progresar levantando la pierna más arriba y trabajando a un ritmo más rápido.
- Utilizar un manguito de tobillo o aletas de agua para añadir resistencia.

Ejercicio 6 • Tijera de piernas

Ejercicio 6	Tijera de piernas

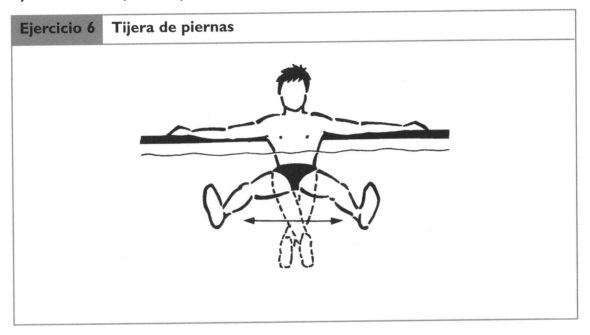

Objetivo

Este ejercicio trabajará los músculos de las caras interna y externa de muslos y caderas (los aductores y los abductores).

Posición de comienzo e instrucciones

Tumbarse de espaldas a la piscina, apoyándose en los bordes. Permitir que las piernas floten hacia arriba a un nivel que sea confortable. Las piernas pueden permanecer bajadas si resulta más cómodo. Separar las piernas tanto como le resulte cómodo y, a continuación, arrastrarlas para juntarlas y hacer tijera cruzándolas entre sí.

Puntos de entrenamiento

- Mantener las rodillas sin bloquear.
- Mantener las caderas niveladas.
- Mantener la curvatura natural de la región lumbar sin permitir que la espalda se arquee.

Nota

Puede ser más fácil para algunos realizar Elevaciones laterales de pierna.

Progresiones

- Comenzar lentamente y progresar incrementando la velocidad.
- Variar el ritmo: dos lentas y cuatro rápidas.
- Utilizar manguitos de tobillo o aletas para incrementar el área de superficie.
- Realizarlo en el centro de la piscina utilizando un tubo, flotadores, o cinturones de flotación.

Ejercicio 7 • Extensiones de pierna

Ejercicio 7	Extensiones de pierna

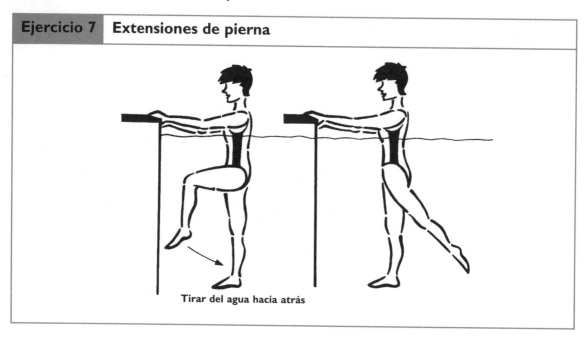

Tirar del agua hacia atrás

Objetivo

Este ejercicio trabajará los músculos de las nalgas (glúteos).

Posición de comienzo e instrucciones

De pie, de cara a la piscina y apoyándose en el borde. Levantar la pierna por delante del cuerpo a nivel de la cadera. Contraer los músculos de las nalgas (glúteos) y empujar la pierna hacia abajo a través del agua. Llevar la pierna más hacia atrás de la posición de comienzo original para incrementar el rango de movimiento. Volver la pierna a la posición original.

Puntos de entrenamiento

– Asegurarse de que la región lumbar no se arquea.
– Contraer los abdominales.
– No llevar la pierna demasiado hacia atrás.
– Mantener las caderas dirigidas hacia delante.
– Mantener sin bloquear la articulación de la rodilla que soporta el peso.

Nota

Será necesario realizar este ejercicio en el borde de la piscina si se utiliza una palanca completa. Un movimiento de propulsión opuesto de los brazos también será necesario para mantener el equilibrio y la postura correcta.

Progresiones

– Comenzar a un ritmo lento y progresar trabajando a un ritmo más rápido.
– Comenzar con una rodilla flexionada y progresar realizando el ejercicio con la pierna estirada.
– Progresar añadiendo manguitos en los tobillos o aletas para incrementar el área de superficie.
– Realizarlo en agua más profunda con una ayuda de flotabilidad, utilizando ambas piernas, a diferencia de la realización de Pasos adelante y atrás, que se ilustra en la página 85.

Ejercicio 8 • Patada o batida

Ejercicio 8	Patada o batida

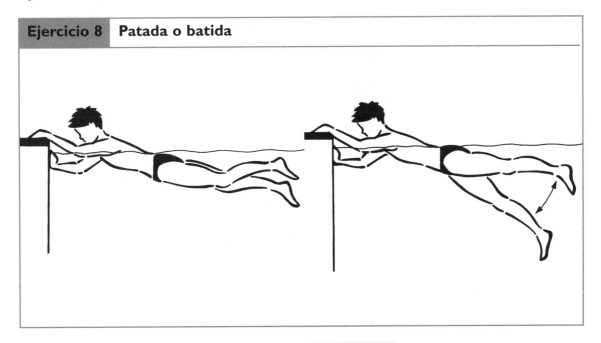

Objetivo

Este ejercicio trabajará los músculos anteriores y posteriores de las caderas y muslos (los flexores de la cadera, cuádriceps, glúteos y flexores de la pierna).

Posición de comienzo e instrucciones

Tumbarse boca abajo, de cara a la pared de la piscina, y apoyarse en los bordes. Empujar una pierna hacia abajo a través del agua de modo que la punta del pie descanse sobre el suelo: la otra pierna debe estar en la superficie del agua. Arrastrar la otra pierna hacia abajo a través del agua y empujar la pierna opuesta a la superficie para cambiar la posición de las piernas. Repetir.

Puntos de entrenamiento

  Asegurarse de que la región lumbar no se arquea.
- Mantener la articulación de las rodillas sin bloquear.
- Mantener las caderas cuadradas de modo que la región lumbar no se torsione.

Progresiones

- Comenzar con palancas más cortas flexionando las rodillas, y progresar a palancas más largas.
- Comenzar con un rango de movimiento pequeño sin llevar la pierna demasiado lejos hacia abajo.
- Progresar trabajando a través de un rango de movimiento mayor.
- Progresar incrementando la velocidad.
- Variar el ritmo y el rango de movimiento. Realizar ocho lentamente y a través de un rango de movimiento amplio, y 16 rápidamente a través de un rango de movimiento más pequeño salpicando con las piernas en la superficie del agua.

Ejercicio 9 • Fondos

Ejercicio 9	Fondos

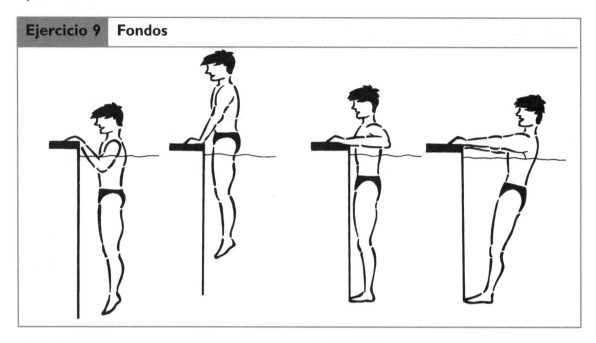

Objetivo

Este ejercicio trabajará los músculos del pecho y de los hombros (los pectorales y la porción anterior del deltoides). También trabajará los músculos de la cara posterior de los brazos (tríceps).

Posición de comienzo e instrucciones

Colocar las manos sobre el borde de la piscina o apoyarse sobre el canalillo. Elevar el cuerpo fuera del agua empujando con los brazos, y estirar completamente los codos. Bajar el cuerpo, de manera controlada, hacia la posición de comienzo, a través del agua.

Puntos de entrenamiento

– Mantener los hombros nivelados y empujar a través de ambos brazos para elevar el peso corporal fuera del agua.
– Asegurarse de que los codos no se bloquean.
– Mantener la espalda recta.

Progresiones

– Si el ejercicio resulta demasiado duro, comenzar colgándose del canalillo de la piscina apoyando los pies en el suelo. Empujar el cuerpo hacia el borde. Desarrollar las repeticiones realizadas para este ejercicio antes de progresar.
– Utilizar los pies para empujar desde el suelo de la piscina para ayudar a los brazos a elevar el peso corporal fuera del agua.
– Inicialmente, trabajar a través de un rango de movimiento pequeño elevando el cuerpo fuera tanto como sea posible y, a continuación, volviendo al agua.
– Progresar moviéndose más despacio. Este ejercicio utiliza la gravedad como resistencia, así que realizarlo rápido será más fácil.

Ejercicio 10 • Abrazos de oso

Ejercicio 10	Abrazos de oso

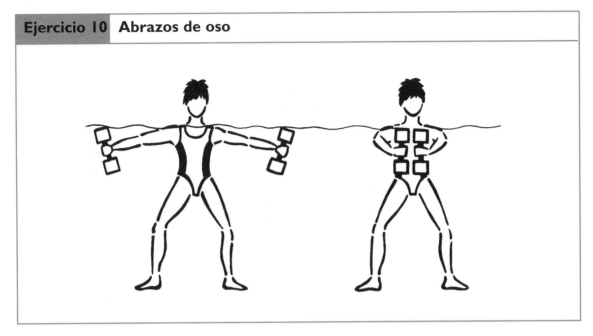

Objetivo

Este ejercicio trabajará los músculos del pecho (los pectorales) y los de la parte central de la espalda (trapecio).

Posición de comienzo e instrucciones

Adoptar una posición de separación amplia de los pies. Permitir que los brazos se eleven a la altura de la superficie del agua. Contraer los músculos del pecho y arrastrar los brazos a través del agua y por delante del cuerpo, cruzándolos ligeramente. Para volver, contraer los músculos que se encuentran entre los omoplatos y arrastrar los brazos hacia atrás a través del agua y por detrás del cuerpo, tan lejos como resulte confortable. Repetir.

Puntos de entrenamiento

- Mantener las rodillas sin bloquear.
- Mantener las caderas dirigidas hacia delante.
- Mantener los codos sin bloquear.
- Mantener los brazos bajo el agua.
- Contraer los abdominales.

Progresiones

- Comenzar moviéndose a través de un rango de movimiento pequeño y ejerciendo poca fuerza contra el agua.
- Progresar moviéndose a través de un rango mayor, moviéndose a un ritmo ligeramente más rápido, y ejerciendo más fuerza contra el agua en ambas direcciones.
- Progresar más utilizando guantes, flotadores, cinturones acuáticos o tubos, para incrementar el área de superficie.

Ejercicio 11 • Extensiones de codo (utilizando un tubo o cinturones delta)

Ejercicio 11	Extensiones de codo

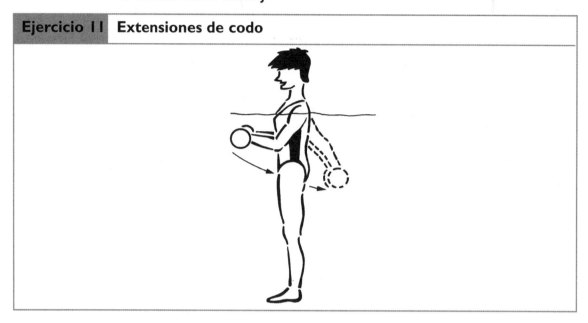

Objetivo

Este ejercicio trabajará los músculos tríceps en la cara posterior de los brazos.

Posición de comienzo e instrucciones

Adoptar una posición de los pies estable y cómoda. Mantener los codos pegados a los costados del cuerpo. Sujetar los cinturones o el tubo con un agarre de las manos dirigido hacia arriba y permitir que floten en la superficie del agua. Comenzar el ejercicio empujando los brazos hacia abajo a través del agua y extendiendo completamente el codo. Volver los brazos a la superficie de manera controlada. (Esto maximizará la contracción excéntrica del músculo requerida para volver el aparato a la superficie.)

Puntos de entrenamiento

– Mantener los codos pegados a los costados.
– Extender completamente los codos, pero sin bloquearlos.
– Mantener las rodillas sin bloquear.
– Controlar el movimiento de retorno de los brazos a la superficie del agua.
– Mantener la espalda erguida.

Progresiones

– Comenzar sin equipamiento o sólo con guantes de agua, y trabajar a un ritmo más lento.
– Progresar utilizando aparatos que incrementen la flotación de las extremidades (tubos y cinturones acuáticos).
– Si es necesario, comenzar trabajando a través de un rango de movimiento más pequeño (medio recorrido hacia abajo). Progresar trabajando a través de un rango de movimiento completo y a un ritmo ligeramente más rápido.

EQUIPAMIENTO ESPECIALIZADO Y ENTRENAMIENTO EN AGUA PROFUNDA

11

Existen cantidad de equipamientos de flotación. Este capítulo trata de algunos de éstos y de cómo pueden utilizarse en una sesión.

¿Por qué utilizar equipamiento?

El equipamiento puede utilizarse en cualquier sesión y sirve a numerosos propósitos:

– añadir variedad e interés,
– motivar a los participantes y estimular una mayor vinculación al programa,
– añadir intensidad para las actividades cardiovasculares y de fuerza y resistencia muscular,
– proporcionar una progresión en el programa de actividades,
– ayudar a la rehabilitación de lesiones (solamente por fisioterapeutas en los últimos estadíos),
– aportar un método excelente para grupos de diferentes niveles cuando se emplean como parte de una sesión de entrenamiento en circuito.

Sin embargo, debido a que la mayor parte del equipamiento intensificará la sesión de trabajo, es aconsejable:

– utilizarlo solamente si los participantes están capacitados y tienen un nivel adecuado de técnica y de puesta en forma,
– progresar gradualmente, comenzando con movimientos más lentos y palancas más cortas, si es posible; o utilizar áreas de superficie del equipamiento más pequeñas bajo el agua,
– mantener una postura y alineamiento articular correctos: no bloquear las articulaciones,
– asegurar una aproximación equilibrada (trabajar los músculos opuestos),
– mantener el equipamiento bajo el agua (a menos que se utilicen cinturones acuáticos con la mitad fuera del agua para minimizar la intensidad),
– lavar el equipamiento después de usarlo.

¿Qué equipamiento podemos encontrar?

Podemos encontrar un amplio abanico de equipamiento para los programas de entrenamiento en el agua. Entre éste se incluyen:

– chalecos y cinturones de flotabilidad y cinturones lastrados,
– tubos,

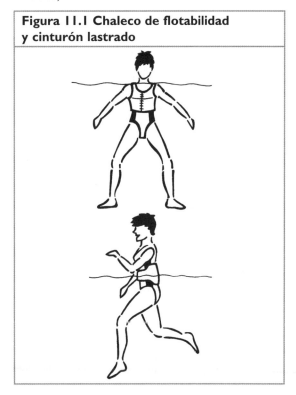

Figura 11.1 Chaleco de flotabilidad y cinturón lastrado

Figura 11.2 Tubo

- mancuernas acuáticas y manguitos de tobillo,
- mitones y guantes,
- steps,
- calzado de agua y chalecos acuáticos,
- fichas de entrenamiento en circuito.

Chalecos de flotabilidad y cinturón lastrado

Éstos son utilizados principalmente durante los programas en agua profunda para ayudar a la flotación y realizar actividades de entrenamiento cardiovascular. Sin embargo, pueden emplearse en aguas más superficiales para proporcionar mayor flotabilidad y reducir el estrés por impacto para biotipos más delgados o musculosos, grupos especiales, o quienes se están recuperando de lesiones.

Son excelentes para trabajar con corredores y otros deportistas. Un cinturón lastrado sujeto al borde de la piscina puede utilizarse para evitar desplazamientos por la piscina.

Algunos diseños de cinturones de flotabilidad tienden a mover y elevar el cuerpo y pueden resultar incómodos para las mujeres con mucho busto.

Tubos

Los tubos están disponibles en la mayoría de los centros que ofrecen programas acuáticos. Pueden ser utilizados de una manera relativamente fácil y segura por la mayor parte de los participantes

Nota

Debe tenerse cuidado cuando se utiliza equipamiento de flotabilidad cerca de la superficie del agua: si los movimientos no son controlados y/o se realizan demasiadas repeticiones, los músculos que rodean a la cintura escapular pueden sobrecargarse y producirse lesiones.

y para muchos propósitos. Son comparativamente baratos y útiles para:

- ayudar a la flotabilidad para realizar actividades en suspensión,
- ayudar a la flotabilidad durante las actividades de relajación,
- añadir intensidad a los ejercicios de fuerza y resistencia muscular,
- añadir intensidad a algunos ejercicios cardiovasculares,
- hacer más divertida la sesión.

Mancuernas acuáticas y manguitos de tobillo

Los participantes han de sentirse confiados en el agua y tener un nivel razonable de puesta en forma para utilizar estas mancuernas y manguitos juntos en el agua.

El rango de precio es variable; sin embargo son muy útiles y, por lo tanto, son herramientas que valen la pena. El uso combinado de mancuernas

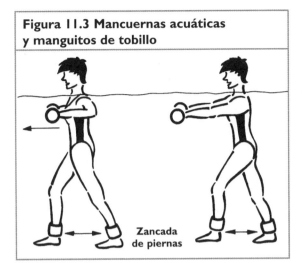

Figura 11.3 Mancuernas acuáticas y manguitos de tobillo

Zancada de piernas

Nota

Los manguitos de tobillo no deben utilizarse sin sujetar una mancuerna acuática, de otro modo las piernas se elevarán fuera del agua y el tronco se verá forzado bajo el agua por cambios en la flotabilidad.

y manguitos intensificará las actividades de entrenamiento cardiovascular y proporcionará una excelente resistencia a todos los movimientos. El uso de mancuernas acuáticas por sí solas es un modo excelente de añadir resistencia a los ejercicios de fuerza y resistencia muscular. Son también útiles para profesores y entrenadores personales que trabajan con clientes privados.

Mitones y guantes

Los guantes palmeados o mitones se adhieren firmemente a las manos e incrementan la resis-

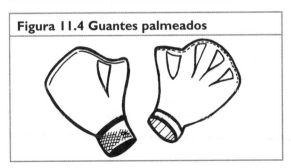

Figura 11.4 Guantes palmeados

tencia para los movimientos de la parte superior del cuerpo. Pueden ser utilizados por la mayor parte de los participantes y ayudarán a realizar los movimientos de propulsión. Son útiles en la mayoría de las sesiones; pueden utilizarse en el componente cardiovascular para ayudar a empujar contra el agua y son excelentes para ayudar a los movimientos durante una sesión de entrenamiento con step. Los grupos en mejor forma física pueden usarlos en el calentamiento.

Steps

Los steps tienden a ser caros y no todos los centros tienen una cantidad suficiente para mantener una clase numerosa. Sin embargo, proporcionan una interesante y efectiva estación de entrenamiento en circuito, por lo que es útil contar con algunos steps. La mayor parte de los que se fabrican para su uso en el agua tienden a moverse y desplazarse ligeramente: ello obliga a gastar tiempo en mantenerlo en su sitio. También es preciso cuidar de que las uniones no se muevan de su lugar.

Flotadores

Los flotadores están disponibles en todas las piscinas y pueden ser utilizados para diversos propósitos. Entre éstos están:

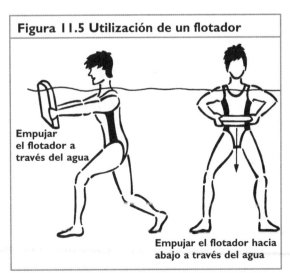

Figura 11.5 Utilización de un flotador

Empujar el flotador a través del agua

Empujar el flotador hacia abajo a través del agua

– incrementar la intensidad de los ejercicios de la parte superior del cuerpo,
– ayudar a la flotación en las actividades en agua profunda,
– ayudar a la flotación para algunos ejercicios de fuerza y resistencia musculares,
– ayudar a la flotación para las actividades de relajación.

Calzado de agua y chalecos acuáticos

El calzado de agua ayuda a la tracción y protege los pies. Es útil cuando se trabaja en piscinas con una superficie del suelo rugosa o granulada.

Figura 11.6 Chaleco acuático y calzado de agua

Los chalecos acuáticos ayudan a mantener caliente la parte superior del cuerpo y son útiles cuando se entrena en piscinas más frías. También lo son para caminar en aguas poco profundas o en programas de tonificación en los que la parte superior del cuerpo queda tiempo fuera del agua.

Equipamiento casero

Aunque es aconsejable utilizar equipamiento específico para usarlo en piscinas, algunos aparatos pueden hacerse con objetos de casa. Discos voladores, jarras de agua y botellas de detergente, pueden emplearse para añadir resistencia en las actividades de fuerza y resistencia musculares.

Si se maneja cualquier equipamiento se debe tener especial cuidado para asegurarse de que las articulaciones que se mueven mantienen un alineamiento correcto; y sólo debe utilizarlo el participante si tiene suficiente habilidad para ello. El entrenador necesitará estar más atento cuando se utiliza para estar seguro de que se sigue la técnica correcta.

Figura 11.7 Disco volador
(1) Ejercicio de nalgas y piernas colocando el pie en lo alto del disco y empujando hacia abajo a través del agua. (Utilizar la pared para equilibrarse.)
(2) Ejercicio de la parte superior del cuerpo empujando el disco a través del agua con ambas manos (pecho y espalda) o...
(3) empujando el disco hacia abajo a través del agua para Extensiones de codo (tríceps)

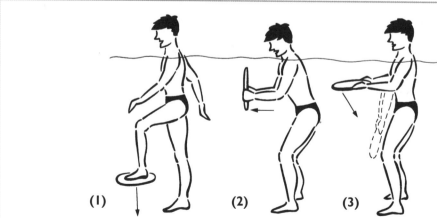

(1)   (2)   (3)

Figura 11.8 Jarra de agua de plástico/botella de detergente
Utilizar la jarra de plástico para arrastrarla a través del agua y añadir resistencia para (1) Abrazos de oso y (2) Extensiones de codo. Utilizar las botellas de detergente para empujar hacia los lados y hacia abajo a través del agua (3) para ejercitar los músculos laterales de la espalda

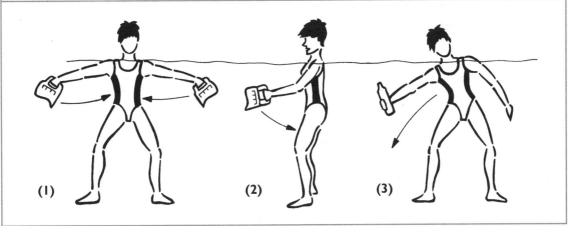

Ejercicios utilizando equipamiento

Ejercicio 1 • Press de pecho y espalda (utilizando un tubo o un cinturón delta)

Ejercicio I	Press de pecho y espalda (utilizando un tubo o un cinturón delta)

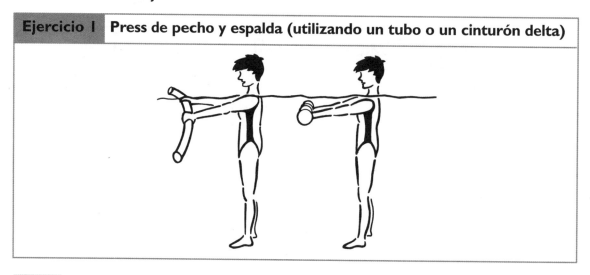

Objetivo

Este ejercicio trabajará los músculos tríceps (localizados en la cara posterior del brazo) y los músculos pectorales (localizados en el pecho), cuando se empuja hacia delante; y el músculo bíceps (cara anterior del brazo) y el dorsal ancho y el trapecio (músculos de la espalda) cuando se tira hacia atrás.

Posición de comienzo e instrucciones

Adoptar una posición de los pies cómoda y estable. Sujetar el cinturón acuático o tubo con un agarre superior, y permitir que flote sobre la superficie del agua. Comenzar empujando el equipamiento hacia delante y hacia atrás a través del agua, extendiendo completamente el codo.

Puntos de entrenamiento

– Mantener los abdominales contraídos.
– Mantener los hombros relajados.
– Extender completamente los codos, pero sin bloquearlos.
– Mantener las rodillas sin bloquear.
– Mantener la espalda recta.

Progresiones

– Si se utilizan cinturones acuáticos o raquetas, permitir que la mitad del equipamiento permanezca fuera del agua, reduciendo el área de superficie.
– Trabajar a un ritmo más lento.
– Trabajar a través de un rango de movimiento pequeño.
– Progresar trabajando a través de un rango de movimiento completo y a un ritmo ligeramente más rápido.

Ejercicio 2 • Press de pierna (con tubo)

Ejercicio 2	Press de pierna (con tubo)

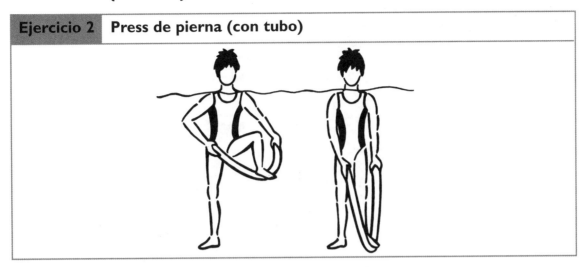

Objetivo

Este ejercicio trabajará los músculos glúteos (nalgas), flexores de la pierna (cara posterior del muslo), y cuádriceps (cara anterior del muslo).

Posición de comienzo e instrucciones

Adoptar una posición de los pies cómoda y estable. Sujetar un extremo del tubo con cada mano y colocar un pie en el centro. Empujar el tubo hacia abajo a través del agua, extendiendo completamente la rodilla y la cadera.

Puntos de entrenamiento

– Mantener los abdominales contraídos.
– Mantener los hombros relajados.
– Extender completamente las rodillas, pero sin bloquearlas.
– Mantener sin bloquear la rodilla que soporta el peso.
– Mantener la espalda recta.

Progresiones

– Trabajar a un ritmo más lento.
– Trabajar a través de un rango de movimiento más pequeño.
– Progresar trabajando a través de un rango de movimiento completo y a un ritmo ligeramente más rápido.
– Colocar la espalda contra la pared de la piscina para ayudar a mantener el equilibrio.

Ejercicio 3 • Tirar del compañero

Ejercicio 3	Tirar del compañero

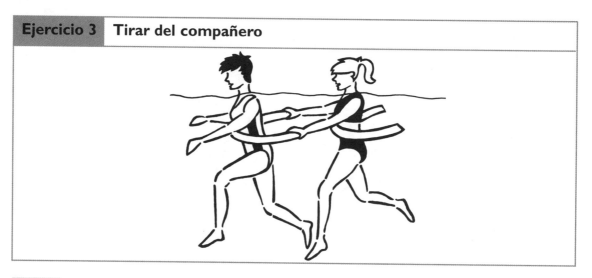

Objetivo

Este ejercicio puede ser utilizado en el componente cardiovascular para añadir resistencia a la carrera.

Posición de comienzo e instrucciones

Cada compañero se coloca un tubo alrededor del abdomen. Uno permanece detrás del otro y sujeta los extremos del tubo del compañero. Ambos corren a través del agua. El que está detrás tira del tubo para añadir resistencia.

Puntos de entrenamiento

- Mantener los abdominales contraídos.
- Asegurarse de que los hombros están relajados.
- Mantener las rodillas y los codos sin bloquear.
- Mantener la espalda recta.

Progresiones

- Trabajar a un ritmo más lento.
- Tirar ligeramente del tubo del compañero.
- Incrementar el ritmo y añadir más resistencia tirando más fuerte del tubo del compañero.

Ejercicio 4 • Contracciones de pecho y espalda (con tubo)

Ejercicio 4	Contracciones de pecho y espalda (con tubo)

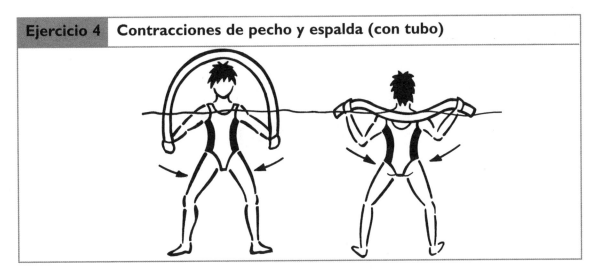

Objetivo

Contracciones anteriores: Este ejercicio trabajará los músculos pectorales (parte anterior del pecho).
Contracciones posteriores: Este ejercicio trabajará el dorsal ancho y el trapecio (parte lateral y media de la espalda).

Posición de comienzo e instrucciones

Adoptar una posición de los pies cómoda y estable. Sujetar un extremo del tubo con cada mano. Sostenerlo por delante o por detrás del cuerpo y aproximar los extremos.

Puntos de entrenamiento

– Mantener los abdominales contraídos.
– Mantener los hombros relajados.
– Extender completamente los codos, pero sin bloquearlos.
– Mantener la espalda recta.

Progresiones

– Trabajar a un ritmo más lento.
– Trabajar a través de un rango de movimiento más pequeño.
– Trabajar a través de un rango de movimiento completo y a un ritmo ligeramente más rápido.
– Combinar con un movimiento de Saltos abriendo y cerrando piernas (ver página 117).

155

Ejercicio 5 • Pecho y manguito de los rotadores (con tubo)

Ejercicio 5	Pecho y manguito de los rotadores (con tubo)

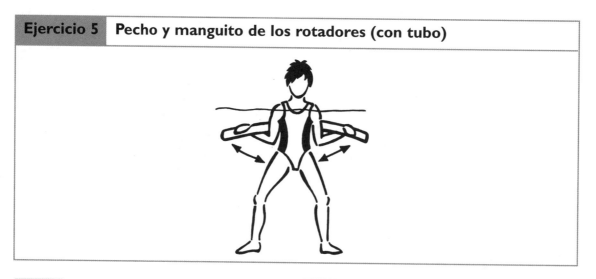

Objetivo

Contracciones anteriores: Este ejercicio trabajará los músculos pectorales.

Contracciones posteriores: Este ejercicio trabajará los músculos que rodean a la cintura escapular (el manguito de los rotadores).

Posición de comienzo e instrucciones

Adoptar una posición de los pies cómoda y estable. Colocarse el tubo alrededor del abdomen y sujetar un extremo con cada mano, con los codos pegados a los costados del cuerpo. Aproximar los extremos del tubo juntos por delante del cuerpo. Rotar los antebrazos hacia fuera y empujar los extremos del tubo separándolos uno del otro.

Puntos de entrenamiento

– Mantener los abdominales contraídos.
– Mantener los hombros relajados.
– Mantener los codos pegados al cuerpo.
– Mantener la espalda recta.
– Asegurarse de que las rodillas no están bloqueadas.

Progresiones

– Trabajar a un ritmo más lento.
– Trabajar a través de un rango de movimiento más pequeño.
– Progresar trabajando a través de un rango de movimiento completo y a un ritmo ligeramente más rápido.
– Adoptar una posición más amplia de piernas separadas.

Ejercicio 6 • Saltos con tubo

Ejercicio 6	Saltos con tubo

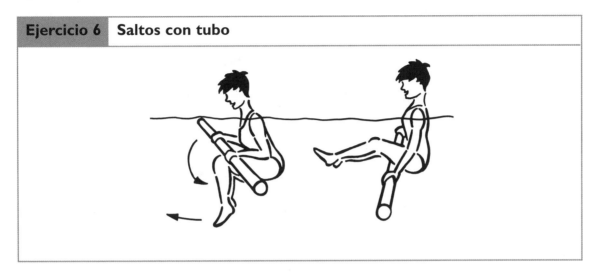

Objetivo

Ésta es una variación de los Saltos con piernas flexionadas. Es otro ejercicio de elevada intensidad que debe utilizarse específicamente en la sesión principal. Puede combinarse con otros ejercicios de intensidad más moderada para mejorar la puesta en forma cardiovascular.

Posición de comienzo e instrucciones

Adoptar una posición de separación estrecha de los pies. Flexionar las rodillas y empujar a través de los músculos del muslo para generar un movimiento hacia arriba a través del agua. Las rodillas deben moverse hacia la parte anterior del pecho y saltar por encima del tubo. Éste puede utilizarse para empujar hacia abajo a través del agua para ayudar a alcanzar la altura del movimiento. Invertir el movimiento para saltar hacia atrás por encima del tubo.

Puntos de entrenamiento

- Mantener la articulación de la rodilla sin bloquear.
- Asegurarse de que los talones llegan hasta abajo cuando se aterriza.
- Mantener los codos ligeramente flexionados a todo lo largo del movimiento.
- Mantener las caderas dirigidas hacia delante.

Progresiones

- Comenzar con un salto más pequeño, justo para tocar con las rodillas el tubo.
- Comenzar a un ritmo más lento y, progresivamente, añadir velocidad.
- Empujar el tubo hacia abajo con más fuerza a través del agua para incrementar la altura del salto e incrementar la intensidad global del movimiento.

Ejercicio 7 • Saltos con torsión (con mancuernas acuáticas)

Ejercicio 7	Saltos con torsión (con mancuernas acuáticas)

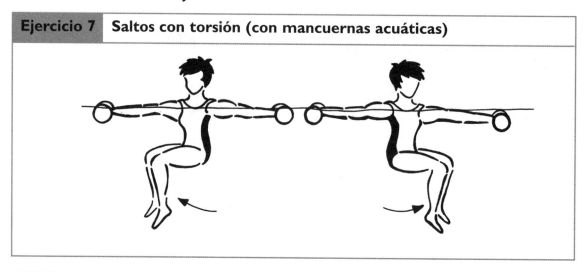

Objetivo

Este ejercicio fortalecerá los músculos anteriores y laterales del abdomen (recto anterior del abdomen y oblicuos). También ayudará a mejorar la puesta en forma cardiovascular.

Posición de comienzo e instrucciones

Adoptar una posición de pies juntos. Sostener una mancuerna acuática en cada mano a los lados del cuerpo.

Saltar y girar el cuerpo a la derecha y, a continuación, a la izquierda. Las mancuernas acuáticas pueden empujarse a través del agua.

Puntos de entrenamiento

– Mantener las caderas y las rodillas dirigidas hacia delante. No permitir que la articulación de la rodilla rote hacia dentro.
– Mantener los codos sin bloquear.
– Asegurarse de que no se torsiona la región lumbar.
– Mantener los brazos bajo el agua.

Progresiones

– Comenzar con un salto pequeño y añadir, progresivamente, altura y potencia al salto.
– Comenzar lentamente e incrementar de forma progresiva la velocidad del movimiento.

Ejercicio 8 • Patadas de piernas con tubo

Ejercicio 8	Patadas de piernas con tubo

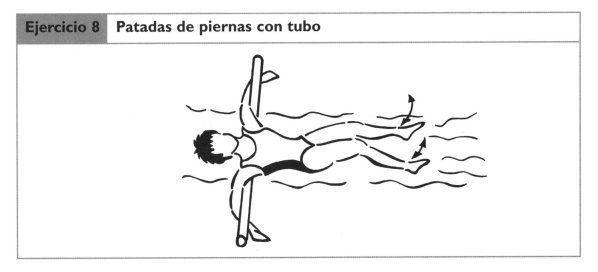

Objetivo

Este ejercicio trabajará los músculos de la cara anterior y posterior de cadera y muslo (flexores de la cadera, cuádriceps, glúteos y flexores de la pierna).

Posición de comienzo e instrucciones

Tumbarse sobre la espalda con el tubo entrecruzado por debajo de los hombros. Dar patadas con las piernas tan rápidas como le resulte confortable.

Puntos de entrenamiento

– Mantener los abdominales contraídos.
– Asegurarse de no arquear la región lumbar.
– Mantener las articulaciones de las rodillas sin bloquear.
– Mantener las caderas fijas de modo que la región lumbar no se torsione.

Progresiones

– Comenzar lentamente y, de forma progresiva, dar patadas más rápidas y más intensas.
– Comenzar con un rango de movimiento más pequeño y, a continuación, progresar trabajando en un rango de movimiento más amplio.

Ejercicio 9 • Péndulo con tubo

Ejercicio 9	Péndulo con tubo

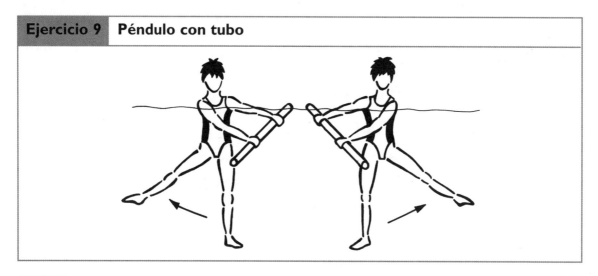

Objetivo

Este ejercicio ayuda principalmente a elevar y mantener el latido cardíaco.

Posición de comienzo e instrucciones

Adoptar una posición de separación estrecha de los pies. Saltar sobre una pierna, oscilando la otra hacia el lado del cuerpo y empujando el tubo cruzándolo por delante del cuerpo, alejándolo de la pierna que oscila. Repetir saltando sobre la otra y moviendo los brazos en dirección opuesta.

Puntos de entrenamiento

– Mantener la articulación de la rodilla sin bloquear.
– Mantener los codos ligeramente flexionados.
– Mantener las caderas dirigidas hacia delante.
– Asegurarse de que los talones bajan hasta el suelo.

Progresiones

– Comenzar con un salto más pequeño y una oscilación más baja de la pierna.
– Progresar saltando ligeramente más alto y oscilando la pierna más hacia fuera.
– Rebotar el cuerpo hacia fuera del agua en cada salto.
– Moverse a un ritmo ligeramente más rápido.
– Empujar el tubo con más fuerza a través del agua.

Ejercicio 10 • Vueltas de campana con mancuernas acuáticas

Ejercicio 10	Vueltas de campana con mancuernas acuáticas

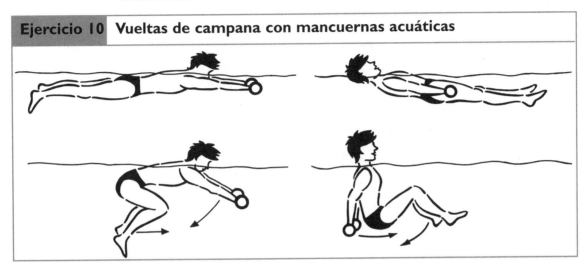

Objetivo

Este ejercicio trabajará los músculos anteriores y laterales del abdomen (el recto anterior del abdomen y los oblicuos).

Posición de comienzo e instrucciones

Tumbarse en el agua boca abajo y sujetar las mancuernas acuáticas bajo la superficie por delante del cuerpo.

Contraer los músculos abdominales y flexionar las rodillas hacia el pecho. Arrastrar las piernas a través del agua hasta quedar tumbado sobre la espalda con las mancuernas acuáticas en las caderas y bajo el agua. Contraer de nuevo los abdominales e invertir el movimiento. Extender las piernas una vez que las nalgas estén cerca de la superficie del agua.

Puntos de entrenamiento

– Asegurarse de que la región lumbar no se arquea cuando las piernas vuelven a la superficie del agua.
– Mantener el movimiento controlado.
– Mantener los abdominales contraídos.
– Mantener la cabeza alineada con el resto de la columna.

Progresiones

– Comenzar realizando el movimiento en un rango medio (hacia delante o hacia atrás).
– Combinar los movimientos, pero colocar los pies sobre el suelo si el movimiento se desglosara en dos partes.
– Realizar flotación libre, utilizando movimientos de remo de los brazos para mantener la flotación.

Ejercicio 11 • Tijeras de piernas con tubo

Ejercicio 11	Tijeras de piernas con tubo

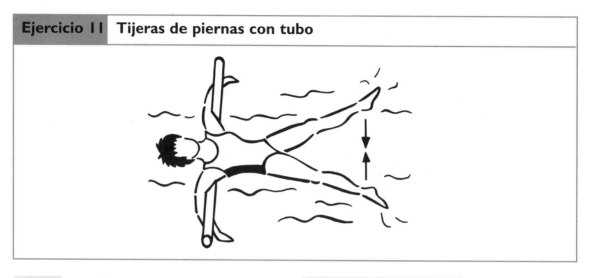

Objetivo

Este ejercicio trabajará los músculos de la cara interna y externa de muslos y caderas (los aductores y los abductores).

Posición de comienzo e instrucciones

Tumbarse sobre la espalda, sujetando el tubo por debajo de los hombros. Permitir que las piernas floten hacia arriba a un nivel que sea confortable. Las piernas pueden permanecer bajas si resulta más cómodo. Separar las piernas tanto como sea posible y, a continuación, aproximarlas y hacer movimientos de tijera cruzando una con otra.

Puntos de entrenamiento

– Mantener las rodillas sin bloquear.
– Mantener las caderas alineadas.
– Mantener la curva natural de la región lumbar, pero sin permitir que la espalda se arquee.

Progresiones

– Comenzar lentamente y progresar incrementando la velocidad.
– Utilizar manguitos de tobillo o aletas para aumentar el área de superficie del movimiento.

Ejercicio 12 • Patada tipo rana con tubo

Ejercicio 12	Patada tipo rana con tubo

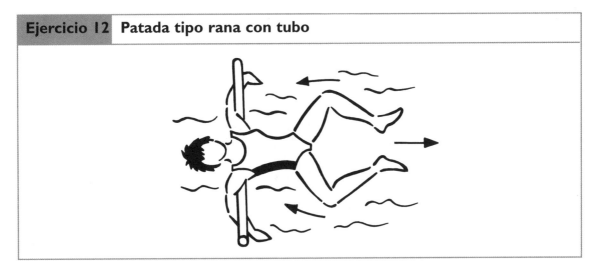

Objetivo

Este ejercicio trabajará los músculos de las nalgas (glúteos) y los músculos de la cara anterior y posterior del muslo (cuádriceps y flexores de la pierna).

Posición de comienzo e instrucciones

Tumbarse sobre la espalda, sujetando el tubo por debajo de los hombros. Permitir que las piernas floten hacia arriba a un nivel que sea confortable. Las piernas pueden permanecer bajas si resulta más cómodo. Flexionar las rodillas y arrastrar las piernas hacia las axilas. Empujar las piernas hacia una posición extendida y repetir el movimiento.

Puntos de entrenamiento

- Asegurarse de que la región lumbar no se arquea.
- Contraer los abdominales.
- No bloquear las rodillas.
- Mantener las caderas alineadas.
- Mantener los hombros relajados.

Progresiones

- Comenzar a un ritmo más lento y progresar trabajando con más rapidez.
- Progresar añadiendo manguitos de tobillo o aletas para incrementar el área de superficie del movimiento.

Ejercicio 13 • Curl de bíceps con mancuernas acuáticas

Ejercicio 13	Curl de bíceps con mancuernas acuáticas

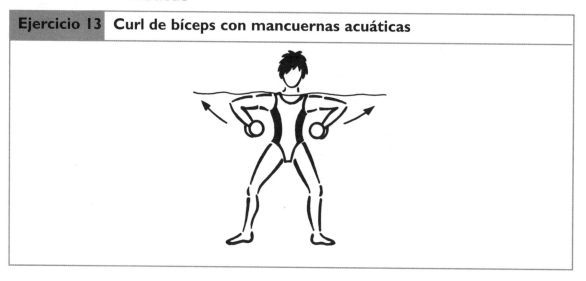

Objetivo

Este ejercicio trabajará los músculos de la cara anterior del brazo (bíceps).

Posición de comienzo e instrucciones

Adoptar una posición de los pies ligeramente abierta. Sujetar una mancuerna acuática con cada mano en la superficie del agua. Arrastrar los brazos hacia abajo a través del agua hacia las axilas. Volver los brazos de manera controlada hacia la superficie del agua.

Puntos de entrenamiento

– Mantener los codos sin bloquear.
– Mantener las caderas dirigidas hacia delante.
– Mantener los abdominales contraídos.
– Mantener los brazos bajo el agua.

Progresiones

– Comenzar moviéndose a través de un rango de movimiento más pequeño y ejercitando menos fuerza contra el agua.
– Progresar moviéndose a través de un mayor rango de movimiento, a un ritmo ligeramente más rápido y ejerciendo más fuerza contra el agua.

Ejercicio 14 • Salto a caballo con tubo

Ejercicio 14	Salto a caballo con tubo

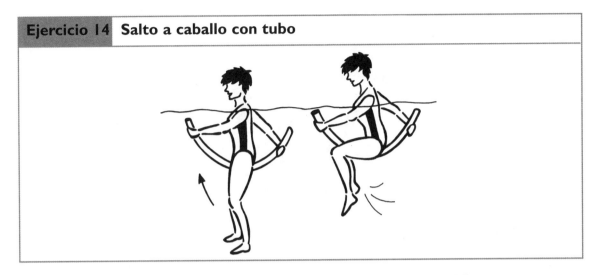

Objetivo

Este ejercicio elevará y mantendrá el latido cardíaco. Puede ser un ejercicio de intensidad moderada –o alta– dependiendo de la altura del salto y de si se incluyen movimientos de giro.

Posición de comienzo e instrucciones

Colocar el tubo entre las piernas, sujetando un extremo con cada mano. Flexionar las rodillas y empujar con los músculos del muslo para saltar fuera del agua.

Puntos de entrenamiento

– Mantener la articulación de la rodilla sin bloquear.
– Asegurarse de que los talones bajan hasta el suelo cuando se aterriza.
– Mantener las caderas dirigidas hacia delante.

Progresiones

– Comenzar con un salto pequeño y poco rebote fuera del agua.
– Progresar a un salto más grande fuera del agua ejerciendo una mayor fuerza con los muslos y utilizando fuertemente los brazos.
– Desplazarse hacia delante y hacia atrás.

Ejercicio 15 • Caballito con tubo

Ejercicio 15	Caballito con tubo

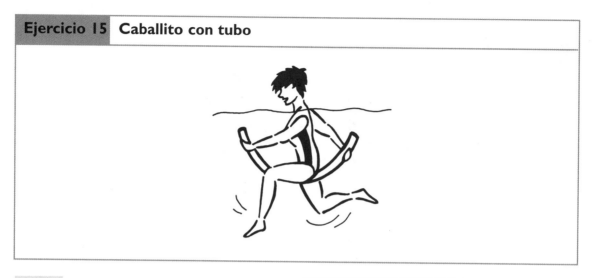

Objetivo

Este ejercicio mantendrá el latido cardíaco. Se realiza en un estado de suspensión.

Posición de comienzo e instrucciones

Colocar el tubo entre las piernas, levantar los pies para sentarse sobre él, y suspender el cuerpo de modo que las piernas no estén en contacto con el suelo de la piscina. Sujetar un extremo del tubo con cada mano. Utilizar las manos para empujar el agua hacia abajo con el fin de ayudar a la flotación o al desplazamiento si es necesario. Utilizar las piernas para empujar el agua hacia abajo en una acción de pedaleo para ayudar a la flotación y generar desplazamiento.

Puntos de entrenamiento

– Mantener la articulación de la rodilla sin bloquear.
– Mantener las caderas dirigidas hacia delante.
– Mantener los abdominales contraídos.
– Asegurarse de que los hombros están relajados.

Progresiones

– Comenzar con una acción de pedaleo más pequeña con las piernas y progresar a otra mayor.
– Ejercer una fuerza mayor con los muslos y utilizar los brazos si es necesario.
– Desplazar el movimiento a una distancia mayor.

Ejercicio 16 • Puñetazos hacia delante con mancuernas delta

Ejercicio 16	Puñetazos hacia delante con mancuernas delta

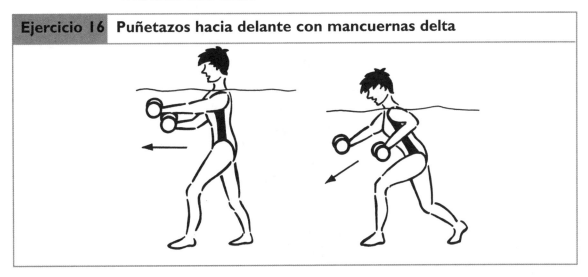

Objetivo

Este ejercicio trabajará el músculo tríceps, situado en la cara posterior del brazo, y los músculos pectorales, cuando se empuja hacia delante; y el músculo bíceps, situado en la cara anterior del brazo, el dorsal ancho, el trapecio y el romboides (músculos de la espalda) cuando se tracciona hacia atrás.

Posición de comienzo e instrucciones

Adoptar una posición de los pies ligeramente separados. Sujetar las mancuernas delta con un agarre superior, y permitir que floten en la superficie del agua. Comenzar empujando las mancuernas de modo alterno hacia delante y hacia atrás a través del agua, extendiendo completamente los codos.

Puntos de entrenamiento

– Mantener los abdominales contraídos.
– Mantener los hombros relajados.
– Extender los codos por completo, pero sin bloquearlos.
– Mantener las rodillas sin bloquear.
– Mantener la espalda recta.

Progresiones

– Si se utilizan mancuernas o palas acuáticas, permitir que la mitad de estos aparatos permanezca fuera del agua, reduciendo el área de superficie.
– Trabajar a un ritmo más lento.
– Trabajar a través de un rango de movimiento más pequeño.
– Progresar trabajando a través de un rango de movimiento completo y a un ritmo ligeramente más rápido.
– Empujar hacia abajo a través del agua para progresar.
– Añadir Pasos adelante y atrás (ver página 85) para añadir trabajo cardiovascular.

Ejercicio 17 • Puñetazos hacia arriba con mancuernas delta

Ejercicio 17	Puñetazos hacia arriba con mancuernas delta

Objetivo

Este ejercicio trabajará los músculos bíceps, situados en la cara anterior del brazo, los pectorales y los deltoides (hombros).

Posición de comienzo e instrucciones

Adoptar una posición de los pies abierta. Sujetar las mancuernas acuáticas por delante del cuerpo, con los codos flexionados.

Comenzar dando puñetazos hacia arriba con las mancuernas, luego hacia atrás y hacia abajo a través del agua practicando una acción rápida de rotación.

Puntos de entrenamiento

– Mantener los abdominales contraídos.
– Mantener los hombros relajados.
– Extender completamente los codos, pero sin bloquearlos.
– Mantener las rodillas sin bloquear.
– Mantener la espalda recta.

Progresiones

– Trabajar a un ritmo más lento.
– Trabajar a través de un rango de movimiento más pequeño.
– Progresar trabajando a través de un rango de movimiento completo y a un ritmo ligeramente más rápido.

Ejercicio 18 • Press lateral con mancuernas

Ejercicio 18	Press lateral con mancuernas

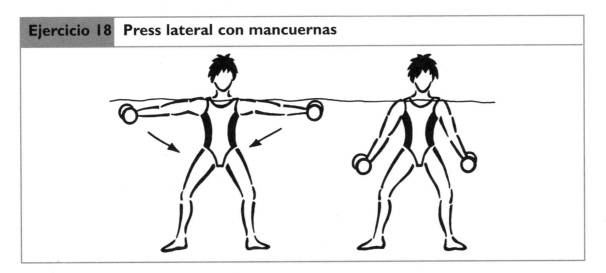

Objetivo

Este ejercicio trabajará los músculos pectorales cuando se empuja hacia arriba; y el dorsal ancho, el trapecio y el romboides cuando se empuja hacia abajo. El deltoides (hombros) también trabajará.

Posición de comienzo e instrucciones

Adoptar una posición de los pies cómoda y estable. Sujetar las mancuernas acuáticas a los lados del cuerpo. Comenzar empujándolas hacia abajo, a través del agua, hacia los muslos. Empujar alternadamente arriba y abajo.

Puntos de entrenamiento

– Mantener los abdominales contraídos.
– Mantener los hombros relajados.
– No bloquear los codos.
– Mantener las rodillas sin bloquear.
– Mantener la espalda recta.

Progresiones

– Trabajar a un ritmo más lento.
– Trabajar a través de un rango de movimiento más pequeño.
– Progresar trabajando a través de un rango de movimiento completo y a un ritmo ligeramente más rápido.

Entrenamiento en agua profunda

¿Qué es el entrenamiento en agua profunda?

El entrenamiento en agua profunda se da cuando el cuerpo está completamente sumergido hasta el nivel del cuello y no mantiene contacto con el suelo de la piscina durante todo el programa. Esto requiere que el cuerpo trabaje en un entorno cinético abierto.

¿Cuáles son las ventajas y desventajas del entrenamiento en agua profunda?

Hay ciertos beneficios derivados del entrenamiento en agua profunda. También existen algunos inconvenientes. Ambos se reseñan en la tabla 11.1.

Tabla 11.1	Ventajas y desventajas del entrenamiento en agua profunda	
Ventajas		Desventajas
• Flotabilidad incrementada. • Las fuerzas de impacto se eliminan y el estrés articular es mínimo. • Mejora del rango de movimiento debido a la pérdida de peso de las articulaciones. • Se requiere una postura correcta para mantener el cuerpo en una posición erguida y extendida. • Trabajo excelente para los estabilizadores del segmento somático central y de la pelvis. • La respiración diafragmática puede estimularse para trabajar con presión hidrostática adicional. Esto puede desarrollar el acondicionamiento cardiovascular. • La resistencia incrementada mejorará la efectividad de la sesión de entrenamiento. • El entrenamiento en agua profunda cubre la totalidad del cuerpo. Las personas con mayor conciencia corporal se sentirán menos expuestas. • La utilización de cinturón de flotación proporciona flotabilidad y capacita al cuerpo para moverse a través de un rango de movimiento completo. • Las ayudas de flotación pueden utilizarse para facilitar la relajación y el estiramiento al final de la sesión. • Los guantes palmeados incrementan la intensidad de la sesión de entrenamiento.		• Algunos participantes se sentirán inestables hasta que se aclimaten a trabajar en agua más profunda. • A los participantes con músculos del segmento somático central más débiles les puede resultar cansado el programa y necesitaran períodos de descanso para esos músculos. • La presión hidrostática aumentará, lo cual hará que la respiración se sienta más dificultosa y dará la impresión de una sesión de trabajo más dura. • Los participantes con problemas respiratorios pueden encontrar incómodo entrenar en agua profunda. • La resistencia incrementada puede hacer que el cuerpo se sienta más pesado. Los movimientos necesitarán ser más lentos. • Los instructores necesitarán hacer movimientos más lentos y conceder más tiempo para las transiciones. • El equipamiento es esencial para mantener la flotación y proporcionar soporte al cuerpo.

¿Qué tipos de ejercicios pueden practicarse en una sesión en agua profunda?

Los ejercicios que pueden practicarse en una sesión en agua profunda son:
– Jogging
– Pasos de esquí
– Saltos abriendo y cerrando piernas
– Patadas
– Pedaleo
– Caballito de balancín
– Patadas laterales

Jogging

Variaciones: desplazamiento, rodillas arriba, talones a las nalgas, vertical, horizontal, elevar un brazo fuera del agua, elevar ambos brazos fuera del agua.

Pasos de esquí

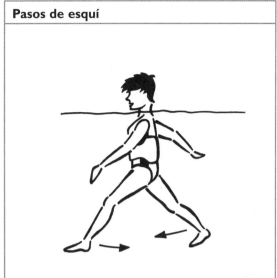

Variaciones: neutro, con rebote, combinado con Saltos abriendo y cerrando piernas.

Saltos abriendo y cerrando piernas

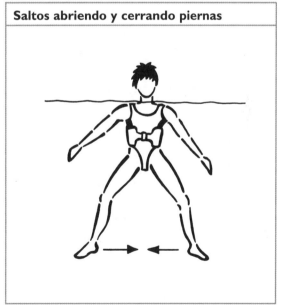

Variaciones: neutro, rebote, combinado con Pasos de esquí, añadir al final del movimiento de desplazamiento.

Patadas

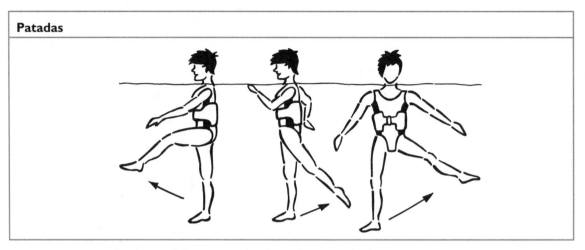

Variaciones: patadas hacia delante, patadas laterales, patadas hacia atrás, añadir movimientos de brazos y desplazamiento, vueltas, incremento de palanca, realizar patadas verticales o sentadas.

Pedaleo

Variaciones: pedaleo vertical, pedaleo horizontal.

Además, muchos de los ejercicios relacionados utilizando otro equipamiento pueden ser adaptados para trabajar en agua más profunda.

Principales puntos de entrenamiento para una sesión en agua profunda

– Mantener una postura erguida.
– Mantener las rodillas sin bloquear.
– Mantener los abdominales contraídos.
– Mantener la pelvis neutra y cuadrada.
– Asegurarse de que los hombros están relajados.
– Mantener el cuello alargado.
– Asegurarse de que los movimientos de los brazos se hacen de manera controlada.
– Mantener los codos sin bloquear.

Caballito de balancín

Variaciones: añadir desplazamiento, palancas extendidas, neutro, rebote.

Patadas laterales

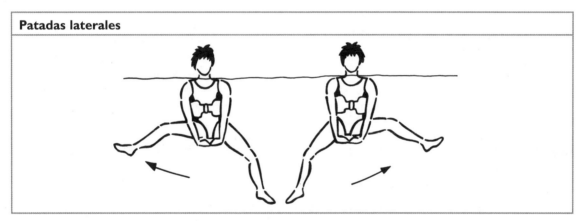

Variaciones: palancas extendidas, neutro, rebote, elevar un brazo fuera del agua, elevar ambos brazos fuera del agua.

¿Cómo pueden desarrollarse estos movimientos?

1 La posición de trabajo puede adaptarse para incluir:
   - tumbado horizontal,
   - de pie vertical neutro,
   - de pie vertical propulsivo,
   - posición sentada.
2 La velocidad de los movimientos puede variarse.
3 Pueden añadirse desplazamientos y cambios de dirección.
4 Los movimientos que trabajan en planos diferentes pueden ser combinados. Por ejemplo, Saltos abriendo y cerrando piernas y Pasos de esquí.
5 Las palancas pueden alargarse.
6 Las líneas de los brazos pueden variarse y utilizarse tanto:
   - sumergidas bajo el agua,
   - fuera del agua (no con demasiada frecuencia porque esto puede elevar la presión sanguínea),
   - en la superficie del agua.

EL DISEÑO DE UN PROGRAMA DE ENTRENAMIENTO EN CIRCUITO 12

¿Por qué utilizar un formato de entrenamiento en circuito?

El entrenamiento en circuito puede ser una alternativa efectiva a la estructura tradicional de un programa de ejercicio acuático. Puede diseñarse para entrenar todos los componentes de la puesta en forma, y añadir variedad al programa de los que se ejercitan habitualmente en el agua. También puede atraer el interés de nuevos participantes.

¿Cómo debe estructurarse un programa de entrenamiento en circuito?

La sesión debe estar precedida por un período de calentamiento y concluirla con un enfriamiento apropiado. La parte principal deberá comprender un rango de ejercicios diseñado en un formato de entrenamiento en circuito. Una reseña de la estructura necesaria de una sesión se ofrece en la tabla 12.1.

¿Qué ejercicios son apropiados para utilizar en el circuito?

Si el objetivo del circuito es mejorar tan sólo la puesta en forma cardiovascular, serán apropiados todos los ejercicios ilustrados al final de los Capítulos 8 y 9. Si el objetivo es mejorar la fuerza y resistencia muscular, serán apropiados los ejercicios que se exponen al final del Capítulo 10. Si lo que se pretende es una sesión combinada de entrenamiento cardiovascular y de fuer-

---

Tabla 12.1 | **La estructura de una sesión de entrenamiento en circuito**

Calentamiento
- Movilidad y actividades de elevación del pulso.
- Estiramientos preparatorios.
- Recalentamiento (incrementar la intensidad al nivel del circuito).

Sesión de entrenamiento principal – componente de entrenamiento en circuito (tres aproximaciones)
1 Ejercicios de tonificación específicos dirigidos a todos los grandes grupos musculares para conseguir una aproximación corporal equilibrada y global, y mejorar la fuerza y resistencia muscular, o ...
2 Un rango de ejercicios para mejorar la puesta en forma cardiovascular, o ...
3 Una combinación de ambos tipos de ejercicios para mejorar cada componente de la puesta en forma.

Enfriamiento o vuelta a la calma
- Ejercicios de enfriamiento (bajar la intensidad del nivel del circuito).
- Estiramientos post entrenamiento.
- Actividades de relajación (opcional).
- Removilización.

Nota: la intensidad y selección de los ejercicios incluidos en el recalentamiento y enfriamiento necesitarán corresponderse con la intensidad de la sesión principal. Si la intensidad de ésta es alta e incluye cierto número de movimientos cardiovasculares enérgicos, entonces la intensidad de estos componentes necesitará desarrollarse hacia arriba y hacia abajo desde este alto nivel, respectivamente. Las normas para aumentar y disminuir la intensidad a un nivel más alto se expusieron en el Capítulo 6 y en el Capítulo 8.

za y resistencia muscular, entonces son apropiados los ejercicios de todos los capítulos mencionados.

Cuando se utiliza una aproximación combinada, es deseable alternar ejercicios de fuerza y resistencia muscular con ejercicios cardiovasculares. Tal estrategia asegurará que se mantiene la intensidad de las actividades durante una frecuencia adecuada para obtener mejoras en la puesta en forma cardiovascular. Esta aproximación es aconsejable debido a que algunas de las actividades de fuerza y resistencia muscular ilustradas son menos exigentes sobre el sistema cardiovascular. Pueden bajar demasiado la intensidad si se realizan consecutivamente en el mismo circuito.

Una aproximación alternativa es realizar dos circuitos específicos: el primero, consistente en ejercicios cardiovasculares; y el segundo, en ejercicios de fuerza y resistencia muscular. Si se utilizan dos circuitos principales, entonces la intensidad del cardiovascular necesitará reducirse ligeramente antes de pasar al de fuerza y resistencia muscular. Una estructura adecuada de sesión para seguir esta aproximación se reseña en la tabla 8.1 de la página 105.

¿Cómo puede controlarse el circuito?

Si realizamos un circuito de ejercicios acuáticos como parte de nuestro entrenamiento, necesitamos simplemente planificar al completo las actividades y a continuación llevarlas a cabo en el agua. Sin embargo, los entrenadores con grupos de participantes que necesitan una planificación cuidadosa han de asegurarse de que consiguen un control adecuado. Los participantes necesitarán ser instruidos sobre las estaciones, de otro modo pueden sentirse inseguros de cómo realizar los ejercicios correctamente. Algunos entrenadores las explican después del recalentamiento, pero esta aproximación a menudo baja la intensidad, a menos que los participantes se mantengan suficientemente activos mientras se les explican y demuestran los ejercicios. Un método más apropiado de enseñar los ejercicios de las estaciones es realizar cada uno de ellos a una menor intensidad durante el calentamiento. Esto ayudará a una elevación progresiva de la intensidad, a mantener el interés, y a mejorar la continuidad de la sesión.

Desgraciadamente, aun así, los participantes pueden olvidar qué tienen que hacer en las estaciones cuando el circuito principal está en marcha. Pueden emplearse carteles impresos para ilustrar el ejercicio en cada una, a modo de recordatorio. Los esquemas tienen que ser grandes, claros y visibles, y las tarjetas necesitarán estar plastificadas para usarlas en el borde de la piscina. Es también útil listar los puntos clave del entrenamiento como recordatorios de seguridad.

La presencia de ayudantes y compañeros también puede ayudar a un control efectivo. Sin embargo, necesitarán ser cuidadosamente instruidos acerca de su función y sus responsabilidades. En realidad, muchas veces no se dispone de ayudantes. Por lo tanto, si se trata con grupos inexpertos y no se cuenta con ayudantes, suele ser más fácil reducir el número de estaciones que se realizan alrededor de la piscina al mismo tiempo. Las figuras 12.3, 12.4 y 12.5 de las páginas 176 y 177 ilustran aproximaciones más apropiadas para afrontar grupos menos experimentados.

¿Qué formatos de circuito existen?

Hay varios modos de organizar a un grupo para realizar los componentes de entrenamiento del circuito principal. El formato seleccionado debe ser el adecuado para acomodar el número de estaciones y el número de participantes. Con grupos más pequeños no es deseable tener un gran número de estaciones con una sola persona ejercitando en cada una de ellas. Es más aconsejable estimular a un grupo de gente en cada estación, porque ayuda a la motivación y a la observación. Cinco formatos diferentes se ilustran en las figuras 12.1 a 12.5. También se identifican algunas de las ventajas y desventajas de utilizar cada uno de ellos.

Figura 12.1 Circuito en cuadrado, tradicional

1	2	3	4
XXXX	XXXX	XXXX	XXXX
XXXX	XXXX	XXXX	XXXX
5	6	7	8

Ventajas

- Puede utilizarse en todas las profundidades del agua.
- Pueden colocarse los ejercicios a una profundidad de agua adecuada.
- Puede tener un gran número de estaciones.
- La variedad de estaciones permite mantener el interés.

Desventajas

- Es más duro para el entrenador moverse alrededor y observar.
- La profundidad de agua seleccionada puede no ser adecuada para todos.

Figura 12.2 Circuito en línea

1	2	3	4	5	6	7	8
X	X	X	X	X	X	X	X
X	X	X	X	X	X	X	X
X	X	X	X	X	X	X	X
X	X	X	X	X	X	X	X
X	X	X	X	X	X	X	X
X	X	X	X	X	X	X	X
X	X	X	X	X	X	X	X

Ventajas

- Funciona bien para circuitos cardiovasculares.
- Relativamente fácil para moverse alrededor y observar.
- Pueden colocarse estaciones en las profundidades de agua apropiadas.

Desventajas

- Funciona con menor efectividad para circuitos de fuerza y resistencia muscular debido a que el espacio de los bordes de la piscina es limitado.
- Difícil, si no imposible, para organizar y utilizar equipamiento en esta aproximación.
- La profundidad del agua seleccionada puede que no sea apropiada para todos los individuos cuando se cambia de línea.

Figura 12.3 Circuito en esquinas

1	2
XXXX	XXXX
XXXX	XXXX
XXXX	XXXX
XXXX	XXXX
XXXX	XXXX
XXXX	XXXX
3	4

Ventajas

- Más fácil de manejar debido al menor número de estaciones.
- Ideal para grupos más pequeños.
- Ideal para principiantes: la menor cantidad de ejercicios para recordar y las repeticiones pueden mejorar el rendimiento.
- Grupos muy pequeños pueden realizar una estación y el entrenador puede moverse alrededor con ellos para ayudarles.

Desventajas

– Puede necesitarse un ayudante para observar si la piscina es grande.
– Puede llegar a ser demasiado repetitivo o aburrido si se repiten las mismas estaciones durante varios circuitos.

Figura 12.4 Circuito dividido en dos mitades	
1	2
X X X X X X X X X X	X X X X X X X X X X
X X X X X X X X X X	X X X X X X X X X X
X X X X X X X X X X	X X X X X X X X X X
X X X X X X X X X X	X X X X X X X X X X
X X X X X X X X X X	X X X X X X X X X X
X X X X X X X X X X	X X X X X X X X X X
X X X X X X X X X X	X X X X X X X X X X
X X X X X X X X X X	X X X X X X X X X X

Ventajas

– Más fácil de manejar: sólo se realizan dos ejercicios al mismo tiempo.
– Pueden realizarse ejercicios en profundidad y superficiales consecutivamente (necesarios un ayudante y un socorrista para las actividades en agua profunda).
– Fácil para conducir e instruir a los principiantes: menos ejercicios para explicar.

Desventajas

– Puede ser necesario un ayudante para observar a una mitad del grupo si la piscina es grande.
– Los tiempos de transición a cada lado de la piscina pueden ser largos, especialmente si se utiliza equipamiento.

Figura 12.5 Disperso. Circuito de dirección simultánea
X   X   X   X
X   X   X   X   X
X   X   X   X
X   X   X   X   X
X   X   X   X
X   X   X   X   X
X   X   X   X

Ventajas

– Todos realizan la misma actividad al mismo tiempo.
– Sólo se necesita dar una vez la orden para un ejercicio.
– No son necesarias las tarjetas de circuito: los participantes siguen las órdenes del entrenador.
– Se pueden controlar grupos grandes con mayor facilidad.
– Puede adaptarse para grupos con habilidades diferentes y principiantes con mayor facilidad.
– Puede permitir a los participantes seleccionar y variar la profundidad del agua en la que trabajan para seguir la actividad.

Desventajas

– El espacio en una profundidad de agua adecuada puede resultar limitado.
– Se necesitará ofrecer modos alternativos de realizar actividades si el agua es demasiado superficial o demasiado profunda para el ejercicio seleccionado.

¿Cómo puede controlarse el tiempo de trabajo en cada estación?

El tiempo empleado entrenando en una estación o ejercicio específico puede ser dictado por el ritmo de cada ejercicio, o especificando el número de repeticiones que se han de realizar. Ambos requerirán establecer un tiempo de trabajo apropiado en cada estación y un tiempo de descanso entre estaciones. La relación trabajo/descanso necesitará ser la adecuada para el grupo concreto. Las normas de relaciones adecuadas de trabajo/descanso se ofrecen en la tabla 12.2 de la página 179.

Circuito de tiempo controlado

Hay dos modos de controlar el tiempo de un circuito. La primera es medir el tiempo de trabajo y de descanso utilizando un cronómetro; un inconveniente es que hay que estar más pendiente de mirar el reloj que a los participantes. Sin embargo, permite emplear el mismo tiempo en cada estación. Cuando se tiene cierta maestría, es posible estimar el tiempo en lugar de «mirar el reloj».

Alternativamente, el tiempo puede ser controlado en una estación específica. Por ejemplo, si Caminar en el agua se utiliza como estación, pueden hacerse caminando un cierto número de anchos antes de pasar a la siguiente estación. Un inconveniente de este método es que los distintos participantes lo realizarán a diferentes velocidades. Si algunos llevan demasiado tiempo, entonces el tiempo global de trabajo en cada estación variará ligeramente.

Circuito de repeticiones controladas

Hay dos modos de controlar las repeticiones realizadas. El entrenador puede dictar un rango de repeticiones de la serie (p. ej. 15 repeticiones de cada ejercicio) o puede permitir a los participantes elegir entre dos y cuatro rangos diferentes de repeticiones (p. ej. elegir 8, 12, 16 ó 20 repeticiones de cada ejercicio).

Si el entrenador marca un único número de repeticiones, puede que esa cifra no sea apropiada para las diferentes capacidades de los participantes. Sin embargo, se pueden ofrecer intensidades alternativas, y aconsejar a los participantes que seleccionen la que puedan realizar con las repeticiones prescritas. Sin embargo, algunos pueden realizarla a diferentes velocidades, y unos pueden terminar el ejercicio antes que otros. Esto es igualmente un problema si se ofrece una selección de rangos de repeticiones.

Si los participantes eligen sus diferentes rangos de repeticiones, unos terminarán antes que otros. Por lo tanto, permanecerán inactivos mientras esperan a que los demás finalicen, y pueden formarse colas en estaciones específicas. El mejor modo de evitar esto es tener un ejercicio control en el centro de la piscina. Los participantes pueden realizar el ejercicio mientras esperan a que el resto del grupo complete su serie. Cuando todo el grupo esté en el centro de la piscina, ya todos podrán pasar a la siguiente estación.

¿Cómo puede adaptarse una sesión de entrenamiento en circuito para diferentes niveles de puesta en forma?

La intensidad de las estaciones individuales puede adaptarse para satisfacer los diferentes requerimientos variando:
- la velocidad del ejercicio,
- la longitud de las palancas que se mueven,
- el rango de movimiento,
- la posición (p. ej. las Elevaciones laterales de piernas serán más fáciles que las Tijeras de piernas),
- la fuerza ejercida contra el agua.

La intensidad global del programa de entrenamiento en circuito puede adaptarse para acomodarla a las diferentes necesidades modificando:
- el número de estaciones,
- la intensidad de los ejercicios de cada estación,
- el tiempo de trabajo en cada estación,
- el tiempo de descanso entre cada estación,
- el número de veces que se realiza el circuito,
- el tiempo de descanso entre cada circuito.

Normas de orientación más específicas para adaptar la intensidad y duración del circuito a diferentes grupos se ofrecen en la tabla 12.2.

Nota

Progresiones detalladas se proporcionan para todos los ejercicios ilustrados en los Capítulos 8, 9 y 10.

Tabla 12.2	Adaptación de la intensidad y duración del circuito para diferentes grupos		
Método de desarrollo	Grupos en baja forma física o especiales	Grupos de nivel intermedio de puesta en forma y generales	Grupos de nivel de puesta en forma avanzado y de deportes específicos
Duración global del circuito (incluyendo calentamiento y enfriamiento)	30-45 minutos	45-60 minutos	60 minutos
Intensidad global de las estaciones del circuito	Baja	Moderada-Alta	Más alta
Tiempo de trabajo en la estación Nota: si la meta es la fuerza muscular, entonces el tiempo necesitará ser más corto y la intensidad más alta	Más corto	Moderado	Más largo
Tiempo de descanso entre estaciones Nota: los circuitos cardiovasculares necesitarán un descanso activo. Realizar una actividad de menor intensidad entre estaciones puede ser suficiente	Tiempo de descanso más largo: realizar actividad de menor intensidad para permitir una recuperación suficiente	Descansos moderados: realizar una actividad moderadamente intensa para permitir la recuperación de las actividades de intensidad más alta	Tiempo de descanso más corto necesario entre actividades más intensas. Los períodos de descanso pueden ser más activos: movimientos continuos alrededor del circuito
Aproximación Nota: ésta puede variar para acomodar las metas de puesta en forma del individuo/grupo que está siendo entrenado	Tiempo o repeticiones. El formato de orden es más fácil de manejar	Tiempo o repeticiones	Tiempo o repeticiones para adaptar el programa a la medida de las necesidades específicas
Número de estaciones Nota: éste puede variar dependiendo del número de participantes	Bajo (4-8)	Moderado (8-12)	Más alto (10-20) dependiendo del número de participantes
Número de circuitos Nota: éste puede variar dependiendo del número de estaciones utilizadas	Bajo (1-2)	Moderado (1-3)	Más alto (1-4)
Ejercicios apropiados: Todos los ejercicios se ilustran al final de los Capítulos 8, 9 y 10	Compuesto (trabajar un número de músculos para reducir el número de ejercicios)	Ejercicios compuestos y aislados utilizando equipamiento	Ejercicios compuestos y aislados utilizando equipamiento

Nota

Los ejercicios compuestos pueden ser más intensos que algunos ejercicios aislados. Por lo tanto, puede ser necesario bajar la intensidad para los participantes menos en forma y para grupos especiales.

PROGRAMAS ESPECIALES

4

CUARTA**PARTE**

ENTRENAMIENTO EN EL AGUA PARA DEPORTISTAS

13

Los deportistas están siempre en riesgo de sobreentrenar y desarrollar la intensidad de sus programas demasiado rápidamente. La aparición de roturas por sobreesfuerzo y lesiones por sobrecarga son comunes. El entrenamiento cruzado en el agua puede mejorar y mantener la puesta en forma física y ayudar al desarrollo de habilidades específicas. La principal ventaja de ejercitar en el agua es que el cuerpo está soportado, y el riesgo de lesión para el atleta es menor.

Este capítulo explora los beneficios de ejercitar en el agua específicamente para la persona deportista. También reseña una estructura apropiada de sesión, y proporciona normas para diseñar un programa específico para deportes.

¿Cuáles son los beneficios del entrenamiento en el agua para las personas deportistas?

La **flotabilidad** soporta el peso corporal y disminuye el impacto y el estrés sobre las articulaciones. Movimientos tales como correr, saltar, girar y los movimientos de potencia explosiva son amortiguados cuando se realizan en el agua. Hay menos riesgo de lesión para las articulaciones y músculos. Por lo tanto, las actividades específicas relacionadas con la técnica pueden realizarse y repetirse durante mucho más tiempo en el agua con bastante menos potencial de riesgo de roturas por sobreesfuerzo.

El agua también proporciona **resistencia** a los movimientos del cuerpo en todas las direcciones. Cuanto más intensamente se tira, empuja o patea el agua, mayor es la resistencia al movimiento. Ésta proporciona muchos beneficios para las personas deportistas. Hay menos posibilidad de alcanzar el final del rango de movimiento excesivamente rápido, de modo que las actividades que replican a aquéllas realizadas en la actividad deportiva específica pueden ser practicadas sin el riesgo de dañar a los tejidos que circundan a las articulaciones. Un *swing* con un bate de cricket o una raqueta de tenis a través del agua será menos estresante que cuando se realiza en tierra, pero los músculos se verán forzados a trabajar más duro para contrarrestar la resistencia del agua. Esto puede mejorar el rendimiento en la actividad deportiva específica pero sin sobrecargar a los músculos o articulaciones.

La intensidad de las actividades puede desarrollarse progresivamente utilizando equipamiento que incremente aún más la resistencia proporcionada al movimiento. Sujetar con un guante de agua una raqueta de tenis incrementará el área de superficie y el arrastre. Añadir otros aparatos de flotabilidad a un bate de cricket incrementará la flotación y el área de superficie. Ambos intensificarán el trabajo necesario de los músculos para contrarrestar la resistencia añadida al movimiento, y optimizará los beneficios recibidos del entrenamiento.

¿Por qué un deportista debe ejercitarse en el agua?

Un deportista puede acudir al entrenamiento en el agua por varias razones.
- Entrenamiento pre-temporada o entrenamiento cruzado.
- Entrenamiento cruzado en plena temporada.
- Entrenamiento post-temporada o entrenamiento cruzado.
- Rehabilitación de lesiones.

Pre-temporada

El principal objetivo del entrenamiento pre-temporada es desarrollar un nivel básico de puesta en forma en todos sus componentes. Éstos incluyen la fuerza muscular, la resistencia muscular, la puesta en forma cardiovascular y la flexibilidad. Una vez que se ha alcanzado el nivel básico de puesta en forma, el deportista puede entonces trabajar hacia el desarrollo de técnicas específicas que mejorarán su rendimiento en la disciplina deportiva que ha elegido. Éstas variarán dependiendo de la actividad deportiva, pero pueden incluir una o más de las siguientes: potencia, velocidad, equilibrio, agilidad, coordinación, etc. (normas de orientación para mejorar la puesta en forma de cada uno de estos componentes se ofrecen en el Capítulo 2.) El agua es un medio de mayor sustentación para el entrenamiento que busca mejorar la puesta en forma y desarrollar la técnica. Proporcionará una liberación del estrés creada sobre el cuerpo por otras actividades pre-temporada practicadas en tierra.

Temporada

Durante el entrenamiento de temporada, el deportista necesitará desarrollar y mejorar aún más sus habilidades específicas. El entrenamiento cruzado en el agua disminuirá el riesgo de lesión que puede ser mayor cuando se entrena en tierra para mejorar dichas habilidades. Las actividades relacionadas con técnicas específicas pueden realizarse durante más tiempo en el agua debido a que el cuerpo es soportado por la flotabilidad. El entrenamiento cruzado en el agua puede ayudar a ponerse a punto en algunas técnicas y movimientos específicos, sin causar distensiones a los músculos o articulaciones.

Post-temporada

El principal objetivo del entrenamiento post-temporada es proporcionar al cuerpo un período de recuperación activa. El organismo necesitará tiempo para recuperarse del estrés al que ha estado sometido a causa de la actividad competitiva. El programa de actividades en esta fase debe ser suficiente para mantener un nivel razonable de puesta en forma física, pero menos exigente. Puede ponerse mayor énfasis en las actividades de movilidad y de estiramiento. Ejercitarse en el agua puede mantener la puesta en forma y mejorar las actividades de movilidad y estiramiento. El beneficio adicional del ejercicio en el agua durante el entrenamiento de post-temporada es que la presión del agua contra el cuerpo generará un efecto de masaje. Esto ayudará a la relajación corporal y a reducir la tensión física y mental.

Rehabilitación de lesiones

Las lesiones pueden hacer que los deportistas se sientan frustrados. Llegarán a desesperarse por volver a su régimen de entrenamiento y restablecer su nivel de puesta en forma. El agua actúa de soporte para el cuerpo, así que es posible para ellos continuar entrenando en el agua mientras se están recuperando de una lesión. La forma física puede desarrollarse, y la técnica mejorar, sin someter a la articulación o músculo dañados bajo un estrés excesivo. La utilización de un cinturón de flotación, incluso durante las sesiones de entrenamiento en agua superficial, proporcionará un soporte aún mayor al cuerpo y reducirá el riesgo de causar algún traumatismo añadido. Además, la presión del agua puede ayudar a reducir la inflamación y el dolor de la zona lesionada. Es aconsejable desarrollar los programas específicos de rehabilitación bajo la dirección de un fisioterapeuta.

¿Cómo se estructurará la sesión de entrenamiento específica para el deporte?

El entrenamiento específico para el deporte debe seguir la misma estructura de sesión que cualquier otra. Debe ir precedida de un período de calentamiento, y concluida con un período de enfriamiento adecuado. El diseño de la parte principal de la sesión dependerá de las razones del deportista para participar. Es deseable incluir actividades para mejorar todos los componentes de la

Tabla 13.1	Estructuración de una sesión de entrenamiento específica para el deporte

Calentamiento
- Movilidad y elevación del pulso: articulaciones diana utilizadas a través de la sesión de entrenamiento principal.
- Estiramientos preparatorios: incluir estiramientos extraestáticos o de movimiento para los músculos que necesitarán moverse en un rango extendido durante la sesión de entrenamiento principal.
- Recalentamiento específico para la actividad principal.

Sesión de entrenamiento principal
- Incluir actividades para entrenar la puesta en forma cardiovascular.
- Incluir actividades que imiten las actividades del deporte específico (técnica, potencia, etc.).
- Incluir actividades para fortalecer los grupos musculares opuestos con el fin de equilibrar y compensar la sobrecarga en las actividades deportivas.

Enfriamiento o vuelta a la calma
- Las actividades de enfriamiento para bajar el latido cardíaco deben ser específicas para la actividad principal.
- Estirar todos los músculos trabajados.
- Desarrollar los músculos menos flexibles si la temperatura de la piscina lo permite.

Nota: una sesión de entrenamiento en circuito funciona bien para entrenar a los deportistas.

puesta en forma. Sin embargo, puede ser necesario prestar especial atención a:
- repetir las actividades que son realizadas al máximo en el deporte,
- compensar la fuerza de los músculos opuestos a aquéllos utilizados al máximo durante la actividad deportiva,
- desarrollar la flexibilidad en los músculos que se requiere elongar rápidamente cuando se contraen sus opuestos. (Por ejemplo, al dar una patada a un balón el cuádriceps se contrae forzadamente. Su grupo muscular opuesto, los flexores de la pierna, necesita estar lo suficientemente flexible para relajarse y elongarse. Si no lo está, hay un mayor riesgo de rotura muscular.)

Una adecuada estructura de sesión se reseña en la tabla 13.1.

¿Cómo puede desarrollarse un programa específico para el deporte efectivo?

Para diseñar una sesión efectiva de entrenamiento específico para el deporte, es necesario identificar las principales actividades motoras que se emplean en cada deporte en cuestión. Examinar cómo se mueven las articulaciones y cómo se contraen los músculos ayudará a seleccionar las actividades adecuadas. Observar un vídeo que registre una actividad deportiva permitirá al instructor analizar y desglosar los movimientos más específicamente. Una vez que las actividades principales han sido identificadas, es necesario idear los modos de replicar en el agua tales movimientos. La tabla 13.2 en la página siguiente proporciona un desglose muy básico de dos de las actividades utilizadas cuando se juega al fútbol.

Incluso este análisis básico de los movimientos proporciona evidencias de que el músculo cuádriceps recibe una mayor cantidad de trabajo que sus antagonistas, los flexores de la pierna. Por lo tanto, deben tenerse en consideración las siguientes actividades:
- Trabajo de fortalecimiento para el cuádriceps y los flexores de la cadera como motores primarios
- Compensar el trabajo de fortalecimiento para el cuádriceps.
- Trabajo de flexibilidad para los flexores de la pierna y los glúteos con el fin de asegurar que

Tabla 13.2	Desglose de las acciones articulares y musculares que trabajan para dos de las principales actividades en el fútbol		
Movimiento	Acción articular	Primer motor (músculo que se contrae para realizar el movimiento)	Antagonista (músculo que se alarga cuando el primer motor se contrae)
Dar patada	Flexión de la cadera	Flexor de la cadera, cuádriceps	Glúteos, flexores de la pierna
Dar patada	Extensión de la rodilla	Cuádriceps	Flexores de la pierna
Correr	Flexión de la cadera	Flexor de la cadera, cuádriceps	Glúteos, flexores de la pierna
Correr	Extensión de la cadera	Glúteos, flexores de la pierna	Flexor de la cadera, cuádriceps
Correr	Dorsiflexión del tobillo	Tibial anterior	Gemelos, sóleo
Correr	Flexión plantar del tobillo	Gemelos, sóleo	Tibial anterior
Correr	Extensión de la rodilla	Cuádriceps	Flexores de la pierna

estos músculos tienen suficiente rango de movimiento para alargarse cuando sus opuestos se contraen forzadamente.

- Trabajo de flexibilidad para todos los músculos que se contraen fuertemente durante la actividad; por ejemplo, cuádriceps, gemelos, sóleo, erector de la columna, para mantener la flexibilidad.
- Mejora de la puesta en forma cardiovascular.
- Mejora de la puesta en forma anaeróbica: movimientos explosivos.

Actividades sugeridas para las sesiones de entrenamiento principal de cuatro programas diferentes específicos para deportes

Fútbol – entrenamiento principal

Diez estaciones de circuito: realizar el circuito completo dos veces.

1 Correr haciendo anchos de la piscina, con el nivel del agua entre el ombligo y el pecho, desplazándose hacia delante y hacia atrás de un lado al otro. (Repetir tres veces y utilizar el tiempo como control del circuito.)

2 Trotar y esprintar en agua profunda con cinturón de flotación: elevar la potencia de las piernas.

3 Fondos en piscina para equilibrar la parte superior del cuerpo (página 144).

4 Saltos con piernas flexionadas –a la profundidad del pecho– (página 114).

5 Combinar Flexión de tronco completa y Jalón de cadera para los abdominales (páginas 138-139).

6 Patadas con desplazamiento hacia atrás con rebote (página 88).

7 Saltos con talones a nalgas –rápido y lento– (página 84).

8 Cabecear con compañero. El compañero A lanza la pelota y el compañero B salta para darle con la cabeza y devolvérsela a A. Repetir seis veces y a continuación cambiar para que B lance la pelota y A la cabecee.

9 Pillar al compañero. A corre hacia cualquier parte de la piscina, B intenta coger a A. En un segundo circuito, B es el que tiene que ser cogido por A.

10 Golpes de pie (página 143).

Otras ideas para fútbol

1 Juego de pillar al equipo. Un miembro del equipo persigue al resto. Cuando uno de ellos es pillado, tiene él que perseguir a los demás.

2 Cabecear en grupo (estático o en movimiento).

Boxeo – entrenamiento principal

Diez estaciones de circuito: realizar el circuito dos veces.

1 Empujón al agua con mancuernas acuáticas (página 89).
2 Boxeo en sombra: dar puñetazos y bloqueos al aire (a la profundidad del abdomen).
3 Jalón de cadera con cinturón de flotación y mancuernas acuáticas entre las rodillas (página 139).
4 Saltos abriendo y cerrando piernas (página 117).
5 Boxeo en sombra y puñetazos a través del agua (a la profundidad del pecho).
6 Pasos adelante y atrás (página 85).
7 Saltos con piernas flexionadas (página 114).
8 Boxeo en sombra en agua profunda con cinturón de flotación y dando puñetazos a través del agua.
9 Fondos en piscina (página 144).
10 Abrazos de oso (página 145).

Flexibilidad focalizada para boxeo

Pectorales, tríceps, dorsal ancho, trapecio, flexores de la pierna, gemelos, flexor de la cadera, aductores.

Baloncesto – entrenamiento principal

Diez estaciones de circuito: realizar el circuito dos veces.

1 Salto de la rana (página 113).
2 Saltos de esquí sobre step (página 127).
3 Correr a los anchos de la piscina, con el nivel del agua entre el ombligo y el pecho, desplazándose hacia un ancho hacia delante, y hacia el otro hacia atrás. (Repetir tres veces y utilizar el tiempo como control del circuito).
4 Saltos, lanzamientos y capturas con compañero.
5 Pillar al compañero. A corre hacia cualquier parte de la piscina, B intenta coger a A. En un segundo circuito, B es el que tiene que ser cogido por A.
6 Fondos en piscina (página 144).
7 Chapoteo (página 118).

8 Sirenas (página 136).
9 Caminar por el agua (página 119).
10 Arrancadas de potencia utilizando step y balón (empujar el balón a través del agua) (página 132).

Otras ideas para baloncesto

1 Practicar lanzamientos en el agua para disminuir el impacto (puede llevarse cinturón de flotación para mayor amortiguamiento).
2 Juego de pillar al equipo.
3 Jugar al baloncesto en equipo en el agua. Reemplazar los rebotes y pases del balón por empujes hacia abajo y pases del balón a través del agua.

Flexibilidad focalizada para baloncesto

Dorsal ancho, oblicuos, pectorales, trapecio, tríceps, flexores de la pierna, flexor de la cadera, cuádriceps, aductores.

Rugby – entrenamiento principal

Diez estaciones de circuito: realizar el circuito completo dos veces.

1 Correr a los anchos de la piscina, con el nivel del agua entre el ombligo y el pecho, desplazándose hacia un ancho hacia delante, y hacia el otro hacia atrás, con balón de rugby. (Repetir tres veces y utilizar el tiempo como control del circuito).
2 Trotar y esprintar en agua profunda, con cinturón de flotación y balón de rugby.
3 Abrazos de oso (página 145).
4 Pasos adelante y atrás (página 85).
5 Jalón de cadera con cinturón de flotación y mancuernas acuáticas entre las rodillas (página 139).
6 Pillar al compañero. A corre hacia cualquier parte de la piscina, B intenta coger a A. En un segundo circuito, B es el que tiene que ser cogido por A.
7 Saltos con piernas flexionadas (página 114).
8 Perseguir y bloquear al compañero. El compañero A corre con el balón, el compañero B le bloquea con el objetivo de ganar la posesión

del balón. Cuando B tiene la posesión, A persigue el bloqueo.

9 Saltos abriendo y cerrando piernas (página 117).

10 Saltos con talones a nalgas –rápido y lento– (página 84).

Otras ideas para rugby

1 Melé en el agua.

2 Juego en equipo. Arrollar la barrera: la mitad del equipo se alinea para formar una barrera atravesada en la piscina. El resto del equipo se alinea en un extremo de la piscina y corre con el balón, procurando romper la barrera y colocar el balón en la pared de la piscina del otro lado.

Flexibilidad específica para rugby

Flexores de la pierna, gemelos, cuádriceps, aductores, flexor de la cadera, pectorales, dorsal ancho, oblicuos.

Correr y caminar – entrenamiento principal

Los corredores y marchadores pueden entrenarse con efectividad en el agua. Los siguientes elementos pueden variarse para modificar el efecto del entrenamiento.

– Profundidad del agua: a nivel del abdomen o del pecho (Nota: habrá mayor estrés sobre el cuerpo si se corre con el agua a nivel del abdomen).

– Equipamiento: con o sin cinturón de flotación, con o sin mancuernas acuáticas.

– Dirección: estática, desplazamiento hacia delante y hacia atrás, desplazamiento en todas las direcciones.

– Velocidad: lenta, moderada, esprint rápido.

– Longitud de zancada: corta, normal, larga.

– Modo: rebote, neutro o suspendido. (Los diferentes modos se describen en el Capítulo 8.)

Flexibilidad específica para correr y caminar

Flexores de la pierna, aductores, flexores de la cadera, gemelos, tibial anterior, cuádriceps.

Danza – entrenamiento principal

1 Realizar las secuencias de movimientos y los esquemas coreográficos en el agua. El agua proporciona un aumento de la resistencia a los movimientos, así que los músculos necesitarán trabajar más duro para compensar la resistencia.

2 Realizar movimientos específicos de elevación y de salto de mayor duración. El agua proporcionará soporte y reducirá el estrés sobre el cuerpo. También ayudará al desarrollo de la técnica correcta: si ésta no es adecuada, se perderá el equilibrio al realizarla en el agua.

3. Realizar el trabajo de barra en el borde de la piscina: el agua ayudará a la duración en la que pueden mantenerse las posiciones. También puede alcanzarse un mayor rango de movimiento.

ENTRENAMIENTO EN EL AGUA PARA MAYORES

14

La actividad física es beneficiosa sin importar la edad a la que se comience a ejercitar. Sin embargo, el porcentaje en el que progresemos será ligeramente menor cuanto más mayores seamos.

Este capítulo trata los efectos del envejecimiento sobre el cuerpo, los beneficios de ejercitar en el agua para una persona mayor y la estructura apropiada de la sesión. También reseña cómo adaptar cada componente de la sesión para acomodarlo a algunos de los requerimientos de los deportistas mayores.

¿Cómo afecta el proceso de envejecimiento a nuestro cuerpo?

El envejecimiento tiene un efecto significativo sobre el organismo. El aparato locomotor y los sistemas cardiovascular, respiratorio y nervioso se ven todos ellos afectados por los procesos de envejecimiento. Algunos de los cambios que ocurren se reseñan en las tablas 14.1 a 14.4. Generalmente, los cambios relacionados con la edad comienzan a producirse hacia los 50 años y se vuelven más marcados alrededor de los 65. Sin embargo, un estilo de vida inactivo y de bajo uso de los músculos puede contribuir a la aparición precoz del envejecimiento. La actividad física y la utilización regular de los músculos pueden

ralentizar el proceso de envejecimiento, de modo que es posible que una persona activa de 70 u 80 años se encuentre en mejor forma y condición que otra inactiva de 40. La concienciación de los cambios relacionados con la edad ayudará a reconocer cómo necesitarán adaptarse las actividades.

¿Cómo necesitarán adaptarse los movimientos? [Tabla 14.1]

- Los movimientos de las articulaciones necesitarán ser más lentos y más controlados.
- Las actividades de elevado impacto provocarán demasiado estrés sobre las articulaciones.
- El énfasis debe ponerse en trabajar los músculos que mejoran la postura.
- Serán necesarias más actividades de movilización para las articulaciones.
- Deben incluirse ejercicios de fortalecimiento para mejorar la densidad ósea.
- Puede ser necesario hacer mayores adaptaciones para aquéllos con patologías especiales (artritis, etc.).

¿Cómo necesitarán adaptarse los movimientos? [Tabla 14.2]

- Todos los movimientos necesitarán ser más lentos.

Tabla 14.1 Los efectos del envejecimiento sobre el sistema esquelético	
Efectos del envejecimiento	Problemas asociados
• Disminución de la densidad ósea (menos calcio en los huesos) • Calcificación (pérdida de tejido óseo) del cartílago en las articulaciones • Disminución del fluido sinovial en las articulaciones (líquido que lubrica las articulaciones)	• Huesos frágiles – osteoporosis • Problemas posturales tales como curvaturas de la columna vertebral • Incremento de la posibilidad de enfermedades articulares, artritis, etc. • Absorción menos efectiva de los choques sobre las articulaciones • Articulaciones débiles y con menor movilidad

Tabla 14.2	Los efectos del envejecimiento sobre el sistema muscular
Efectos del envejecimiento	**Problemas asociados**
• Disminución de las neuronas motoras (los nervios transmisores de los mensajes a los músculos) • Disminución de las fibras musculares de contracción rápida (las fibras utilizadas durante el entrenamiento de la fuerza y las actividades de potencia) • Disminución de la concentración de miosina y actina (las fibrillas musculares más pequeñas) • Reducción de la capilarización (menor aporte de sangre a los músculos) • Incremento del tejido conectivo en los músculos • Reducción de la elasticidad de ligamentos y tendones	• Velocidad de movimiento reducida • Menos potencial de fuerza muscular • Pérdida de tejido muscular • Menos potencial de resistencia muscular • Menos flexibilidad • Rigidez y menor movilidad articular • Debilidad de los músculos del suelo pélvico

Tabla 14.3	Los efectos del envejecimiento sobre el sistema cardiovascular
Efectos del envejecimiento	**Problemas asociados**
• Disminución del intercambio gaseoso, de la elasticidad de los pulmones, y de la flexibilidad del tórax • Menor eyección cardíaca y sistema circulatorio menos eficiente • Reducción de red capilar y menos intercambio de oxígeno a las células • Incremento de la presión sanguínea	• Reducción de la captación de oxígeno • Latido cardíaco máximo más bajo y ritmo de recuperación más lento • Disminución de la tolerancia a la fatiga y a los productos de desecho, como el ácido láctico • Incremento de la posibilidad de enfermedad de los sistemas cardiovascular y respiratorio

Tabla 14.4	Los efectos del envejecimiento sobre el sistema nervioso
Efectos del envejecimiento	**Problemas asociados**
• Disminución de la memoria inmediata • Disminución del equilibrio • Menos mensajes del cerebro al cuerpo a causa de la muerte de células nerviosas	• Olvido más rápido de los esquemas de movimiento • Dificultad para estabilizarse en una posición y mantener el equilibrio • Reducción de la conciencia corporal • Reducción de la velocidad de movimiento • Aumento de la posibilidad de enfermedades del sistema nervioso (p. ej. Enfermedad de Parkinson)

- Tendrá que permitirse más tiempo para los cambios de dirección.
- Los esquemas de movimiento necesitarán ser secuenciados más repetidamente.
- Los movimientos necesitarán simplificarse.

- Todas las actividades necesitarán ser menos intensas.
- Debe ponerse mayor énfasis en el alineamiento y el mantenimiento de la técnica correcta.

– Los movimientos explosivos o de alto impacto serán inapropiados.
– Será necesario realizar un número más bajo de repeticiones del mismo ejercicio, para prevenir la fatiga.
– Deben incluirse actividades específicas para fortalecer los músculos del suelo pélvico (se especifican en el Capítulo 15).

¿Cómo necesitarán adaptarse los movimientos? [Tabla 14.3]

– Las actividades necesitarán ser menos intensas.
– Las actividades pueden requerir que se realicen con una menor duración.
– Menos repeticiones de movimientos intensos, para prevenir la fatiga.
– Los movimientos explosivos o de alta intensidad serán inapropiados.
– Será necesario emplear más tiempo en preparar al cuerpo para la actividad, y para recuperarse después de la misma.
– Serán necesarias mayores adaptaciones para aquéllos con patologías especiales (presión sanguínea elevada, etc.).

¿Cómo necesitarán adaptarse los movimientos? [Tabla 14.4]

– Los movimientos necesitarán ser más simples.
– Los esquemas de movimiento necesitarán ser más repetitivos, pero sin llegar a serlo en exceso.
– Será necesario proporcionar posiciones de ejercicio estables.
– Los movimientos necesitarán ser más lentos.
– Será necesario hacer mayores adaptaciones para aquéllos con patologías especiales.

¿Cuáles son los beneficios de las actividades acuáticas para los participantes senior?

El agua proporciona un entorno de alto soporte y es un medio ideal para entrenar a los adultos mayores. Ejercitar en el agua proporcionará muchos beneficios.

Flotabilidad

– Proporciona soporte al peso corporal y reduce la compresión de las articulaciones que soportan el peso. Esto alivia el estrés colocado sobre las articulaciones de las actividades habituales. Las articulaciones pueden relajarse y cualquier dolor articular puede ser aliviado (incluso aunque sólo sea temporalmente). Esto es especialmente beneficioso para quienes sufren problemas articulares tales como artritis.
– Reduce el impacto de los movimientos de salto a un 80% cuando se realizan a una profundidad a nivel del pecho. Por lo tanto, es seguro incluir modificaciones de muchos de los ejercicios cardiovasculares ilustrados en el Capítulo 8.
– Mejora la flotación de las palancas del cuerpo y facilita el movimiento de las articulaciones. Esto, potencialmente, les permitirá moverse confortablemente a través de un rango de movimiento mayor y con menos esfuerzo. Esto es especialmente beneficioso para quienes padecen de artritis.

Resistencia

– Añade intensidad a todos los movimientos. Por lo tanto, aunque ejercitar en el agua es sin sobrecarga, la resistencia añadida a los movimientos puede ser suficiente para estresar a los huesos y conducir a mejoras en la densidad ósea.
– El fortalecimiento de los músculos y otros tejidos circundantes de las articulaciones puede mejorar la postura y la estabilidad articular.

Presión hidrostática

– Mejora la circulación de la sangre por todo el organismo. Esto es especialmente beneficioso para los deportistas mayores, que suelen tener un sistema cardiovascular menos eficiente.
– Ayuda a la eliminación de los productos de desecho. De nuevo, esto es excelente para los deportistas mayores, que suelen ser menos capaces de tolerar el ácido láctico (un producto de desecho del trabajo anaeróbico).

– Baja la frecuencia cardíaca. De nuevo, esto es beneficioso para los mayores, que tendrán un latido cardíaco máximo más bajo.
– Favorece una recuperación más efectiva del ejercicio. Los deportistas mayores tienen un porcentaje de recuperación más lento, pero pueden ser capaces de recuperarse con más efectividad del entrenamiento en el agua.
– Puede ayudar a reducir la inflamación de las articulaciones.
– Puede hacer más dificultosa la respiración si el agua está presionando contra la caja torácica. Ejercitar en agua menos profunda será necesario para quienes tienen problemas respiratorios o enfermedades reumáticas que causan fusión de las vértebras en la región torácica de la columna vertebral.

Consideraciones de seguridad para los deportistas mayores

Los mayores tienden a tener proporciones más altas de grasa corporal, y la densidad de sus huesos puede ser más baja. Esto hará que tengan una mayor flotabilidad, y les resultará más difícil mantener el equilibrio en el agua. Los movimientos necesitarán ser más lentos y sus habilidades en el agua tendrán que ser entrenadas más cuidadosamente.

Es esencial que los mayores entrenen cómo recuperar el equilibrio si se caen en el agua. Sin embargo, pueden tener menos fuerza para realizar los movimientos de propulsión necesarios, de modo que puede ser preciso que se ejerciten en agua ligeramente más superficial; aunque hay que reconocer que, si es necesaria esta adaptación, los efectos de la gravedad se incrementarán. Algunas modificaciones de ciertos ejercicios pueden ser necesarias para asegurar que no existe riesgo para realizarlos.

Los mayores son más susceptibles a la sensación de frío y se enfriarán más rápidamente. Es una buena idea animarles a llevar vestimenta protectora para reducir la pérdida de calor cuando se ejercitan en el agua. Ejercitarse en una piscina con una temperatura más caliente es más reco-mendable, y puede ser esencial para personas mayores con patologías especiales (artritis, etc.). Sin embargo, pueden ejercitarse en piscinas más frías si se mantienen en movimiento para conservar una temperatura corporal adecuada, y si el tiempo que emplean en la piscina es reducido. El ejercicio regular a largo plazo puede ayudarles a mantener el calor corporal con más efectividad.

Las personas mayores con patologías médicas especiales deben obtener la autorización de un médico antes de embarcarse en cualquier forma de actividad física, y necesitarán hacer posteriores adaptaciones individuales a su programa de actividades. Por lo tanto, es esencial que los entrenadores colaboren estrechamente con los fisioterapeutas y los médicos generalistas para asegurarse de que las actividades son las adecuadas. Quienes deseen entrenar a personas mayores deberán especializarse en un programa de entrenamiento apropiado.

¿Cómo debe estructurarse un programa para personas mayores?

Como con todas las demás sesiones, debe emplearse suficiente tiempo para calentar antes de la actividad principal, y para enfriar al finalizarla. Una estructura de sesión que entrene todos los componentes de la puesta en forma es lo ideal. Un formato de programa tradicional para entrenar todos los componentes se reseña en la tabla 8.1 (página 105). Un formato de entrenamiento en circuito que entrena todos los componentes se reseña en la tabla 12.1 (página 174).

Sin embargo, la duración e intensidad de toda la sesión y de cada componente necesitará adaptarse en los programas para mayores. La sesión completa necesitará ser ligeramente más corta y de una intensidad más baja, dependiendo de la puesta en forma del grupo. Las normas para el ritmo y duración de programas especializados se reseñan en la tabla 5.3 (página 72). Normas más específicas para seleccionar el tipo de actividades adecuadas para un programa de mayores se reseña en la tabla 14.5.

Tabla 14.5	Adaptaciones de los componentes de una sesión para un programa de personas mayores

Calentamiento
- Más ejercicios de movilidad para cada articulación.
- Más trabajo de movilidad aislada para cada articulación.
- Ejercicios de movilidad más lentos y más controlados que estimulen un fácil pero más completo rango de movimiento.
- Más ejercicios de movilidad para las articulaciones menores.
- Más énfasis en la técnica del ejercicio.
- Elevación del pulso menos intensa.
- Menos cambios de dirección.
- Movimientos más lentos.
- Palancas más cortas.
- Más consejos sobre cómo utilizar el agua para mantener el equilibrio.
- Transiciones más lentas.
- Menos estiramientos.
- Posiciones de equilibrio más fáciles y más estables.
- Más cuidado en llevar a cabo las posiciones de estiramiento.

Cardiovascular
- Emplear un poco más de tiempo en las fases de recalentamiento y enfriamiento, para permitir un desarrollo y disminución más gradual de la intensidad.
- Menor intensidad de la sesión de mantenimiento.
- La duración del mantenimiento debe adaptarse a la capacidad del grupo.
- Movimientos más lentos.
- Menos movimientos explosivos fuera del agua.
- Mantener los movimientos de los brazos bajo el agua. Utilizarlos fuera del agua puede causar una elevación de la presión sanguínea.
- Utilizar una aproximación de entrenamiento a intervalos, combinando trabajo de baja intensidad con brotes cortos ocasionales de actividades de intensidad moderada. La frecuencia de actividades de ritmo más moderado dependerá de la puesta en forma del grupo.

Fuerza y resistencia muscular
- Menos repeticiones de cada ejercicio.
- Menor resistencia.
- Movimientos más lentos a través del rango de movilidad completo.
- Enfatizar sobre los músculos posturales (cuádriceps, flexores de la pierna, erector de la columna, abdominales, trapecio, músculos de la pantorrilla).
- Enfatizar sobre los músculos que ayudan a las actividades cotidianas: tríceps, para salir del baño; bíceps, para levantar y portar objetos.
- Mantener el cuerpo sumergido y moverse todo el tiempo para prevenir el enfriamiento.
- Seleccionar posiciones más estables y confortables.
- Incluir estiramientos de cada músculo una vez finalizado el trabajo. (Esto acortará el tiempo necesario para el enfriamiento.)

Enfriamiento o vuelta a la calma
- Componente más corto.
- Combinar estiramientos con movimientos sueltos para mantenerse calientes (p. ej. menor rango de movimiento en los estiramientos).
- Estiramientos estáticos mantenidos durante menos tiempo.
- Seleccionar posiciones que ofrezcan más apoyo y ayuden al equilibrio.
- Mantener el cuerpo sumergido y moviéndose para evitar el enfriamiento.

Este capítulo expone cómo cambia el cuerpo durante el embarazo, los beneficios de ejercitarse en el agua para una mujer embarazada, y cómo estructurar un programa de ejercicio prenatal en el agua.

¿Cómo afecta el embarazo al cuerpo?

El embarazo afectará a cada mujer de manera individualizada y ligeramente diferente. Sin embargo, algunas adaptaciones clave del cuerpo afectarán a todas ellas.

Los músculos del suelo pélvico

Estos músculos discurren de delante atrás de la pelvis, formando un «suelo» que cubre la base de la pelvis. Cuando estos músculos están debilitados, pueden producirse pérdidas de orina al toser, al agacharse mucho, o al realizar actividades que impliquen saltar. Cuando están fuertes se puede toser y saltar separando las piernas (p. ej. Saltos abriendo y cerrando piernas) al mismo tiempo sin pérdidas de orina. Durante el embarazo, el peso del feto presiona contra estos músculos y les lleva a una tensión suplementaria. Durante el nacimiento, esto puede ser incluso mayor. Por lo tanto, es esencial la inclusión de ejercicios específicos para fortalecer los músculos del suelo pélvico tanto durante como después del embarazo, aunque todo el mundo puede beneficiarse de mantener estos músculos fuertes. (Nota: es también aconsejable incluir estos ejercicios para los participantes mayores.)

Un ejercicio de fortalecimiento de los músculos del suelo pélvico

1 Sentada, de pie, o tumbada.
2 Contraer y cerrar los músculos que circundan el ano, los de alrededor de la vagina y los de alrededor de la uretra.
3 Mantener la contracción entre 4 y 6 segundos, descansar y repetir unas cuantas veces.
4 No contener la respiración.
5 Para comprobar que se está realizando el ejercicio correctamente y consiguiendo mejoras, tratar de detener el flujo de orina a mitad de la micción. Si se es capaz de hacerlo, los músculos se estarán volviendo más fuertes. (Nota: esto solamente debe comprobarse una vez por semana).

Los músculos abdominales

Los músculos abdominales deben estirarse y elongarse para acomodarse al crecimiento del feto. Debe tenerse gran cuidado con cualquier trabajo abdominal en cuanto se tenga conocimiento del embarazo. Los ejercicios abdominales intensos y demasiado trabajo abdominal en esta época suponen demasiado estrés sobre estos músculos, de modo que hay que evitar tales actividades.

Durante el embarazo, debe ponerse mayor énfasis en la contracción de los músculos para fijar la columna y mantener la postura correcta. Si los músculos abdominales están estresados, es posible que se separen en la línea media (línea alba). Esta condición es conocida después del embarazo como «diástasis del recto anterior». (Nota: la separación de los músculos abdominales es una respuesta fisiológica normal al embarazo.) La advertencia es para que los participantes trabajen cuidadosamente: por lo general, es improbable que ejercitar en el agua provoque esta tensión.

Una vez que se ha producido la separación, es necesario un cuidado de los abdominales incluso mayor: será más difícil recuperar la figura, y la madre puede quedarse con una tripa redondeada permanentemente. Los músculos abdominales deben explorarse regularmente después del parto, y debe evitarse cualquier ejercicio que los haga distenderse.

Test para explorar la separación de los abdominales

Tumbarse en el suelo con las rodillas flexionadas y levantar la cabeza. Si se ha producido la separación, puede hacerse aparente un hueco hacia abajo en el medio del abdomen. Puede hacerse una exploración mayor colocando dos dedos en la línea media de los abdominales, justo por encima o por debajo del nivel del ombligo.

La pelvis

La cintura pélvica se vuelve menos estable durante el embarazo. Esto se debe a la liberación de una hormona denominada relaxina que distiende los ligamentos que rodean a la pelvis para prepararse para el parto. Cualesquiera movimientos que impliquen a la pelvis deben evitarse o realizarlos con gran cuidado durante el embarazo.

La relaxina puede afectar también a otras articulaciones, tales como las rodillas, dedos, caderas y columna vertebral. Debe tenerse mucho cuidado de no exceder el rango de movimiento de cualquier articulación, para prevenir que se produzca un daño permanente de los ligamentos que hará que las articulaciones se vuelvan menos estables. Es esencial enfatizar en la técnica correcta del ejercicio durante toda la sesión de ejercicios pre o postnatales.

La espalda

El peso del feto en crecimiento será una carga extra sobre la región lumbar. Esto puede dar como resultado una basculación de la pelvis hacia delante que causará un arqueamiento de la región lumbar. (Una curva lordótica exagerada se ilustra en la página 41). Además, el centro de gravedad se alterará y afectará al equilibrio. La madre puede desarrollar una postura de espalda más perjudicial para contrarrestar estos cambios, de modo que es esencial entrenar la postura correcta a lo largo de toda la sesión para incrementar la conciencia corporal. Estimular a la madre a que sienta el peso del bebé hacia arriba y dentro de la pelvis desarrollará su conciencia del correcto alineamiento.

El sistema cardiovascular

Durante el embarazo se incrementa el volumen de sangre que se bombea por el organismo, por lo que el corazón tiene que trabajar más duro. Por lo tanto, se adapta y se vuelve más fuerte para cubrir esa demanda. El latido cardíaco pre-ejercicio estará ligeramente más elevado durante el embarazo debido al aumento del volumen sanguíneo y las demandas circulatorias.

Las actividades de alta intensidad pueden restringir el flujo de sangre al feto: deben evitarse durante el embarazo. También es deseable ejercitarse con menor duración debido a que el latido cardíaco fetal puede aumentar si el ejercicio es demasiado prolongado o demasiado intenso. Además, debe ponerse especial cuidado en evitar la elevación excesiva de la temperatura corporal, dado que es peligroso para el feto en el primer trimestre del embarazo.

¿Cuáles son los beneficios de ejercitarse durante el embarazo?

– Disminución de dolores y molestias.
– Ayuda al control del peso.
– Combate el estreñimiento.
– Mejora del sueño.
– Mejora de la postura.
– Mejora de la autoestima.
– Menos dolores de espalda.
– Disminución de la aparición de venas varicosas.
– Recuperación más rápida de la figura corporal después del parto.

¿Por qué ejercitarse en el agua es ideal durante el embarazo?

La flotabilidad proporcionará soporte a todo el cuerpo. Se sentirá menos el peso del feto en crecimiento, así como el de las mamas, que también están creciendo, de modo que la madre se sentirá más ligera cuando se ejercita en el agua. Este soporte adicional proporcionará muchos beneficios para la madre expectante:

- Favorecerá la relajación y la liberación de tensión de los músculos que normalmente tienen que trabajar para transportar el peso corporal adicional.
- Facilitará los movimientos a través de un rango más completo sin colocar a las articulaciones bajo estrés.
- Reducirá el peso y la tensión sobre los músculos del suelo pélvico.
- Reducirá la compresión de las articulaciones.
- Disminuirá el impacto de los movimientos de salto. Por lo tanto, algunos de los ejercicios cardiovasculares de intensidad más baja ilustrados en el Capítulo 8 pueden ser realizados sin riesgo.
- Reducirá el estrés colocado sobre la cintura pélvica si el peso se sitúa sobre una pierna.
- Reducirá el estrés sobre la columna durante los movimientos de flexión y rotación de cadera. (Nota: debe tenerse cuidado de no exceder el rango de movimiento confortable, incluso aunque esta área tenga un mayor soporte. También debe estimularse una basculación pélvica correcta.

La **resistencia** proporciona intensidad suficiente para desafiar a los músculos y mantener su tono, sin sobrecargarlos. También reduce la velocidad de movimientos, así que es más difícil exceder un rango de movilidad confortable.

La **presión hidrostática** mejora la circulación de la sangre. Puede ayudar a prevenir una acumulación de productos de desecho perjudiciales que, potencialmente, pueden causar distrés al feto.

La **temperatura** del agua tendrá un efecto de enfriamiento sobre el cuerpo, previniendo que se sobrecaliente, algo que puede ser perjudicial para el feto. Sin embargo, hay que asegurarse de que los movimientos rítmicos se mantienen a lo largo de toda la sesión para evitar un enfriamiento excesivo.

¿Cuáles son las consideraciones de seguridad?

Siempre es aconsejable consultar con un médico o con una matrona antes de comenzar o continuar un programa de ejercicio cuando se está embarazada. Debe tenerse cuidado para asegurarse de que no se produce sobrefatiga: la madre debe escuchar a su propio cuerpo y hacer solamente lo que le resulte cómodo.

En general, durante las fases iniciales del embarazo, necesitarán hacerse pocos cambios en el programa de una participante habitual. Sin embargo, se necesitarán tomar más precauciones durante las fases intermedias y finales del embarazo. En cualquier caso, el énfasis debe ponerse en mantener la puesta en forma en lugar de mejorarla mientras dura el embarazo.

El ejercicio debe detenerse y consultar al médico si ocurre algo de lo siguiente.

- Respiración jadeante.
- Excesiva coloración o palidez.
- Sangrado por la vagina.
- Expresión facial mostrando signos de incomodidad.
- Dolor abdominal o torácico.
- Inflamación repentina de las manos y tobillos (edema).
- Fatiga excesiva.
- Sensación de debilidad.
- Pérdida de líquido amniótico.
- Temperaturas extremas: demasiado calor, demasiado frío.
- Después de la clase: náuseas, vómitos, dolores de cabeza severos, excesiva secreción vaginal, contracciones uterinas.

¿Cómo debe estructurarse la sesión?

La sesión debe incluir un calentamiento y un enfriamiento. Ha de procurarse mantener la puesta en forma en lugar de desarrollarla, de modo que debe contener actividades para incrementar la movilidad general y mejorar la conciencia corporal. Tiene que ponerse un mayor énfasis en la respiración, y en la postura y alineamiento correctos. La duración de la sesión será más corta y la intensidad mucho más baja. La tabla 8.1 (página 105) reseña una estructura adecuada para entrenar todos los componentes de la puesta en forma. Las adap- taciones específicas de los componentes de la sesión se reseñan en la tabla 15.1. Nota: es aconsejable que los instructores consulten a una matrona cuando diseñen programas de entrenamiento específicos pre y postnatales.

Tabla 15.1	Adaptaciones a la estructura de una sesión para un grupo pre y postnatal

Calentamiento
- Enfatizar en la postura correcta al comienzo y a lo largo de toda la sesión.
- Hacer los movimientos más lentos y más controlados.
- Incrementar el número de ejercicios de movilidad.
- Mover todas las articulaciones a través de todos los rangos de movimiento posibles para reducir la rigidez.
- Utilizar el rango completo en los ejercicios de movilidad para calentar los músculos.
- Los ejercicios de elevación del pulso deben ser de una intensidad mucho más baja, siendo el objetivo principal calentar los músculos en lugar de incrementar el latido cardíaco.
- La intensidad de los movimientos debe desarrollarse mucho más gradualmente para evitar incrementos súbitos de la presión sanguínea.
- Los cambios de dirección deben ser mínimos para ayudar al mantenimiento del equilibrio.
- Pueden ser necesarios menos estiramientos, en especial si se incluyen ejercicios de movilidad de rango completo.
- Las posiciones de estiramiento deben ser de soporte, y debe tenerse cuidado de no exceder un rango de movimiento confortable.
- Las paredes de la piscina deben utilizarse para ayudar a mantener el equilibrio.

Cardiovascular
- Trabajar a una intensidad mucho más baja y con una duración moderada. Procurar alcanzar tan sólo una muy ligera alteración de la respiración.
- Disminuir el número de movimientos direccionales; los cambios del centro de gravedad hacen difícil mantener el equilibrio.
- Desarrollar más gradualmente la intensidad para evitar incrementos de la presión sanguínea.
- Menos movimientos de salto, para mantener la comodidad en las mujeres con las mamas grandes.
- Evitar movimientos explosivos que eleven el cuerpo fuera del agua.
- Utilizar movimientos de bajo impacto, rítmicos y que fluyan libremente.
- Utilizar movimientos más lentos y música.
- Utilizar esquemas de movimiento más simples y menos coordinados.
- Promover los ejercicios de rango de movimiento completo.

Fuerza y resistencia muscular
- Incluir ejercicios para los músculos del suelo pélvico.
- No ejercicios abdominales.
- Seleccionar posiciones de comienzo confortables.
- Evitar ejercicios que puedan colocar excesiva presión sobre la cintura pélvica.
- Utilizar movimientos relacionados con las acciones cotidianas.
- Realizar menos repeticiones.
- Utilizar ejercicios más lentos y menos intensos.

Enfriamiento
- Incluir trabajo de movilidad para mantener una temperatura confortable.
- Incluir trabajo específico de relajación (si la temperatura del agua lo permite).
- Evitar posiciones que puedan distender los ligamentos.

Tabla 15.1	(continuación)

• Seleccionar posiciones equilibradas y cómodas para los estiramientos pasivos.
• No mantener los estiramientos demasiado tiempo; se trata de mantener, no de desarrollar la flexibilidad.

Nota: deben incluirse más fases de descanso a lo largo de toda la sesión de entrenamiento principal. Esto puede lograrse incluyendo períodos regulares de ejercicios de movilidad rítmica y que fluyan libremente. Si estas actividades se realizan con una posición de pies separados, se reducirá la cantidad de trabajo de fijación necesaria de los músculos abdominales para mantener el equilibrio.

LA ENSEÑANZA CON MÚSICA
Y COREOGRAFÍA

QUINTA**PARTE**

5

LA ENSEÑANZA DE UN EJERCICIO EN UNA SESIÓN DE ENTRENAMIENTO EN EL AGUA

16

¿Cuáles son las cualidades de un buen profesor?

Un buen profesor debe ser siempre amistoso, asequible y tener conocimientos sobre la salud y seguridad de los participantes. Necesita tener paciencia, sentido del humor y capacidad para motivar, estimular y mantener el interés de los participantes. Son también esenciales capacidad de escucha y sensibilidad a las necesidades individuales.

¿Cuáles son las funciones del profesor o entrenador?

La función principal del profesor es planificar, enseñar y evaluar una sesión segura, divertida y eficaz. Las normas para planificar una sesión de ejercicio en el agua se proporcionan en la Tercera parte, Capítulos 5 a 12.

Los profesores necesitan llegar pronto, antes de que la sesión comience, para preparar el equipamiento y la música, seleccionar a los participantes de la clase y hacer controles de seguridad del entorno hasta el último minuto. Precisan estar preparados para adaptar la sesión planificada por si se produjera alguna alteración inesperada. Por ejemplo, si la temperatura de la piscina está ligeramente más baja de lo normal, puede ser necesario modificar el contenido de la sesión para asegurar que los participantes se mantienen suficientemente calientes.

Los profesores necesitarán introducir a los nuevos participantes y estimularles para comunicar sus metas personales de puesta en forma y cualquier exigencia especial. Deben inspirar confianza y ser capaces de afrontar cualquier requerimiento que identifiquen. Por el contrario, si no están cualificados para afrontar las necesidades de un participante, deben remitirlo a la persona adecuada; por ejemplo, a un médico.

También necesitarán mantener el control de la clase antes, durante y después, asegurándose de que los participantes entran a la piscina de manera adecuada y controlada, y familiarizarles con la profundidad del agua. El control debe mantenerse a lo largo de toda la sesión, dando instrucciones y haciendo demostraciones claras y seguras, incluyendo los inicios de cada actividad. Durante la sesión, el profesor debe mantenerse vigilante y controlar el desarrollo de la clase, dando consejos para mejorar el rendimiento de los participantes cuando sea necesario. También deben felicitar a la clase cuando realicen un ejercicio especialmente bien, o adaptar otro ejercicio si un participante se muestra torpe o incapaz de realizar algún movimiento específico.

Cuando la sesión ha finalizado, el profesor debe agradecer a los participantes su atención, animándoles a abandonar la piscina de manera controlada y a preguntarle sus dudas. Cualquier equipamiento utilizado ha de retirarse y guardarse de manera segura. Los profesores necesitan estar preparados para quedarse algo más de tiempo del de la duración de la clase para ocuparse de estos cometidos.

Éstos también necesitarán reflexionar sobre la clase que han impartido. ¿Fueron seguros y efectivos los componentes planificados? ¿Pudieron todos los participantes afrontar las actividades? ¿La música fue de un ritmo correcto? ¿Pudo seguir la clase sus instrucciones y demostraciones? ¿Cómo se las ingenió para observar y corregir el rendimiento? ¿Qué cambios necesita hacer para mejorar las próximas sesiones? Evaluar los rendimientos propios a menudo no es tarea fácil; puede ser útil el *feedback* con los participantes y, en ocasiones, con los empleados y otros profesores.

¿Cómo puede el profesor comunicarse de manera eficaz con la clase?

El objetivo principal del profesor es comunicar con la clase. Los participantes necesitan saber:
– qué ejercicios deben hacer (instrucciones),
– cuándo deben hacerlos (inicio de la actividad),
– cómo deben hacerlo (puntos de entrenamiento),
– cómo adaptar el ejercicio para cubrir sus necesidades; si no pueden hacerlo necesitan que se les ofrezcan alternativas,
– cómo hacer el ejercicio más duro para proporcionar más estímulo cuando su nivel de puesta en forma y su técnica mejoran (progresiones).

Hay dos modos principales de comunicar esta información:
1 **Visualmente**, a través de demostraciones y lenguaje corporal.
2 **Verbalmente**, mediante instrucciones habladas.

El uso combinado de ambas técnicas visuales y verbales es, usualmente, el más efectivo, dado que la gente aprende de diferentes modos. Adoptar un estilo de enseñanza simple sobre otro puede reducir la eficacia de las enseñanzas de un profesor. Sin embargo, hay más asuntos a considerar que maximizarán la efectividad de estas estrategias.

¿Cómo afectarán el volumen y la entonación de la voz a la comunicación?

La comunicación verbal requiere que la voz sea alta y clara. Una voz demasiado suave no se oirá, especialmente en el ambiente de la piscina en el cual la acústica es notoriamente mala. También puede inferirse que el instructor es tímido y no inspira confianza. Por el contrario, gritar dema-

siado distorsionará el sonido de la voz y puede hacer que el instructor parezca agresivo. Por lo tanto, es necesario para el entrenador encontrar una forma de modular su voz de modo que sea audible y pueda controlar al grupo.

La entonación de la voz también es importante. Las voces monótonas pueden hacer perder el interés y no servirán para poner énfasis en los puntos clave del entrenamiento. Por lo tanto, la entonación de la voz debe ser variada para enfatizar las instrucciones clave y los avisos de seguridad que se vayan dando. El tono de la voz también se puede variar para reflejar la atmósfera de los componentes específicos de la sesión. Debe utilizarse para estimular en los componentes en los que a los participantes se les requiere para trabajar más duro (entrenamiento cardiovascular y de la fuerza y resistencia muscular), y debe ser más suave durante los componentes de relajación y estiramiento de la sesión.

¿Cómo la claridad de las instrucciones afectará a la comunicación?

Las instrucciones tienen que darse a un ritmo adecuado y de una manera concisa y precisa para maximizar su efectividad. Si son embrolladas, pueden parecer contradictorias y es posible que no se entiendan. El vocabulario empleado debe ser reconocible por los participantes para facilitar su comprensión. Si no conocen los nombres de los ejercicios que se supone que tienen que realizar, no los seguirán con eficacia. Sin embargo, las explicaciones largas serán aburridas y los participantes perderán interés. Aquí es cuando es más útil emplear estrategias de entrenamiento visuales.

Tabla 16.1	Signos indicadores visuales
Dirección de movimiento	**Indicaciones visuales sugeridas**
Moverse hacia delante	Llevar las palmas de las manos hacia el cuerpo para indicar que el grupo tiene que moverse hacia usted.
Moverse hacia atrás	Alejar las palmas del cuerpo para indicar que el grupo tiene que alejarse de usted.
Moverse a derecha o izquierda	Apuntar con firmeza a la derecha o a la izquierda y mirar hacia la dirección de desplazamiento.
Girar	Elevar el brazo en el aire y dibujar un círculo para indicar un giro completo; o un semicírculo para indicar medio giro.
Parar	Levantar la mano con la palma separada del cuerpo y el codo extendido para indicar que se detengan. (Esto es útil para controlar los circuitos grandes.)
Hacer movimientos más pequeños	Levantar la mano por delante de usted con el codo extendido, y colocar el índice y el pulgar separados 2 ó 3 centímetros para indicar que el movimiento debe ser más pequeño. Alternativamente, con el brazo extendido y la palma dirigida al suelo, el brazo puede moverse hacia abajo para indicar que la intensidad debe disminuir.
Realizar un ejercicio de modo neutro	Colocar las manos a la altura de los hombros para indicar que el ejercicio debe realizarse de un modo neutro, con los hombros por debajo del agua. Demostrar el ejercicio sin movimiento de rebote.
Realizar un ejercicio en suspensión	Con las palmas dirigidas hacia arriba, levantar los brazos y utilizarlos para simular el movimiento de las piernas. Idealmente, si hay steps disponibles, realizar el ejercicio subido en los steps de modo que los pies no toquen el suelo.
Realizar un ejercicio en modo de rebote	Demostrar el movimiento en un estilo de rebote y utilizar las manos para mostrar el cuerpo subiendo y bajando a través del agua.

Nota: Estos signos indicadores visuales son sólo sugerencias y, ciertamente, no obligatorios. Cada profesor puede encontrar sus propios métodos para controlar el movimiento de la clase.

¿Cómo mejorarán los indicadores visuales la comunicación?

Los indicadores visuales son gestos del cuerpo. Los movimientos de gesticulación de los brazos pueden indicar la dirección del movimiento. Los de los dedos y la mano pueden emplearse para mostrar cuántas veces debe hacerse el ejercicio, indicar un nuevo movimiento, señalar un giro y mostrar la posición correcta de un miembro. Las expresiones faciales pueden utilizarse para animar a la clase (p. ej., sonreír). Una combinación de estas técnicas ayudará al control y motivación de la clase.

Sin embargo, excesivos gestos pueden llegar a ser irritantes y difíciles de seguir. Además, los gestos empleados tienen que ser consistentes, de modo que los participantes sepan qué es lo que se espera de ellos. Si se utilizan indicadores visuales, necesitan ser fuertes y claros para que la clase los pueda seguir. Si son pequeños y débiles no aportarán un control efectivo.

¿Cómo pueden emplearse las demostraciones para mejorar el rendimiento de la clase?

Una rápida demostración de un movimiento permite al profesor mostrar con exactitud cómo debe moverse el cuerpo, y en qué dirección. Sin embargo, es esencial que su alineamiento corporal y la técnica del ejercicio sean precisos y seguros, y que la velocidad de la demostración refleje adecuadamente la flotabilidad y la resistencia del agua. Una mala demostración será ineficaz, dado que los participantes tendrán que interpretar el ejercicio a su manera y, consiguientemente, puede que lo realicen de un modo inseguro o ineficiente.

Cuando se demuestra un ejercicio, el profesor debe tener una visión completa de todos los participantes. Colocarse en un lugar donde todos ellos, a su vez, puedan verle claramente sin tener que girarse, es lo mejor. Además, es esencial que el cuerpo sea visible por completo durante la demostración. La vestimenta suelta no es adecuada, porque restringirá la observación de los movimientos articulares, requiriendo que los participantes hagan su propia interpretación del movimiento que se está realizando.

Para aquellos movimientos que sean muy complejos, es aconsejable hacer la demostración, y permitir a los participantes realizar una prueba en el suelo para observar si lo pueden llevar a cabo antes de incluirlo en una rutina específica. Sin embargo, la clase debe seguir en movimiento para mantenerse calientes y mantener la intensidad de la sesión de entrenamiento. Una aproximación alternativa es utilizar técnicas coreográficas con demostraciones previas visuales y transferencias de aprendizaje. Estas técnicas están descritas en el Capítulo 17. Esta aproximación permite desarrollar gradualmente esquemas de movimiento complejos, sin interrumpir la continuidad de la sesión.

¿Dónde debe colocarse el profesor para hacer las demostraciones y observar a la clase?

Algunos profesores prefieren enseñar durante la sesión desde el suelo, mientras que otros prefieren hacerlo en el agua. La ventaja clave del primer sistema es que el profesor puede explorar al grupo rápidamente y moverse alrededor para ayudar a los participantes. Podrá observar más fácilmente a los que estén en apuros y pedir rápidamente ayuda al socorrista, o proporcionarles sus propias técnicas de rescate si trabaja desde el suelo. Además, es mucho más fácil ser visto con claridad por toda la clase. Sin embargo, una desventaja de enseñar desde el borde de la piscina es que el entrenador hará las demostraciones en un ambiente con mayores dificultades. Lo relativo a la seguridad en el borde de la piscina se expuso en el Capítulo 4.

La principal ventaja de enseñar dentro de la propia piscina es que el profesor podrá demostrar el ejercicio a una velocidad adecuada, y sus movimientos estarán soportados por el agua. Desgraciadamente, la mayor desventaja es que los participantes no podrán ver lo que el profesor está haciendo y solamente podrán seguir sus instrucciones verbales. Quizás, enseñar en la piscina sea sólo una práctica aceptable si los participantes son usuarios habituales, están familiarizados con las instrucciones utilizadas por el profesor y saben cómo deben realizar todos los ejercicios. Sin embargo, cuando las instrucciones verbales sean el único método empleado, el profesor estará limitando potencialmente su comunicación con el grupo. Una desventaja añadida es que éste no podrá moverse alrededor de la piscina para observar y controlar los cambios de dirección tan eficazmente.

Pese a que enseñar desde el borde de la piscina se considera la mejor práctica, los profesores no deben sentirse limitados para entrar en el agua si con ello ayudan al rendimiento de su clase o a algún miembro. Sin embargo, si trabajando dentro de la piscina disminuyen sus oportunidades de enseñar, no deben hacerlo. Explicar desde el borde no proporciona garantías de que los participantes serán observados y corregidos suficientemente, aunque tal vez sea una gran oportunidad de que esto ocurra.

¿Cómo puede el profesor monitorizar y corregir el rendimiento de los participantes?

Durante las clases en suelo, se recomienda que el profesor se mueva frecuentemente entre el grupo para corregir la técnica. Obviamente, esto no es posible durante una sesión en el agua. Por lo tanto, éste debe adoptar la estrategia alternativa de cambiar el frente de la clase. Enseñar desde diferentes lados de la piscina permitirá a los diversos participantes colocarse al frente de la clase, y mejorará la observación del profesor. Además, los movimientos ocasionales y cuidadosos alrededor de la piscina pueden ayudar al entrenador a observar e interactuar más estrechamente con los participantes.

Sin embargo, aun así es relativamente difícil ver lo que están haciendo los participantes debido a la refracción causada por el agua. La refracción distorsiona la visión a través del agua y crea una ilusión óptica. Por lo tanto, los movimientos de los participantes estarán ligeramente distorsionados; así que es esencial hacer frecuentes recuerdos de la postura y alineamiento articular correctos para estar seguro de que se ejercitan de manera correcta. Advertirles de cómo deben sentirse, decirles qué músculos deben notar que están trabajando, y preguntarles qué sienten son otras estrategias para controlar el rendimiento. Esto proporciona al entrenador una oportunidad para acomodar a los individuos, ofreciéndoles ejercicios alternativos, aconsejándoles cómo utilizar el agua y advirtiéndoles cómo realizar cada actividad con la máxima eficacia.

MÚSICA Y COREOGRAFÍA

17

La utilización de música para la sesión de entrenamiento en el agua es opcional y solamente debe emplearse si los participantes disfrutan con ella. Los profesores necesitan tener conocimientos sobre el uso de la música y poseer los conocimientos musicales necesarios.

¿Por qué utilizar música?

La mayoría de la gente disfruta escuchando música, y muchos también disfrutan ejercitándose con ella. La música es divertida y puede animar tanto el ambiente del lugar como el rendimiento de los participantes. Algunas de las ventajas y desventajas de utilizar música se relacionan en la tabla 17.1.

¿Es posible trabajar a ritmo y frase musical en el agua?

Existe mucha controversia sobre entrenar en el agua con música; siendo la cuestión principal si es posible para todo el mundo hacerlo al mismo ritmo y fraseo de la música cuando están sumergidos en el agua.

Los que se oponen sugieren que no es posible dictar una aproximación de «velocidad para todos» debido a que la gente tiene biotipos diferentes, composiciones corporales distintas, grasa localizada en zonas diversas, y también niveles diferentes de puesta en forma. Por lo tanto, necesitan ejercitarse a su propio ritmo. Lo cual es completamente cierto; sin embargo, ocurre lo mismo con las actividades en tierra. En este último caso, los diferentes biotipos se acomodan ofreciéndoles ejercicios alternativos. Algunas veces, es necesario ofrecer un ejercicio totalmente diferente para la misma zona corporal con el fin de permitir que los participantes puedan continuar entrenando de manera segura y efectiva. Esto puede hacerse también en el agua. La lista de progresiones para todos los ejercicios que se ilustran al final de los Capítulos 6 al 11 intenta ser una guía para seleccionar una intensidad adecuada a las diferentes capacidades.

Los nadadores de sincronizada trabajan con efectividad tanto a ritmo como con el fraseo de la música, incluso aunque sus rutinas se lleven a cabo en agua muy profunda en la que es mucho más duro de conseguir. Quizás se deba a que son muy habilidosos en manipular el agua y en utilizar la música, además de poseer una composición corporal comparativamente más delgada que los que no se ejercitan.

Por lo tanto, se sugiere que si los participantes son suficientemente competentes en el manejo del agua y tienen una adecuada composición corporal y nivel de puesta en forma, el profesor puede animarles a trabajar con música. Sin embargo, con frecuencia es el ritmo musical el que dicta la velocidad. Por tanto, seleccionar una velocidad rítmica apropiada es esencial. Normas para rangos de velocidad musical apropiados para diferentes componentes de la sesión se reseñan en la tabla 17.2 de la página 205.

Alternativamente, si los participantes no están capacitados para manejarse en el agua, tienen menos nivel de puesta en forma y poseen una elevada proporción de grasa corporal, puede que no sea esto lo adecuado. Por lo tanto, el entrenador debe procurar dar la entrada en cada cambio de secuencia rítmica, pero permitir que los participantes trabajen a un ritmo que puedan seguir. Puede ser necesario concederles más tiempo para realizar cada actividad. Así, los cambios de los esquemas de movimiento necesitarán ser menos frecuentes. Además, también puede ser necesario proporcionar ejercicios alternativos para ayudarles

Tabla 17.1	Ventajas y desventajas de utilizar música en un ejercicio en una sesión acuática
Ventajas de utilizar música	**Desventajas de utilizar música**
• Crea una atmósfera divertida para los participantes y añade interés.	• Puede crear una atmósfera inapropiada para el componente deseado.
• Las rutinas pueden hacerse con coreografías diferentes para añadir más diversión y socialización; por ejemplo, trabajando en círculos y con compañero.	• Puede desmotivar si a la gente no le gusta la música elegida.
• Motiva a la clase.	• Puede sobremotivar y estimular a los participantes a trabajar en exceso cuando están cansados.
• Ayuda al control del grupo dictando el ritmo.	• Puede marcar un ritmo inadecuado (demasiado rápido o demasiado lento) de modo que los participantes sean incapaces de mantenerlo o de conseguir transiciones efectivas en el agua entre los movimientos.
• Ayuda a planificar la sesión.	
• Añade diversión a la sesión.	• Puede estar demasiado alta de modo que los participantes no puedan escuchar al profesor; o demasiado baja, lo cual puede impedir su disfrute.
• Puede ser una inversión rentable en relación coste/efectividad, añadiendo motivación e interés.	• La mala acústica también tendrá un efecto sobre el sonido de la música.
	• La sensibilidad de los demás usuarios también debe ser tenida en consideración.
	• Si el profesor no ha planificado alternativas, o no está preparado para adaptarlas, puede hacer que la sesión sea demasiado rígida.
	• Puede ser monótona o aburrida si se utiliza una variedad de música insuficiente para acomodarla a los diferentes gustos.
	• Las cintas, las licencias musicales, y el equipo de sonido, tales como los auriculares, son caros. ¡Algunas personas prefieren no ejercitarse con música!
	• El ambiente y la humedad de la piscina afectarán al equipo y a la calidad de las cintas.

en su rendimiento, y advertir insistentemente sobre cómo manipular el agua y realizar movimientos de propulsión. La música seleccionada para grupos especiales, personas en baja forma o con altos porcentajes de grasa corporal, debe ser de un ritmo más lento. Esto les permitirá realizar más actividades al ritmo dictado por la música.

Una recomendación personal es que los profesores deben poseer la técnica y la capacidad para indicar los movimientos y adecuarlos a la música. Sin embargo, deben permitir y estimular positivamente a los participantes a trabajar a un ritmo que se adapte a sus requerimientos. Desde la experiencia, es frecuente que los par-

Tabla 17.2	Normas para seleccionar música a una velocidad adecuada
Componente de la sesión	Normas aproximadas para la velocidad de la música
Calentamiento (movilidad, elevación del pulso, y estiramientos preparatorios y recalentamiento)	120-130 rpm
Componente aeróbico	125-135 rpm
Entrenamiento de resistencia	120-125 rpm
Entrenamiento con step	120-125 rpm
Estiramiento post entrenamiento	110-125 rpm
Relajación	80-110 rpm
Revitalización	120-125 rpm

ticipantes que son incapaces de manipular el agua con eficacia no puedan entrenar con música.

¿Cuál es la velocidad de la música adecuada?

La mayoría de los movimientos necesitarán realizarse el doble de tiempo en el agua. Por ejemplo, en tierra, los Saltos abriendo y cerrando piernas (ilustrado en el Capítulo 8) requerirán contar hasta dos para realizar el movimiento completo. En el agua, el mismo ejercicio llevará contar hasta cuatro para completarlo (para una persona con una composición corporal y un nivel de puesta en forma normales, trabajando a una velocidad musical entre 120-135 rpm). Obviamente, los ejercicios que requieren ser realizados con un rango de movimiento mayor tardarán más tiempo que otros que trabajan a través de un rango más pequeño. Por lo tanto, deben tenerse consideraciones cuidadosas tanto con los movimientos como con la velocidad de la música seleccionada para asegurarse de que las variaciones se hacen para que los ejercicios sean realizados con efectividad.

Adicionalmente, la velocidad de la música seleccionada tendrá que depender de la profundidad del agua, la actividad y la técnica, la puesta en forma y la composición corporal de los participantes. Los más delgados, los más habilidosos en el agua y los que están en mejor forma física, generalmente podrán moverse a un ritmo ligeramente más rápido; mientras que los participantes en peor forma, grupos especiales, biotipos redondeados y las personas menos habilidosas en el agua necesitarán trabajar a un ritmo más lento. Cuando se ejercita en agua profunda, el ritmo de la música puede requerir ser más lento; si éste es el caso, trabajar a ritmo y fraseo es menos importante.

Una guía orientativa para la velocidad adecuada del ritmo musical para los diferentes componentes de la sesión se reseña en la Tabla 17.2. Sin embargo, hay que destacar que ésta es tan sólo una recomendación. Algunos pueden necesitar trabajar más lentamente y otros pueden ser capaces de hacerlo con mayor rapidez. Es una buena idea para un profesor practicar movimientos en el agua para comprobar cómo trabajar eficazmente con música a diferentes velocidades. Sin embargo, es necesario apreciar que la propia composición corporal de los alumnos sea lo que les permita realizar algunos de los ejercicios con más o menos efectividad. Los profesores deben buscar una respuesta constante de sus participantes para controlar si son capaces de moverse a la velocidad que se está dictando.

¿Cómo puede utilizarse la música?

Ambiental

Es cuando suena la música en el lugar, pero los movimientos no se realizan a su ritmo, ni se adapta a ella ningún cambio de movimiento. Esta aproximación es tradicionalmente adoptada durante un componente de entrenamiento en circuito y en el componente de relajación de la sesión. La música ambiental también puede utilizarse para el entrenamiento en agua profunda.

Ritmo y fraseo musical

Es cuando cualquier cambio de una secuencia de movimiento está planificado para realizarla al comienzo de la frase musical, y los movimientos también son realizados (idealmente) al ritmo de la música. Es aceptable si las personas con menos habilidad en el agua y con un tipo corporal de mayor flotabilidad son capaces de cambiar los movimientos con la frase musical, pero realizándolos a un ritmo que se adapte a su capacidad y requerimientos. Esta aproximación es tradicionalmente empleada durante el entrenamiento de fuerza y resistencia muscular. También puede utilizarse durante los componentes de calentamiento y cardiovascular, así como en los que utilicen equipamiento cuando la coreografía es mínima.

Coreografía de estrofa y estribillos

Es cuando la música puede descomponerse, de tal forma que se identifican las estrofas y los estribillos. Se planifica una secuencia de movimientos para realizar y repetir durante las estrofas, y otra secuencia para repetirla durante los estribillos. Todos los cambios de movimiento deben guiarse por el fraseo musical. Esta aproximación puede ser ideal cuando se trabaja con personas poco habilidosas en el agua. Si los ejercicios seleccionados son simples, y los cambios de movimientos son menos frecuentes, los participantes pueden trabajar con efectividad y apoyándose en dicho fraseo. Cada participante puede necesitar ejercitar-

se a un ritmo ligeramente distinto. Esta aproximación se utiliza tradicionalmente en el componente cardiovascular. Puede funcionar también eficazmente en el calentamiento y enfriamiento.

Coreografía encadenada

En su forma más simple, esta coreografía supone encadenar un movimiento a otro. Por ejemplo: un movimiento (Saltos abriendo y cerrando piernas, contando hasta 32) se realiza durante una serie de repeticiones o hasta que lo ha aprendido el grupo. Después se realiza otro movimiento (trote hacia delante, contando hasta 16; y hacia atrás, contando hasta 16). A continuación, los dos movimientos se encadenan, conformando una secuencia de movimiento completa. Una vez que se ha aprendido esta secuencia, las repeticiones de cada movimiento pueden reducirse y realizarlas en una frase específica de la música (técnica piramidal). Esta técnica puede repetirse con nuevas series de movimientos. Las repeticiones de la segunda secuencia de movimientos también puede reducirse y descomponerse utilizando una técnica piramidal para formar una segunda secuencia de movimiento. Ambas pueden unirse a continuación y repetirlas hasta que el grupo sea capaz de realizar las dos secuencias completas. Una tercera serie de movimientos puede practicarse después, descomponerla, y añadirla a la primera y segunda secuencias.

El número de secuencias de movimientos que puede descomponerse y encadenarse dependerá de las habilidades y puesta en forma del grupo y de la complejidad de los movimientos. Esta aproximación coreográfica es empleada tradicionalmente en el componente de entrenamiento cardiovascular. También puede funcionar con efectividad en el calentamiento.

¿Cómo puede descomponerse la coreografía?

Hay varias formas en las que puede descomponerse la coreografía para ayudar a su aprendizaje.

Esquemas de fijación y visualizaciones previas

Un esquema de fijación es un movimiento que la clase puede realizar mientras el profesor demuestra y proporciona una visualización previa del siguiente desarrollo o progresión de ese movimiento.

Por ejemplo:

Fijación de esquema: La clase realiza 2 Chapoteos y 4 Trotes mirando al frente (contando hasta 16).
Visualización previa: el profesor muestra el Chapoteo con media vuelta mirando hacia atrás y después otra vez al frente de la piscina, de modo que se realice un círculo completo de Chapoteos (contando hasta 16).
Fijación de esquema: La clase realiza Saltos abriendo y cerrando piernas.
Visualización previa: El profesor muestra el Salto de la rana o desplazamientos hacia delante o hacia atrás. Ver tablas 17.3 y 17.4 para sugerencias sobre cómo desarrollar movimientos básicos de coreografía.

Pirámide

Una pirámide es cuando el número de repeticiones de un ejercicio o secuencia de ejercicios se reduce secuencialmente para desarrollar la secuencia final.

Por ejemplo:

1×32 cuentas de Saltos abriendo y cerrando piernas
1×32 cuentas de trote: 16 hacia delante y 16 hacia atrás

Pirámide reducida a 1×16 cuentas para cada movimiento reseñado arriba.
Pirámide reducida a 1×8 cuentas para cada movimiento reseñado arriba.

¿Cómo puede variarse la coreografía?

Solamente existe un cierto número de direcciones en las que nuestras articulaciones pueden moverse. Además, la mayoría de los movimientos de desplazamiento requieren movimientos específicos de propulsión de los brazos para generar y ayudar al movimiento. Estos factores afectarán a la coreografía. Sin embargo, no es necesario limitar las ideas coreográficas. Buscar constantemente nuevos movimientos suele llevar mucho tiempo y no siempre se tiene éxito. Es más efectivo encontrar modos de variar los movimientos que ya utilizamos. Esto puede lograrse:

- poniendo juntas diferentes combinaciones de movimientos para formar una secuencia,
- variando la velocidad de algunos de los movimientos en una secuencia (p. ej., lento, lento, rápido, rápido, lento),
- moviendo la secuencia en una dirección diferente (hacia delante, hacia atrás, hacia los lados, en diagonal, en círculo),
- variando la línea de los brazos (al pecho o elevaciones laterales) y la posición de las manos (plana, en forma de copa, o abierta),
- cambiando la longitud de las palancas (media palanca en elevación de rodilla, o completa en patada de pierna),
- dando una vuelta para variar la parte del cuerpo que conduce el movimiento (por ejemplo, correr hacia delante a través del agua, dar media vuelta y correr hacia atrás en la misma dirección),
- realizando más o menos repeticiones de un movimiento específico para conseguir un rendimiento efectivo,
- realizando un ejercicio o parte de una secuencia de ejercicios de un modo diferente (neutro, con rebote, o en suspensión),
- realizando una secuencia de movimientos en un esquema diferente alrededor de la piscina (círculos, figuras en ocho, líneas, o en un formato de circuito).

Tabla 17.3	Aplicación de herramientas coreográficas para una coreografía básica		
Herramientas coreográficas	Trote	Saltos abriendo y cerrando piernas	Chapoteo
Longitud de palanca	Trote con elevación de rodillas o con talones a las nalgas	Salto de la rana	Saltos con piernas flexionadas
Estabilidad postural	Con rebote Neutro Suspendido	Con rebote Neutro Suspendido	Con rebote Neutro Suspendido
Ritmo	Lento, lento, rápido, rápido, rápido, rápido	1 Lento, con rebote 2 Rápido, neutro	Chapoteo x 2 Trote x 4
Desplazamiento	Hacia delante o hacia atrás	Desplazamiento hacia delante o hacia atrás	Patadas hacias atrás con desplazamiento
Vuelta	4 hacia delante, media vuelta y repetir girando en ángulo recto	8 saltos, vuelta y repetir	Chapoteo x 2, Trote x 4 con vuelta media o completa sobre Chapoteo

Tabla 17.4	Aplicación de herramientas coreográficas para una coreografía básica		
Herramientas coreográficas	Caballito de balancín	Sentadillas laterales	Patadas rítmicas
Longitud de palanca	Extensión completa de rodillas al frente y reverso	Utilizar palancas de brazo más largas para empujar el agua	Elevar las rodillas más arriba y extender las rodillas
Estabilidad postural	Con rebote Neutro	Con rebote/Gacelas Desplazamiento neutro	Con rebote Neutro
Ritmo	Hacia delante contando hasta 2 y hacia atrás contando hasta 2 4 pasos simples hacia delante y hacia atrás	1 Sentadilla lateral lenta 2 Pasos de gacela rápidos: repetir en la misma dirección	Patada simple a derecha e izquierda (lento) Doble patada a la derecha (rápido) Repetir, dirigiendo con la pierna izquierda
Desplazamiento	Desplazamiento hacia delante, largo de piscina completo	Variar el desplazamiento en diagonal hacia las esquinas	Desplazamiento hacia atrás con empuje de brazos Los biotipos delgados pueden ser capaces de desplazarse hacia delante si los brazos empujan el agua fuertemente hacia atrás
Vuelta	Desplazamiento hacia delante 8; vuelta en la otra dirección	2 Sentadillas laterales. 4 trotes con media vuelta para encararse hacia atras. Repetir el desplazamiento en la misma dirección. Moverse de nuevo en la otra dirección	Desplazamiento hacia atrás, media vuelta, y repetir en ángulo recto hacia atrás

Modos de ejercicio

La mayoría de los movimientos pueden realizarse en uno de estos tres modos de estabilidad postural:

1 Modo de rebote, en el que el cuerpo sube y baja a través del agua en cada movimiento.

2 Modo neutro, en el que los hombros permanecen bajo el agua y el movimiento se completa sin sacarlos del agua.

3 Modo suspendido o flotante, en el que el movimiento se realiza sin que los pies toquen el suelo. Esto puede resultar muy intenso y, por tanto, debe utilizarse solamente en la sesión de entrenamiento principal.

Las tablas 17.3 y 17.4 en la página anterior proporcionan ejemplos específicos de cómo algunas de estas herramientas coreográficas pueden aplicarse a los movimientos de coreografía básica.

PLANIFICACIÓN DE LAS LECCIONES 18

Las siguientes tablas le proporcionarán algunas ideas para planificar lecciones. Cuando usted tenga más confianza, podrá adaptarlas a sus propias preferencias.

Tabla 18.1	Calentamiento general. Movilidad, elevación del pulso y estiramientos preparatorios		
Cuentas del ritmo de la música	**Ejercicio**	**Adaptación**	**Progresión**
32	**A** Trote ligero en el sitio	Ritmo más lento	Rodillas más arriba
16	**B** Saltos abriendo y cerrando piernas con remo de brazos	Dedos separados o deslizando	Empujar el agua más fuerte Rebote
16	**C** Pasos adelante y atrás	Deslizar los brazos Ritmo más lento	Empujar el agua más fuerte Alargar el paso
32	Repetir B y C	Piscina fría: repetir otra vez	
16 derecha 16 izquierda 32 ambos lados	**D** Movilidad de hombros en figuras de ocho Añadir cintura escapular, llevándola hacia delante y hacia atrás Serie final de 16	Deslizarse en el agua Dedos separados Los pies juntos Los pies separados Moverse más despacio	Empujar más fuerte Moverse más rápido
96	Repetir B, C y D Incrementar la intensidad	Como antes	Como antes
32	**E** Abrazos de oso Movilización de hombros y Estabilidad postural de pecho y estiramiento del centro de la espalda	Más lento y más pequeño Estiramiento estático	Estabilidad postural más completa
16 16 16 16	**F** Sentadillas laterales a la derecha Pasos adelante y atrás Sentadillas laterales a la izquierda Pasos adelante y atrás	Paso más pequeño Deslizarse en el agua	Empujar más fuerte Rebote
16 16 32	**G** Correr hacia delante Patadas hacia atrás Saltos abriendo y cerrando piernas	Moverse más despacio Dedos separados	Empujar el agua más fuerte Patada al agua más fuerte Rebote

Tabla 18.1 (continuación)

Cuentas del ritmo de la música	Ejercicio	Adaptación	Progresión
4 × 32	Repetir F y G	No repetir en agua caliente	
32	H Trote con los talones a las nalgas Movilización de rodillas y estabilidad postural Estiramiento de la cara anterior del muslo	Rango de movimiento más pequeño Estiramiento estático de la cara anterior del muslo	Trotar y empujar el agua más fuerte
16 16	I Trote con rodillas elevadas Estiramiento estático de los flexores de la pierna derecha e izquierda	Flotar la pierna y remar con ambos brazos Sujetarse en el borde de la piscina	Levantar la pierna más arriba
16	J Estiramiento estático del tríceps	Sin movimiento	Con trote
32	Trote en el borde de la piscina Estiramiento estático de la pantorrilla	Con compañero si el espacio en la pared de la piscina es limitado	Pie contra la pared para el estiramiento de la pantorrilla

Nota

Procurar incrementar la intensidad en cada repetición de acuerdo con la capacidad del grupo.

Tabla 18.2(a) Entrenamiento cardiovascular

Cuentas del ritmo de la música	Ejercicio	Adaptación	Progresión
16	A Correr hacia delante	Trote más lento	Empujar más fuerte
16	B Patadas hacia atrás		Patada más fuerte
32	C Saltos abriendo y cerrando piernas		Rebote
32	Repetir A y B		
32	D Saltos de ballet	Saltos abriendo y cerrando piernas	Salto más elevado
32	Repetir A, B y D		
32	E Salto de la rana	Salto más pequeño	Salto más elevado
64	Repetir A, B y D		
64	Repetir A, B y E		

Mantenimiento: procurar conservar el latido cardíaco en la zona de entrenamiento

Tabla 18.2(a)	(continuación)		
Cuentas del ritmo de la música	Ejercicio	Adaptación	Progresión
64	**G** Patadas laterales	Estabilidad postural más pequeña	Palanca extendida: patada
64	**H** Caballito de balancín Llevar la pierna a la derecha Encarar el lado derecho	Flexión de rodilla Estabilidad postural más pequeña Dedos separados	Palanca extendida: patada Rebote Empujar más fuerte
128	Repetir G al frente Repetir H a la izquierda		
16	**A** Correr hacia delante	Trote más lento	Empujar más fuerte
16	**B** Patadas hacia atrás		Dar patada más dura
32	**D** Saltos de ballet	Saltos abriendo y cerrando piernas / Chapoteos	Saltar más arriba
128	Repetir G y H Conducir con la pierna derecha y después con la izquierda		
16	**A** Correr hacia delante	Trote más lento	Tirar más fuerte
16	**B** Patadas hacia atrás		Dar patada más dura
32	**E** Salto de la rana	Salto más pequeño	Saltar más arriba
128	Repetir G y H Conducir con la pierna derecha y después con la izquierda		

Tabla 18.2(b)	Trotar – entrenamiento a intervalos para el latido cardíaco		
Introducción: Explicar Rango de Fatiga Percibida (RPF) escala 0 -10			
Cuentas del ritmo de la música	Ejercicio	Adaptación	Progresión
5 minutos	Técnica de trote		
1 minuto	Trote RPF 4		
30 segundos	Trote RPF 6	**Advertencia:** Los individuos eligen su propio nivel de percepción de fatiga en la escala RPF. Pueden incrementar o disminuir el ritmo de acuerdo con ella.	
Total 6 minutos	Repetir x 4		
30 segundos	Trote RPF 5		
15 segundos	Trote RPF 8		
Total 4 minutos	Repetir x 4		

Tabla 18.2(c)	Procurar mantener el latido cardíaco en la zona de entrenamiento

Introducción: 2 grupos en forma de círculos concéntricos (interior y exterior)
Mismo número de personas en cada círculo
Encarar al compañero del círculo opuesto
Asignar compañeros A y B

Cuentas del ritmo de la música	Ejercicio	Adaptación	Progresión
32	Trote en el sitio	Trote más lento	Ritmo más rápido
32 Estribillo	**A** Cómo saltar fuera del agua Cuando A aterriza, B salta fuera del agua Repetir	Salto más pequeño	Salto más arriba
64 Estrofa	**B** Correr en círculo completo El círculo externo en el sentido de las agujas del reloj; y el interno, en el sentido contrario		
32 Instrumental (1)	**C** Cruzar las manos con el compañero y girar a derecha e izquierda		
32 Instrumental (2)	**D** Patadas laterales		
	Repetir A, B, C y D para los respectivos esquemas de estrofa/estribillo, aprox. 4 veces		

Tabla 18.2(d)	Procurar mantener el latido cardíaco en la zona de entrenamiento

Cuentas del ritmo de la música	Ejercicio	Adaptación	Progresión
16	**A** Correr hacia delante	Trote más lento	Ritmo más rápido
16	**B** Media vuelta a la derecha y 4 sentadillas laterales		
32	Repetir A y B como arriba con media vuelta a la izquierda		
64	**C** Chapoteo con media vuelta después de cada 16 cuentas	Salto más pequeño	Salto mayor

Tabla 18.2(d)	(continuación)		
Cuentas del ritmo de la música	Ejercicio	Adaptación	Progresión
16	**D** Correr hacia delante		
16	**E** Media vuelta y 4 sentadillas laterales		
32	**F** Chapoteo con media vuelta a la derecha después de cada uno	Sin vuelta	Salto más arriba
64	Repetir D, E y F con media vuelta a la izquierda		
32	**G** Correr en 4 al frente, 4 a la derecha, 4 hacia atrás, 4 a la izquierda		
32	Repetir G al lado contrario		
16	**H** Saltos de ballet	Chapoteo	Salto más arriba
32	Repetir G a la derecha		
16	Repetir H		
32	Repetir G a la izquierda		
16	Repetir H		
32	**I** 4 Gacelas a la derecha y 4 a la izquierda	Sentadillas laterales	
32	Repetir I		
16	**J** Salto de la rana	Salto más pequeño	Salto más arriba
32	**K** 4 Gacelas a la derecha y Salto de la rana		
32	Repetir K		

Tabla 18.2(e)	Procurar mantener el latido cardíaco en la zona de entrenamiento

Introducción: Grupos formando 4 líneas

El profesor da a cada participante una etiqueta de pescado o de patata

El grupo realiza el mismo ejercicio según la orden del profesor siguiendo esta lista

Órdenes de ejercicio
- Saltos de ballet 40 segundos y los que están en la primera fila corren hacia atrás
- Saltos abriendo y cerrando piernas 40 segundos y los que están en la primera fila corren hacia atrás
- Chapoteos 40 segundos y los que están en la primera fila corren hacia atrás
- Saltos de la rana 40 segundos y los que están en la primera fila corren hacia atrás

líneas 1 y 2 cambian
líneas 3 y 4 cambian

Repetir en el orden precedente con ejercicios diferentes

En cualquier momento el profesor puede gritar «pescado» o «carne» (junto o separado), punto en el cual todos los participantes con su correspondiente etiqueta corren hacia el extremo de la piscina designado. Cuando todos están en el extremo adecuado, vuelven al lugar de partida. Mientras tanto, otros participantes continúan el ejercicio según el orden previsto.

Pescado y carne – Circuito en línea

	1 ⟷ 2		3 ⟷ 4		
Pescado	XP	XP	XP	XP	Carne
	XC	XC	XC	XC	
	XP	XP	XP	XP	
	XC	XC	XC	XC	

215

Tabla 18.2(f)	Enfriamiento: Procurar que el latido cardíaco descienda de la zona de entrenamiento

Introducción: El grupo forma un círculo
Se asignan compañeros A y B
Cara a cara con el compañero girando en direcciones opuestas (A – en el sentido de las agujas del reloj / B – en sentido contrario a las agujas del reloj)

Cuentas del ritmo de la música	Ejercicio	Adaptación	Progresión
32	Trote en el sitio	Trote más lento	Ritmo más rápido
16	Patadas laterales	Estabilidad postural menor	Patadas al agua más intensas Palanca extendida
32	Cadena en círculo Pasar alrededor del círculo, unir la mano derecha a la mano derecha del compañero, después mano izquierda a la izquierda. Moverse en un círculo completo por detrás del compañero		
16

16 | Unir brazos y vuelta a la derecha
Unir brazos y vuelta a la izquierda | Trote en el sitio | |
| 32 | Espalda contra espalda (movimiento de azada hacia abajo) | Patadas en el sitiio | |
| 144 × 4 | Repetir lo anterior × 4 Bajar la intensidad según las necesidades del grupo | | |

Tabla 18.3(a)	Estiramiento de resistencia muscular y baja intensidad cardiovascular

XXXXXXXXXXXXXXXXXXXXXXXXXXXX realizar movimiento cardiovascular

XXXXXXXXXXXXXXXXXXXXXXXXXXXX realizar movimiento resistencia muscular

Ejemplo de movimientos	Ejemplo de movimientos
Saltos abriendo y cerrando piernas	Fondos
Chapoteo	Tijeras de piernas
Lanzar balón	Abdominales

El tiempo puede variar para cada ejercicio de 30 a 60 segundos dependiendo de la forma física

Tabla 18.3(b)	Entrenamiento de resistencia muscular y baja intensidad cardiovascular con tubo

Introducción: Trote en círculo para reunir los tubos, cambiar de dirección para resistir turbulencias. Encontrar espacio y realizarlo. Para terminar, trote en círculo para volver a dejar los tubos.

Cuentas del ritmo de la música	Ejercicio	Adaptación	Progresión
1 minuto	Los tubos se colocan frente al cuerpo, las rodillas se levantan para tocarlos Trote con elevación de rodillas al tubo	Estabilidad postural más pequeña	Ritmo más rápido
1 minuto	Press de pecho con tubo	Movimiento más lento	Empuje más fuerte
2 minutos	Repetir		
1 minuto	El tubo se mantiene frente al cuerpo, patada para tocarlo Trote rápido con tubos	Sólo rodillas	Rebote
1 minuto	Jalón de tríceps	Sólo press con manos	Ajustar el tubo
2 minutos	Repetir		
1 minuto	Saltos y flexiones	Ritmo más lento	Más rápido y más fuerte
1 minuto	Press de esquí	Ritmo más lento	Rebote
2 minutos	Repetir		
1 minuto	Saltos y flexiones inversas	Sin tubo	Rebote
1 minuto	Aperturas de tubo	Ritmo más lento	Ritmo más rápido
2 minutos	Repetir		
1 minuto	Tijeras de piernas	Equilibrio en el borde de la piscina	Comprimir el tubo mientras se hacen las tijeras
1 minuto	Patadas de braza	Equilibrio en el borde de la piscina	Incrementar el ritmo
1 minuto	Patadas hacia delante	Ritmo más lento	Ritmo más rápido Desplazar el movimiento a lo largo de la piscina
3 minutos	Repetir		
1 minuto	Giro y salto	Prescindir del salto	Sirenas o saltos más arriba
1 minuto	Péndulo		Sirenas

Tabla 18.3(c)	Entrenamiento de resistencia muscular y baja intensidad cardiovascular con mancuernas acuáticas

Introducción: Trote en círculo para reunir las mancuernas acuáticas, cambiar de dirección para resistir turbulencias. Encontrar espacio y realizarlo. Para terminar, trote en círculo para volver a dejar las mancuernas.

Cuentas del ritmo de la música	Ejercicio	Adaptación	Progresión
1 minuto	Giro y salto	Prescindir del salto	Con rebote
1 minuto	Aperturas de pecho	Media mancuerna fuera del agua	El borde estrecho de la mancuerna al frente Empuje más fuerte
2 minutos	Repetir		
1 minuto	Curls de bíceps	Brazos alternos	Tumbado prono
1 minuto	Jalón de tríceps	Una mancuerna	Mancuernas dirigidas hacia abajo
2 minutos	Repetir		
1 minuto	Pasos adelante y atrás y Movimientos de puñetazo alternos		
1 minuto	Contracciones abdominales	Salto y giro Medio movimiento Permitir que los pies apoyen en el suelo	Moverse más fuerte y empujar las mancuernas
2 minutos	Repetir		

Tabla 18.4	Estiramiento post-sesión de entrenamiento

Introducción: Medio grupo en la pared derecha. Medio grupo en la pared izquierda.

Cuentas del ritmo de la música	Ejercicio	Adaptación	Progresión
32	Cara a la pared Patada de talones a nalgas Movilizar rodillas y estabilidad postural Estiramiento anterior del muslo	Rango de movimiento pequeño Estiramiento estático	Trotar y empujar el agua más fuerte
32	Estiramiento estático de la pantorrilla	Con un compañero si el espacio de la pared de la piscina es limitado	Pie contra la pared
16 16	De cara al lado de la piscina Trote con las rodillas elevadas Estiramiento estático de la cara posterior del muslo Una pierna	Pierna flotando Sujetarse al borde de la piscina	Pierna izquierda más arriba Pie sobre el borde de la piscina Inclinarse hacia delante

Tabla 18.4	(continuación)		
Cuentas del ritmo de la música	Ejercicio	Adaptación	Progresión
16	Chapoteo con un solo brazo	Dedos separados	Mayor amplitud de movimiento
16	Estiramiento lateral Inclinarse hacia los bordes de la piscina		
16	Estiramiento estático de la cara posterior del brazo Un lado	Sin movimiento	Con trote
32	De cara al otro borde de la piscina Patadas de talones a nalgas	Sentadilla lateral hacia el otro lado de la piscina para variar	Trotar y empujar el agua más fuerte
32	Sacar el step de la piscina Abrazos de oso Movilizar hombros y estabilidad postural Estiramiento del pecho y del centro de la espalda	Más lento y más pequeño Estiramiento estático	Mayor estabilidad postural

Nota: En piscinas frías practicar más movimiento entre los estiramientos

Tabla 18.5	Relajación mental y corporal		
Cuentas del ritmo de la música	Ejercicio	Adaptación	Progresión
	Columna neutra		
	Brazos flotando	Deslizar	Dedos cerrados
	Giros de columna	Deslizar	Dedos cerrados
	Empujar el agua para estabilizarse	Deslizar	Dedos cerrados
	Trote de rodillas	Rango más pequeño	Rango mayor
	Relajación flotando	Utilizar el tubo bajo los brazos y rodillas. Con o sin compañero.	

ÍNDICE ALFABÉTICO